图1　云南省迪庆藏族自治州香格里拉县行政区划示意图

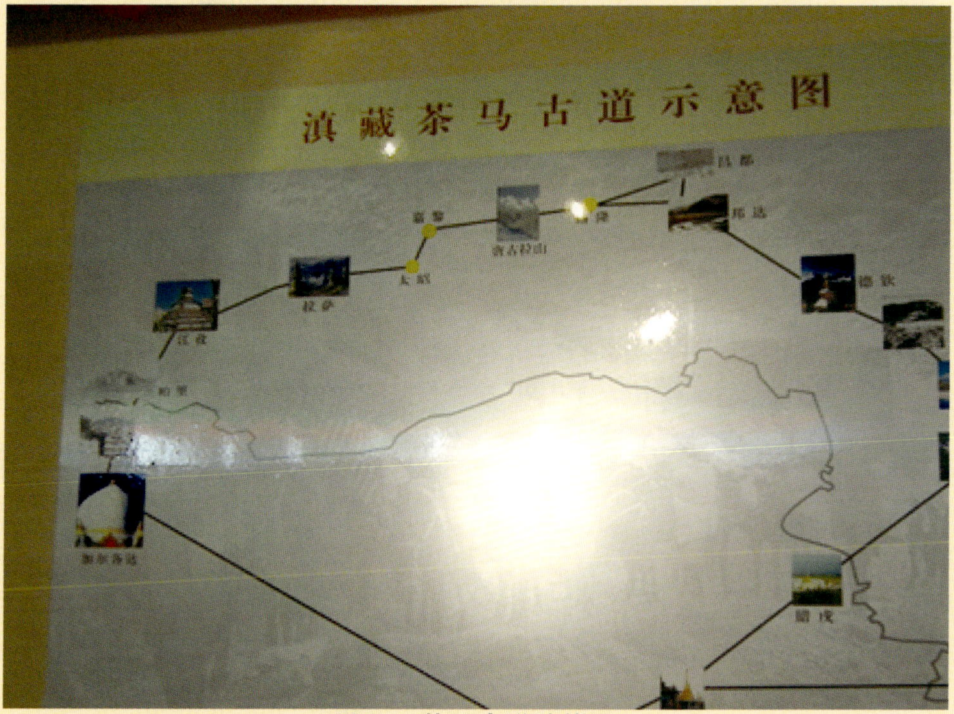

图2　茶马古道路线图

图3　丽江去往香格里拉的路上

图4　优美的自然环境

图5　酥油花

图6　路边的小松鼠

图7　野生桑葚

图8　古老的城墙

图9　雨后格外宁静的独克宗古城

图10　当地景点龟山

图11　小布达拉宫松赞林寺

图12　藏式木柜子

图13　色彩鲜艳的房屋彩绘

图14　藏式土房

图15　新式藏族民居

图16　藏族人民生活必需品——柴堆

图17　种类繁多的瓢

图18　日常用具——铜盆

图19　取暖烧水两用的炉子

图20　藏族村民家中装东西的小竹框和精致器皿

图21　青稞酒

图22　藏式尼西火锅及其底座

图23　藏式餐具

图24　青稞酒储放室

图25　盛放奶渣的竹篾

图26　青稞

图27　酥油茶的制作工具—“雪董”

图28　分离酥油茶茶渣的竹制漏斗

图29　奶渣和荞麦面

图30　“甸腊卡”店内的特色小隔间

图31　手撕牛肉

图32　冬虫夏草

图33　藏族花圈，逝者年纪大的多用粉色，年纪轻的多用白色

图34　公处顿珠爷爷所作的短文和诗歌

图35　老年书画协会会长：杨远震老先生参编的书籍

图36　老年书画协会会长：杨远震先生

图37　调研组的向导大学生村官杨德芳

图38　唐卡学会创办人扎巴格丹

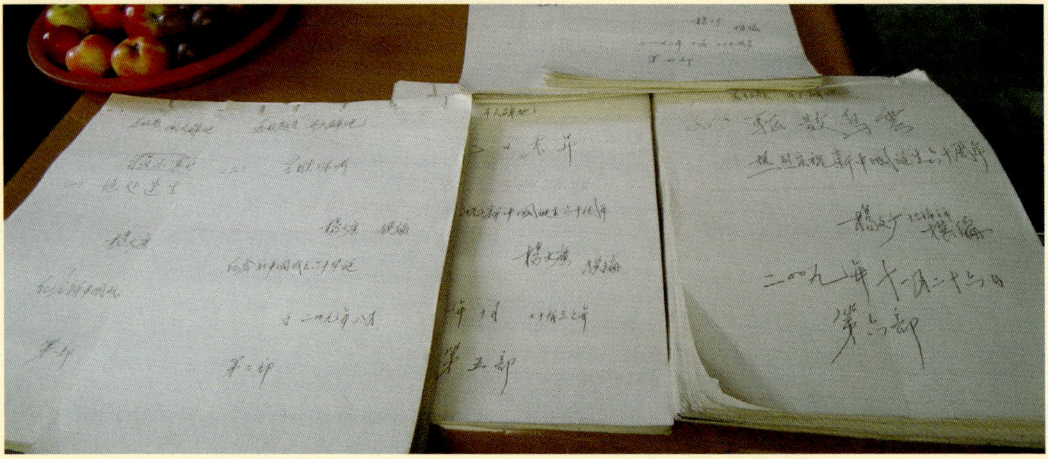
图39　杨文广老人撰写的关于建塘历史的手写稿

图40　村民在村委会参与集体林权制度改革

图41　调研组在村委会采访前来办事的老年人

图42　东旺乡一位老爷爷一年四季在屋顶的小屋子里给唐卡协会做经书和唐卡边

图43　绘制唐卡的天然颜料

图44　手工艺制作者正在织藏毯

图45　积极向上的党员格桑彭措在憧憬未来

图46　朱红忠叔叔和他的藏刀

图47　出售热牛奶和酸奶的藏族妇女

图48　村中中老年藏族服饰

图49　唐卡制作工具：木头模子

图50　唐卡制作工具：石臼

图51　调研者与翻译在家庭客栈经营户家中与其家人合影

图52　调研组成员之一与村中休闲的藏族老年妇女合影

图53　调研组成员正在采访藏毯制作农户

图54　香港人资助建立的
手工艺中心

图55　调研组成员和翻译
在“牛奶大妈”家

图56　马铸材博物馆的马帮文化

图57　调研组成员之一在采访小本经营户卓玛拉措

图58　调研组在农户家

图60　调研组两位带队老师在对村民进行访谈

中国民族经济村庄调查丛书

建塘村调查

（藏　族）

王丽平　主编

中国经济出版社
CHINA ECONOMIC PUBLISHING HOUSE
北京

图书在版编目（CIP）数据

建塘村调查：藏族/王丽平主编．

北京：中国经济出版社，2014.6

（中央民族大学“985”工程中国民族经济村庄调查丛书）

ISBN 978-7-5136-3236-2

Ⅰ.①建… Ⅱ.①王… Ⅲ.①乡村—藏族—民族经济—调查报告—衡山县 Ⅳ.①F327.645

中国版本图书馆 CIP 数据核字（2014）第 088776 号

出版发行：中国经济出版社（100037·北京市西城区百万庄北街 3 号）
网　　址：www.economyph.com
责任编辑：余静宜（电话：010-68359421）
责任印制：马小宾
封面设计：华子图文设计
经　　销：各地新华书店
承　　印：北京市媛明印刷厂
开　　本：170mm×240mm　1/16　　印张：16.5　彩插：1　字数：246 千字
版　　次：2014 年 6 月第 1 版
印　　次：2014 年 6 月第 1 次印刷
书　　号：ISBN 978-7-5136-3236-2　　定价：42.00 元

服务热线：68344225　68369586　68346406　68309176

中央民族大学

“211 工程”中国少数民族经济发展研究项目

“985 工程”中国民族地区经济社会发展哲学社会科学创新基地

中国民族经济村庄调查丛书　编委会

本书写作分工

第一部分 农蕾嫘（负责一、二、三、九章）、唐智诚（负责四、五、六、七、八章）

第二部分 闫正锐、杨芳芳

第三部分 闫正锐、杨芳芳、农蕾嫘、唐智诚

全书最后由王丽平统稿。

总 序

村庄，是农民的聚居地，也是农民生产和生活的社会形式。村庄形成于农业文明时代，在中国最为典型和普遍，迄今依然是中国基本的社会单位。所有中国人，或是生于长于村庄，或是父祖辈来自村庄。村庄是中华民族的根基，是我们走向现代化的立脚点和必须改变其内容和形式的地方。认知中国的现实和历史，一个重要环节，就是了解村庄。

中国的民族经济，包括以下层次：一是以中华民族为主体的经济，二是中华民族五十六个支民族的经济，三是少数民族地区的经济。不论从哪个层次研究，都必须涉及村庄这个基本单位。以往的民族经济研究和行政管理研究，对于村庄的关注，主要是在总体性的统计及对策方面，鲜有对某一村庄的专注的系统调查。这种情况使我们所从事的理论探讨总显得有些飘浮，言不及意，大而不当。反思许久，不能不下决心从小处做起，将村庄调查作为根基，扎实做去。恰“985”项目实施，经费有所保障，故组织本创新基地近百名教师带二百余博士、硕士研究生和高年级本科生，结十五个调查组，计划用六七年的暑、寒假，从五十六个支民族中各选一二典型村庄，深入调查，总百余村，每村一书，为中国民族经济三个层次研究，为政府行政决策，提供基础资料。

百村，不及中国村庄万分之一。我们的村庄调查虽只是抽样性质，但却是探根摸底，力求深入、真实、详细。二〇〇八年夏各组分赴河北、内蒙古、宁夏、云南、广西调查点，历经一月左右，获初步资料。因为首次，困难颇多，思路和方法也要不断调整，秋、冬写作时又各自补充调查。时间虽短，但师生与村官、村民情谊颇深，既为调查提供条件，又为后续补充予以协助。各地党、政机构，对调查全力配合。无此，则调查难以进行。这套丛书，实为共同努力之成果，并赖中国经济出版社黄允成社长、孙岩主任鼎力支持，得以出版。本调查还要持续数年，望读者批评，我们再努力。

劉永佶

二〇〇九年三月十八日

前言

藏族是我国人口较少的少数民族之一，在云南主要分布在迪庆藏族自治州的香格里拉、德钦、维西等县。为了详细了解该地区藏族农村的社会、经济、文化和藏族居民的总体发展情况，中央民族大学“985”民族经济村庄课题组选择云南迪庆藏族自治州香格里拉县建塘镇建塘村作为调研的目的地。

建塘村地处乡镇边，距建塘镇政府和县城所在地1公里。全村下辖江克、吾吕2个村民小组，共有110户376人，劳动力280人，占总人口的74%。从民族构成上看，建塘村是一个藏族、纳西族、汉族等民族混居的村落，其中藏族为主体民族。从经济构成上看，建塘村主要以传统畜牧业经济为主导，伴以第三产业如批发、零售业、住宿和餐饮业发展。

本调研组于2011年7月下旬从北京出发入昆，历经50多个小时的长途跋涉，抵达建塘村，并深入村民家和各级政府部门进行实地调研。历时半个多月，至8月上旬结束调研。调研期间，调研人员通过查阅当地相关历史资料，采访个别农户家庭和个别农民，结合问卷和访谈等形式，对当地人口卫生、基础设施、经济产业、文化教育、风俗习惯作进一步了解，借以观察改革开放以来当地人民生活的变化和民族文化的传播，并结合上级政府采取的各项经济政策的发展历程，描述其对当地的影响，并试图从中为当地经济发展桎梏提出浅薄建议。最后，调研人员应用文献查阅、问卷调查及观察法等研究方法搜集到的大量第一手资料，为本书的撰写及最终成稿奠定了材料基础。

新中国成立前，建塘村藏族长期生活在封建农奴社会下，广大人民深受政治上的压迫和经济上的剥削。1950年全县解放，为藏族人民砸碎封建农奴制枷锁带来了曙光。新中国成立后，建塘人民坚决拥护中国共产党，走上了社会主义道路，积极贯彻党的政治、经济、文化方针政策，为当地的社会、经济发展奠定了良好的基础。

改革开放以后，建塘村的经济有了较快的发展，藏族群众的生活水平已有了极大的提高，人口素质明显提高。村民人均收入从2006年的4988.46元/

人到达了2010年的11297.00元/人；在教育工作巩固“普六”、推进“普九”、落实好“三免费”、集资帮助贫困生的政策推进下，全村贫困生的失学率和辍学率减少。村庄经济以各类特色产业为契机不断发展，如畜牧业、松茸加工业、交通运输业等的扩大。值得一提的是，由于香格里拉神秘的宗教文化和保存完好的自然风光，其在旅游界的知名度在不断上升，为壮大当地旅游业创造了条件和机会。

当前建塘村发展的主要困难和问题在于土地基本被国家征用，部分农民生活困难。该村今后的发展思路和重点是发展第三产业。而备受推崇的第三产业推动力之一旅游业在一定程度上仍然受当地交通因素的制约。虽然211国道纵贯全境，迪庆机场可直达，但丽江到迪庆仍然没有通铁路，失去一部分游客市场。可喜的是，上级政府正在为当地群众发展出谋划策，比如把全镇打造为综合文化特色、城市化进程、旅游景区分布、农业及生态建设五大示范区，其中的商机和机会将会给建塘村群众带来另一番发展可能。由此，群众的生活水平也将有可能实现跨越式的提高。我们由衷地祝福并期待着。

编　者

2012年4月18日

目　录

第一部分 村庄

一、建塘村概况及变迁史

（一）村庄概况

1. 村庄区位

建塘村位于云南省迪庆藏族自治州香格里拉县建塘镇。“建塘”是藏语“中甸”的称呼，意为“胜利大坝子”。外人称呼迪庆高原为“香格里拉”，也就是“世外桃源”的意思。全州下辖香格里拉县、维西傈僳族自治县、德钦县和30个乡镇，172个行政村。建塘镇位于香格里拉县腹地，是滇藏的“咽喉”，也是红军长征经过的地方。建塘村位于香格里拉县城境内，隶属于建塘镇，地处迪庆州府县城和镇政府所在地，距香格里拉镇和县城1公里路程，距省城昆明607公里。建塘村所在的香格里拉县位于云南西北省，地处北纬26°52′~28°48′，东经99°23′~100°31′之间。建塘镇位于香格里拉县中部偏西，地处北纬27°40′01″~28°11′28″，东经99°31′16″~100°00′54″之间。东边是洛吉乡，南边是小甸镇，西边是尼西乡，北边是格咱乡，国土面积1614.6平方公里，村民居住地地势平坦，平均高度均在3300米，最低处为境内3265米的纳帕海，最高处为4449.4米的石卡雪山。整个海拔在整个县内属于最高，属于高原坝区，地形像一朵八瓣莲花。故得“江水为池，雪山为城”的称呼。建塘村面积0.21平方公里，由洪积、冲积、湖积地貌组合，位于香格里拉独克古宗古城北侧，下辖北门江克村民小组和诺西吾吕村民小组，确切范围为东起原镇淀粉厂（纳池河北），西至军马场、南起龙潭河以北至纳赤河以南的平坝。

2. 人口与民族

建塘村总人口376人，男性183人，女性193人。现有农户110户，劳动力280人，占总人口的74%。村里有藏族、纳西族、汉族、回族等几个民族混居。其中，藏族为主体民族，当地方言称为“呗”。建塘村的藏族有一些本来并不是藏族，但“久居而夷化”，大多数人填报为藏族。藏族祖源呈现多元一体化的特点。

据汉籍介绍，建塘村真正的藏族与我国西南大部分的原始民族一样出自氐羌系统。经过皇帝时代古羌人的活动，两次南迁，部落不断分化、分散和分支，人数相对稳定。公元六世纪赞普松赞干布统一了藏东及藏南地区。公元755年藏传佛教迅猛发展，排斥本教，驱赶本教徒，信教群众被流放到今滇川交界的建塘镇及周边地区，藏族人数增多。元朝元宪宗三年蒙古忽必烈部经建塘镇南征大理，在建塘设有马站，是否有蒙古族官兵及其家眷落户融入藏族难以确定。明成化十九年，丽江木氏土司占领中甸并设治所，不少纳西族落于此，是否有纳西族融于藏族仍难肯定。清雍正以来，汉族因军事、从业大多落籍独克宗古城，大多与藏族通婚，填报时均多作藏族。明末清初，回民在建塘镇开矿经商，多在北门、仓房等地，有些因为与藏族通婚，有些因为阿訇（回族的）的缺失而改信藏传佛教，民族大多填报藏族，仅保留姓氏马、杨等。

（二）资源环境

1. 地貌特征和气候物候

建塘村所在镇位于青藏高原的东南部，地处横断山部分中甸大雪山的南缘，东西两支山脉从西侧平行纵贯全境。地形由西北向东南倾斜，金沙江环绕西南至东南，在南端形成长江第一流。境内众多湖泊均属于金沙江水系，主要由龙潭河、达浪河、旺池河、吉迪河（系岗曲河支流）、硕多河（过境河）、纳赤河6条支流汇合成纵观而成镇水域，流程达40多公里。仅两个国际湿地纳帕海和碧塔海面积就多达2559公顷，10亩左右的高山湖泊还有措纳、下古拉、康斯日楚、措温等，湖泊为全县之最。境内山体较破碎，峡谷、河流相间并列，北高南低，相对高度差数百米至千米。全镇平均海拔3300米，主峰高度都在海拔4494.4米。除石卡雪山外，其他雪山终年积雪。境内

海拔在3000米以上地区的高原淡水湖泊还有碧塔海、纳帕海等和属于碳酸泉的温泉

建塘干湿季节明显，总的气候特点是冬天长春秋短，境内无夏天，冬季平均243天，春秋季平均122天。6月~10月受西南季风暖湿气流影响，多阴雨天气，雨量占全年80%。11月~下半年5月受干暖南支西风控制，日照大，蒸发量大，形成干旱季节。年平均气温5.5℃，1月为最冷月，平均气温为-1~-6℃，极端最低气温是1982年12月27日出现的-27.4℃；历史极端最高气温出现于1988年6月28日的25.6℃。年降水量居全县第二，降水量达1000~1200毫米，年均降水量达138.9天，最高达109天。日照时数1894.6~2418.8毫米之间，平均为2180.3小时。年蒸发量为1382.6~1919.0毫米，历年平均为1643.6毫米。年平均绝对湿度6.8毫克，年平均相对湿度70%，极端最大值为1990年7月15日的16.4毫克，极端最小值为1964年12月26日的0.3毫克；有霜期244天，最短为241天，最长为306天，初霜日一般是9月下旬，终霜日5月下旬；气压主要受青藏高压、副热带高压和孟加拉湾低压的交替控制，冬低春秋高，平均为685.1毫克~686毫克之间，历年平均为685.9毫克，极端最低位673.3毫克。在我们调研期间，建塘村就下起了三场大雨，一下子让我们感受到了寒冷，当地居民已经习惯这样的天气，虽然也捂着，但相对外地来客仍然穿得相对少一些，我们的小翻译德芳就宁愿冻着也不想热着了。

建塘村的坝区内植物候随着气候变化而不同。植物枯荣期为当年3月到10月：3月份草木开始萌芽，4月份桃花朵朵开，5月份杜鹃花争枝头，7月份高山上杨柳花飞，9月份至10月份湖水变冷，草枯木黄叶落。11月到来年春天建塘几乎很少能见到绿色植物，寒天冻地时当地人民也多在家中活动。动物候也是在差不多一样的活动期间活动，4月蛰虫复苏；5月杜鹃啼鸣，百鸟也开始鸣叫，黑熊冬眠醒来出洞觅食；5月份至6月份黑熊交配，并在冬季到来时产熊仔；9月份至10月份黑颈鹤、斑头雁、赤麻鸭到纳帕湖等湖泊沼泽地越冬，翌年2月份至3月份向北边迁徙；11月左右林离开始交配，并于第二年5月份至6月份产仔。在种植方面，青稞、小麦惊蛰至春分（一般是3月份）播种，9月份下旬才能收获；洋芋在清明节前后播种，收青稞后再收洋芋；蔓菁立夏后播种，寒露前后（一般是10月份）收获。

2. **自然资源**

建塘有丰富的自然资源，主要包括森林资源、植物资源、野生动物资源。

据史籍记载，整个建塘镇是青藏高原森林资源最丰富的地区之一。境内植被主要有寒湿性针叶林带，分布在3200米~4200米；高山灌丛草甸带，分布在海拔4200米以上。主要乔木有长苞冷杉、大果红杉、云杉、高山松、黄背栎、云南铁栎，滇石栎等。按社会、经济建设和森林不同效益需要，林种结构含特殊树种、公益林，用于涵养水源、水土保持。十九世纪随着人口数的增加以及县城给建塘镇带来的繁荣，各类机关、企业、学校等的建设用料加剧，原始森林锐减；十九世纪七十年代社区开办采育林场，木材遭到大量砍伐；十九世纪八十年代农村政策放宽，村民不断翻新藏房，据我们采访到的村民谢永健说，那个年代哪一户人家要建房的话，整个村每家都必须抽出一个人帮忙，经常一去就是一两个月，在山上就吃睡干活三样，等把山中的大树砍下来运回村里后才能回家。由于当时每幢藏房用料一般都在240立方左右，林区被砍伐严重。

植物资源在建塘村中从历史到现在当地村民的最爱最有感情的食物和经济来源之一。其中最有名的要数高等真菌了，这种菌主要指松茸菌、羊肚菌、猴头菌、牛肝菌等。在贫苦年代，村民经常翻山采摘这些菌类，一般以新鲜菌和干菌出售。日本认为松茸菌抗癌效果可达90%以上，曾在当地大量收购松茸菌。松茸菌出口成为推动当地经济发展之一的产业。采访对象松茸企业家汪建忠正是利用这一资源优势，于1997年成立公司至今，并将松茸罐头推向加工企业模式发展，把产品推向了日本、韩国市场。如今在古城内的小店内都能看到干菌，因其有强身、益肠胃等功能，颇受游客喜爱。建塘村民家中也藏有松茸，一般用于招待来自远方的客人，这是藏族村民的最高礼遇之一。藻类则有蓝藻、绿藻、金藻，部分属于中药材或藏药材；地衣有长松萝、扁枝地衣和雪茶等；药用植物有贝母、大黄、独定子等；野生可食用植物有竹叶菜、灰条菜、荠菜、野韭、半夏叶等。其中玉龙蕨、高寒水韭被列为国家一级保护野生植物；冬虫夏草、松茸菌、莜麦、吊云杉、金荞麦、金铁销、星叶草为国家二级保护野生植物；长袍冷杉、雪上一枝蒿、桃儿七、棕被杜鹃、延龄草为国家三级保护野生植物。这些珍贵的植物一部分可以在当地旅游景点普达措国家见到，成为景点奇观之一。

由于生态类型因素，在村子附近的树林、草地和河流中的动物多样性十分丰富。野生动物有雪羊猪、狼、狐狸、豪猪、高原兔、松鼠等；鸟类有大白鹭、绿头鸭、黑颈鹤、家燕、白鸽等；鱼类有中甸叶须鱼、华西蟾蜍、山溪鲵等。村民们从小就接触和认识这些动物，很少有人猎取滥杀，反倒是非常喜爱这些有灵性的野生动物，这也许也是当地自然景观为什么那么好的原因之一。当地老人说建塘村历史上是个走兽横驰、飞鸟竞翔的地方，这些动物的历史比人长。有些地名还是按动物名起的，比如著名的景点石卡雪山中“石卡”即有马鹿经过的地方。

3. 自然灾害

建塘村主要有雨雪灾害、旱灾、雹灾和地震这几种自然灾害。

由于当地属于高原坝区，随着生态环境的演变，直接影响到了区域气候。当地的气象灾害始于清朝同治年间，气象站是新中国成立后才建立起，自那时起才对气象灾害有了科学而较详细记录。统观历史上的气象灾害，总的特点为：50 年代多洪涝，60 年代多旱灾及低温冷害，70 年代旱涝参半，80 年代多干旱及雹灾，90 年代多洪涝、雪灾。并且灾害周期不断缩短、出现频率逐渐增加。进入 20 世纪后，建塘村经常出现冬春旱，暴雪时有出现，导致村民的畜牧业严重受害。另外这些也致使交通、通讯、供电受影响，给村民生活带来不同程度的影响。自从新中国成立后党和政府制订了《应急预案》，明确防灾措施进而设置了相应的设施，在发生灾害时及时抗灾救灾并向灾区灾民发放救济钱物，尽量弥补和减少损失。

地震缘于其地下位于香格里拉褶皱断束的三角地带，地处川滇地震带，地震较为活跃，建塘镇是破坏性地震多发区。在史籍上当地的地震从 1925 年起有记录，历史上记载的较大地震震级为 5.4 ~ 5.7，多发生在 20 世纪 70 年代。

（三）行政建制和党组织管理

追溯建塘村的变迁，就必须要以其所属的县城香格里拉县和上级乡镇建塘镇讲起。

在远古时期建塘镇地面就有人类活动。公元前 800 年左右就有建塘先民在这里游牧。香格里拉县唐属吐蕃神川都督府；元属宣政院直辖地；明属丽江府；清设中甸厅，移鹤庆府剑川州州判分驻；乾隆二十一年隶属丽江府；

民国设中甸县，县以下设境，大中甸境下属18个村（含原中心镇）。

中华人民共和国成立后，仍称县，隶属丽江专员公署，县以下境改为区，建塘镇称为大中甸区。仓房、北门、金龙设为仓房街、北门街、金龙街；1958年土改后三个街合设村集镇；1965年以后中心镇由大中甸划出为县直属镇；1984年以后，县下辖1镇（建塘镇）以及11个区，60个乡（街道办事处），783个自然村，其中建塘镇辖北门、仓房、金龙三个办事处；1988年，全省区改为乡，实行政社分开，乡改为村公所，建塘镇编为12个村民小组；1990年末县辖10乡2镇（含建塘镇）下设57个行政村，4个办事处，688个自然村。县府驻地中心镇；1996年以后撤销大中甸乡与中心镇，建立建塘镇至今。下辖北门、金龙、仓房等5个办事处，5个村公所；2000年5月出台《关于改革村级体制实行村民自治的意见》，在村规模不变的原则下，撤销村公所（办事处）改设村（居）委会，合作社或自然村改成居民小组（村民小组），村干部由选聘制改为选举制。至2005年，全镇有居委会5个，村委会5个，居民小组22个，86个村民小组。辖区内共有州、县机关、团体、企事业单位248个。由于建制的不断改变以及建塘镇曾设为建塘村，而最初该村由仓房、北门、金龙组成。

随着镇建制的不断变化，建塘村不断健全党组织，强化对区流动党员管理制度、党支部组织生活制度和民主生活会制度。该村建有1个党支部，下设1个党小组，共有64个少数民族党员，其中男性党员54人，女性党员10人，这中间包括3个村干部。团支部1个，共有1个团员。优秀的青年都在积极加入中国共产党，村党支部委员会职责是：

1. 宣传、执行党的方针、政策和上级党组织的决议、领导、团结村民小组及本村人民群众，讨论决定村民小组（或自然村）重大事项，确保社会、经济的稳定和发展。

2. 支部委员会中分别设立经济发展、社会稳定、环境保护三个工作委员会，负责指导村民小组（或自然村）各项社会、经济和环境保护工作。

3. 加强党员的教育、管理和监督，定期召开组织生活会，开展批评与自我批评；向党员布置做群众工作和其他工作任务，并检查执行情况。

4. 培养教育入党积极分子，做好发展党员工作。

5. 经常听取党员和群众的意见和建议，了解、分析党员和群众的思想情况，有针对性地做好思想政治工作。

6. 按规定收缴党费。

7. 自觉接受上级党委、总支的组织领导和工作指导，定期向上级党组织汇报支部工作情况。

每个党支部都有党员活动室，用于党的基层组织进行政治生活，“三会一课”以及其他形式党员教育活动与相互交流的主要场所，是反映党员先锋模范作用的重要阵地。积极上进的青年党员彭桑格措自从入党后就从未间断过在党员活动室开展的各项活动。党员活动室的管理主要由支部负责，派专门人员负责日常管理。开放时间为每周一至周五，室内设施实行登记造册，有专人进行管理。

（四）各类社会民间组织

在我们采访中，对建塘村民组织影响比较大的除了党组织的领导，各类协会组织也起着至关重要的作用，主要包括：老龄人协会、兄弟会、姐妹会。

1. 老龄人协会

老龄人协会属于中心镇协会，成立于1986年4月23日，协会会员由原中心镇的村民、居民和州县各单位离退休干部，企事业职工组成。协会以“老有所为、老有所养、老有所乐、老有所学”为宗旨，志在促进社会地方社会主义文明建设、经济社会发展和依法维护老年人合法权益。协会内按正规组织产生理事会，设置会长、副会长、秘书长、副秘书长。理事会下设组织组、宣传组、财务组、社会服务组、会员按属地划分，组成小组。现有理事会和常务理事人员近一百人，会员则发展至七百五十余人。协会自成立以来，促进当地的社会经济文化事业：

第一，筹资修复当地古城内的文物名胜。主要是国家级文物保护单位藏公堂、百鸡寺、五山山神庙、龟山公园，这几项工程成为当地旅游业第二次创业的亮点；

第二，积极参与社会主义精神文明建设。通过普法、学法、用法，带动下一辈对法律的认知程度，并积极挽救失足青年。在“五好家庭”“好爷爷”“好奶奶”活动中都活跃着各会员的身影。协会受到县、州、省国家有关部门的表彰；

第三，保护传承民族文化。协会组建了艺术团、滇社戏、逢年过节或一年一度三天的协会集会，组建锅庄广场舞，耍龙舞狮、演出滇戏、民歌对唱等活动。为当地带来娱乐的同时，传承了古城内多元的民族文化。

第四，注重当地生态环境建设。协会重视县城周边森林保护以及石漠荒山化。老人们在龟山上义务种植绿化树七百多株，如今已成林。组织筹资清理并建议政府治理受污染的龙潭河。

2. 兄弟会

兄弟会也称弟兄伙，在独克宗城内历史久远。它是会内一种逢丧葬、结婚等互帮互助的组织，逢年过节则举行聚会、娱乐、吃喝。据镇志上介绍，民国时期，当地有两个弟兄伙，分别为“杰知华”（80 弟兄伙）和“着知华”（60 弟兄伙）。各个弟兄伙有大爷至五爷 5 个头目，大爷都由豪门权贵或富户的子弟担任。这类组织并不依附任何政治势力。弟兄伙在以前甚至还有帮伙内婚姻“老大难”者抢婚等行为。而今的兄弟会已经随着生活的改变而内容也改变了不少。建塘村的老壮青年都有自己的兄弟会。每个年轻人到 18 岁左右，就会和从小一起长大的伙伴和兄弟组成兄弟会，一般 10—12 个人左右。每年兄弟会成员都会找机会聚会或者去周边郊游。平日除了自家的亲戚婚丧葬娶时需要帮忙外，兄弟会内任何一个需要帮忙也需要像对待自家人一样出力出钱。随着社会的发展，大部分老人的花销几乎都花在兄弟份子钱上。兄弟会规模大的人一个月甚至要花掉一千元左右。老人们有机会的都参与到老龄人协会中，平日都参加广场的锅庄，有时候也参加比赛；年轻的小伙则多是一起参加各类当地活动和比赛，比如锅庄、舞龙等。

3. 姐妹会

姐妹会当地也称姊妹会。姐妹会在兄弟会之后，属于一种会中姐妹互帮互助的组织。每个女孩子一成年，就会在相互接近的年龄段自发形成一个小组织。如果女孩子出嫁到别地，也可以加入别的姐妹会，同时保留原来的姐妹会。每个人加入几个姐妹会并不受限制，人数也不固定，但是一般过了 20 几岁后就很少会有新的姐妹加入。20 世纪初期，姐妹会对当地年轻妇女开阔眼界起到了相当大的作用。那时一部分姐妹会互相组团到各个著名景点旅游，比如北京、上海、杭州等。姐妹会中年老的奶奶之间互相串门聊天，中年的妇女们则相邀参加广场锅庄或到附近的温泉春游一个星期，年轻的姐妹们则平日一块聚会玩乐，碰上结婚则一定要到场。相比兄弟会，姐妹会的份子钱数额比较小，特别是成家以后需要顾家，有时候份子到即可，但一般仍必不可少。

（五）建塘村的经济社会发展

1. 建塘村发展现状

建塘村农村经济收入主要来源于农业、畜牧业、林业收入和第二、三产业的收入。其中主要产业是畜牧业和第三产业。当地的农业结构主要是以半农半牧为主，种植业以洋芋、青稞、荞子为主，作物以蔬菜为辅。畜牧业收入以肉猪、肉牛、肉羊和鸡的出售为主，2010 年总共出栏肉猪 161 头，肉牛 3 头，鸡 109 只。2010 年建塘村农村经济总收入为 600.85 万元，人均年收入 11297.00 元。种植业收入为 64.46 万元。林业收入为 1.64 万元，在调研期间，当地政府正在组织村民进行集体林权改革。第二第三产业收入为 250.00 万元。人均耕地面积 0.84 亩。

由于建塘村地处州府和中心镇所在地，交通比较便利，路面均属于柏油、水泥路面。道路的建设是在镇党委政府等相关部门做决定，并以村民力量为主，最终资金以村民自筹和政府补贴分别占 40%、60% 的办法改造了道路，为当地村民生活带来了便利。建塘村距离最近的香格里拉汽车站、最近的农贸市场、集市、村委会和乡政府均不远。村中的主要交通和运输工具为汽车和摩托车，汽车自 2006 年以后逐渐增多，具体分布情况如下：

表 1－1 建塘村运输工具统计表 单位：辆

工具 / 年份	汽车	摩托车	总计
2006	30	28	58
2007—2010	80	30	110

建塘村饮水来源主要是自来水，其中还有小部分村民饮用井水（见表 1－2）。在通电和通信设施方面，全村均已通电并且有路灯，家中都安装了有线电视，并同时装有固定电话或移动电话。主要应用能源已经不再是当年的沼气池，而大部分都装上了太阳能。

表 1－2　　**农户饮用水及情况统计**　　单位：户

饮用水 年份	自来水	井水	总计
2006	80	23	103
2007—2010	53	45	98

村民的房子主要有砖混结构、砖木结构和土木结构型三种，大部分村民居住的是砖木结构藏房，而新建的房子多摈弃了砖混房结构，2008 年以来没有新建住房。

表 1－3　　**村民住房结构状况表**　　单位：户

应用项 区	砖混房	砖木房	土木房	总计
2006	68	24	11	103
2007	0	78	25	103
2008—2010	0	84	25	109

建塘村的相关服务建设也相当到位。建塘村村民有时候会去乡镇上的卫生院看病，有的小病痛只需在村里的赤脚医生处看看。区内的老年人、残疾人、优抚对象、贫困户等社会特殊群体参加了农村合作医疗。建塘镇上每个区都有派出所派驻的 1 至 4 名不等的片警维护治安，因此建塘村治安良好。在教育上，九年义务教育覆盖整个村。

近年来，各政府相关部门还针对整个建塘镇及其周边村落统一培训需要驾驶证的村民，开辟多种就业渠道，向外输出 300～400 人的劳务队伍。在上级的引导和村民的自律中，建塘村开展了各种促进文明社会建设的活动，比如定期开展文明家庭、五好家庭、十星级文明户和当好媳妇、好公婆、好邻居的家庭美德教育评选活动，激励群众争创文明家庭和文明村民。这些活动的开展使村民们倡勤俭节约，婚丧嫁娶新事新办，营造了陶冶群众文明情操的环境。建塘村村民在党的建设和民间组织的成立下不断进行自我管理、自我教育达到了管理有序、服务完善、环境优美、治安良好、文明祥和的和谐社会。

2. 建塘村经济发展的对策建议

建塘村存在的主要问题和困难在于由于土地基本被国家征用，发展不平衡，部分农民生活困难。建塘村今后的发展思路及发展产业主要是第三产业。根据调研组对建塘村的访谈，我们认为建塘村可以通过以下措施提高发展水平：

第一，利用特殊位置，寻求发展。建塘村因其自身的特殊地理位置，在建设活动中可以把农村的工作和城镇建设并重，只有统筹好城乡的结合，才能实现真正的发展，也才能使建塘镇走向小康社会的时候带动当地村民的生活。在实现的过程中，最需要注重各村农田基本建设，修复道路沟渠，架设桥梁，提高抵御自然灾害的能力，从而确保农业能够增收和增产。

第二，抓住政策优势。建塘镇打算把全镇分为五大示范区，主要包括综合文化特色、城市化进程、旅游景区分布、农业及生态建设。其中建塘村的三个区域以古城为中心民俗文化丰富，可作为古城文化示范区，可以通过在镇宣传、保护、挖掘和弘扬民族文化的基调上，不断从村民内部开发这方面的旅游资源。同时在政府依托森林、雪山、草甸、湖泊等旅游资源预计香格里拉品牌时，村民可以从餐饮等入手吸引游客，增加收入。

第三，开发古城市场。古城内的一些技能活儿都是外地人占据，比如古城内手工织围巾、小旅游品和藏族服饰的制作。积极地参与到镇对当地村民的就业培训中，增加自身的附加值。

第四，提高文化素质。当地的中年的村民多是初中小学文化，对于民族文化的理解和学习不够。有些年轻小伙对藏文只会看，不会写也不会读，当地教育应更注重双语教育，民族最本质不缺失，才能更好地创造适合本民族的市场，也才能得到长远的发展。

第五，向外输出人才。当地闲置劳动力较多，但因缺乏技能和对外界陌生感，村里的村民很少外出，导致越是害怕外出，越是不敢外出。通过培训输出和后续追踪，加强当地村民对这个渠道的信任，从而为当地的收入开辟新的收入点。

二、农业

(一) 土地关系及资源

1. 土地关系的变化

在迪庆土地改革之前，迪庆的土地制度有过奴隶制、封建领主制和封建制三种土地关系形态。

奴隶制：吐蕃占领之前，建塘就已进入农耕文明时代，土地隶属亲族部落所有。唐代贞观八年，吐蕃兵南下占领建塘之后，土地属管辖建塘地区的吐蕃王所有，并实行吐蕃土地制度。九世纪后半期吐蕃全境爆发奴隶平民大起义，吐蕃王朝崩溃，奴隶制灭亡，建塘地区由吐蕃留下的边将“诺苏”所管辖，“诺苏”成为封建领主，土地由大小不等、各不相属的部落领主所有。

封建领主制：领主制即封建农奴制。元代，中央赐予民族头领各种封号，部落首领也封为大小土司，获得土地的占有权，形成领主制的生产关系。元朝所设察罕章大小民官管理，仍袭封建农奴制度；明朝弘治六年（1493 年）丽江木式土司占领整个镇，他的子女及其头目实行庄园制，当地百姓被称为奴隶；森林、矿山、牧场、土地属各庄园所有。自耕农承担着极其沉重的赋税；清康熙十三年（1674 年）五世达赖在迪庆地区兴建寺院，获得土地所有权，形成领土生产关系。康熙年间，格鲁派得势后地位确立，被达赖授予庄户教民，寺院成为领主，并占有大量土地及数量不等的庄户和农奴；清雍正四至九年（1726—1731 年），清政府对云南实行“改土归流”，目的在于强化中央集权。整个迪庆变成为土流参设区，虽然设置流官员，但土司仍被保留，于是根本上并没有改变当地的经济结构和传统管理模式。土地的所有制关系表现为：一是寺院所有，二是土司所有，三是封建地主所有，四是流官所有。

封建制：“改土归流”使一部分地区开始向封建制过渡，地主经济蓬勃发展，土地兼并严重，土地的租佃、典当、抵押、买卖已很普遍。破产农民的土地和生产资料比如牲畜、农具大量集中于地主和富农手中，农奴转化为农民，地主经济的统治地位得到巩固和发展，客观上起到促进社会进步的作用。在领主经济向地主经济转化的过程中，土司领地瓦解，松赞林寺的领地没有改变。

土地改革：1955年，当地各族人民受内地社会主义建设高潮的鼓舞，实行民主改革。1957年除部分地区外，和平协商土地改革基本完成。国家《宪法》（草案）及有关规定，宣布土地属国有，彻底废除封建农奴制，将土地分给无地少地的农民，各族人民翻身成了新社会的主人。1958年实行人民公社经营，分到各户的土地归集体所有。"大跃进"盲目开荒，乱垦乱扩致使草地、林地大量流失。1962年，根据中央《农村人民公社工作条例（修正草案）》等文件，有些地区农民可以经营不到1亩的自留地，同时允许有生产能力的农民单干。1967年，"农业学大寨"运动兴起，恢复人民公社，下放的自留地、自留畜、自留山全部收回。

党的十一届三中全会后，建塘先是下放了农业经济管理自主权。1981年，州政府根据中央"包产到户"的指示，制定相关办法，县制定草案使农户家庭联产承包责任制全面铺开，规定了承包户对土地只有经营权，没有所有权和继承权，不准买卖、出租、转让和丢荒。1984年，根据中央十一届四中全会精神，延长土地承包，稳定了农村家庭联产承包组认知。1989年，全县区改乡，农村出现了不少经济联合体和专业户。1994年，县委、县政府根基中央精神，下发7号文件延长了土地承包至2025年，允许实行"四荒地"转让。2000年10月，农户收到了镇干部发的《土地承包经营权证》。

建塘镇地处州县所在地，成为全州国家征用土地最集中的镇。1966年前国家虽有《国家建设征用办法》，但未实施。在占用时，个别领导要求当地农民"献忠"，无偿献出土地。1970年9月，云南省发布《国家建设征用土地暂行条例（草案）》，自此民政局开始办理土地审批业务。征用单位都要填报《建设申请用地》，如果征用或租用水田、菜地和经济林木5亩以上，旱地10亩以上，轮耕地20亩以上，山地（林）地50亩以上报省批准，以下都由县审批。征用土地每亩平均补偿在120元左右。1978年，省委下发《关于国家建设征用土地的暂行规定》，对征用地审批权、补偿标准作了调整，征用集体所有的菜地按正常年景（下同）三年产量总值补偿，水田、旱地、果园等按四年产量总值补偿，征用土地补偿平均在150元左右。1982年5月，国务院公布《国家建设征用土地条例》，规定土地征用审批权限不变，补偿费标准提高到每亩500元左右。随着县城国家职工建房不断增加，违反城市建房、多占、超占者不在少数，群众反映强烈。1989

年，国家土管局下发的《关于国家建设审批的暂行规定》强化了审批程序和严格手续，规定必须首先提交用地申请，详细拟定征地方案，审批、划拨、颁发土地使用证。1990年，州下发通知，全面组织清理建房用地，对各种违反规定及超占户口作处理，并规定暂停审批职工私宅。2004年，根据县政府颁发的《关于开展征用农民集体所有权土地补偿费管理使用情况专项检查的通知》，镇成立领导小组检查了涉及征用农民集体所有权土地的村、社区。经过审查，把遗漏逐一登记入册，所有征用土地都经县国土资源管理局办理手续，程序合法，手续齐全。

土地征用费用具体每亩25600元，其中地价18000元，安置就业费7000元，青苗补偿费600元，地上附作物亦已按具体情况评估后合理赔偿，以不损害农民利益为第一守则。

但今年来征用土地中仍然存在不少问题。我们所调查区一些农民由于征用土地后暂时没有就业渠道，而且有些已经被征收的农民则不满意当初的征用价比现在的低。

2. 土地资源及其管理

1990年全州耕地面积571304亩，80%分布在海拔1900～3300米，海拔1900米以下和海拔3300米以上的占20%。仓房、金龙和北门所在地大多处于河谷地区，人均耕地2.5～3亩。在没有出现相关的管理机构且界限不清的情况下，导致农民之间为土地权属存在纠纷。

新中国成立前，松赞林寺僧侣集团、土司、“属卡”管理。土改后由各级人民政府分级管理。1981年县计委从民政局手中接收管理。1988年土地资源管理局成立，由其负责，县以下则由基层政权管理。1989年8月，全县实行分级负责管理制度，由各乡镇一名副乡（镇）长任土地管理员，兼管土地资源。1993年至1994年，全县乡镇行政界限作了勘测界定，下发了《关于确定各乡（镇）之间土地权属争议地段界限的决定》，并附上有关地图、文件编印成册。

（二）劳动力与畜力

1. 劳动力

香格里拉不管是城镇还是农村，旧社会起就不分性别从事各项劳动，即使是喇嘛出家也不离家，有空回家时也不同程度地参加农牧业劳动。在农业劳动中，男劳动力多以犁田耙地、狩猎、建筑、放牧、外出打工为主，女劳动力则多从事栽插、薅除、积肥、饲养家畜、种植蔬菜等。当地的妇女特别能吃苦耐劳，又会操持家务，在家庭经营中占据十分重要的地位。建塘的劳动力基本集中于种植业。

新中国成立前，因战乱、匪患、冤家械斗、疫病及宗教等原因，人口增长缓慢，劳动力少，农村劳动力不识字者居多，即使是在中心镇，大部分农民的文化水平仍然在小学以下，文盲、半文盲仍占农村人口的19%，综合素质低。新中国成立前当地没有专门针对劳动力做的统计，19 世纪 40 年代国民政府将大小中甸划为全乡，统计数亦不代表建塘镇，新中国成立后的1960 年全县统计开始反映“劳动力”的项目，分为全劳动力、半劳动力、划分劳动力的标准与现在的也不完全相同。

在农业合作社和人民公社运动中实行“评功计分”，将农村劳动力分为不同的等级，包括全劳动力（10 分）、半劳动力（5 分）、附带劳动力（3 分），这三个等级作为不同评功分和口粮的重要依据，在这一时期，整个镇的农村合作社（生产队）保管、会计、记分员十分缺乏，年终结算往往由工作队到城里请人；“文化大革命”期间，以粮为纲，劳力向种植业集中；1983 年全面实行农业生产责任制，农村经济从单一向多元化发展，一部分劳动力投入到其他的产业中，劳动力结构发生了很大的变化。统计部门根据传统的性别，按部门分组统计劳动力构成情况外；1991 年起，农村劳动力年报中将农村劳动力资源统计指标变动为：（1）劳动年龄内的人口数，其中劳动年龄内上学学生数；（2）不是劳力年龄而参加劳动力的人口；（3）超过劳动年龄而参加劳动的人口数；（4）劳动年龄内丧失劳动能力的人口数。除此以外，尚有一部分的辅助劳动力，如假期返乡的大、中、小学生，农忙期间请假帮忙的机关、厂矿职工，退离休干部职工。1996 年以来，由于镇党委、镇政府狠抓“两基”工作，于2000 年达到全镇基本扫除文盲，从根本上提高了劳动者素质。随着生产、生活、教育、卫生、交通条件的逐渐改善，人口不断增长，劳动力素质也不断有显著提高，告别了农村经济活动中存在的刻木记事、结绳计事、数苞谷青稞粒记事的历史。

近年来，由于建设占地，村民失去土地者日益增多，就业成为一个问题，就业和待业者占劳动力的一小部分。

2. 畜力

建塘在公元初就使用畜力从事农业、主要畜力有耕牛（以扁牛为主），驮马、驮骡、驮牛（黄牛）4 种。而耕地主要役畜为经过驯养的扁公牛，合作化时期的 1958 年，大中甸共有牲畜 2896 头，新中国成立初期，政府大力扶持缺少耕牛的农户购置耕牛，发放耕牛专项贷款，从周边及县境、浪都等地购进耕牛，总头数居全县第二。其中扁耕牛 866 头，平均每架（两头）耕牛负担耕地面积 21 亩。由于 1958 年以来的“大跃进”及 1960 年后的“三年困难”时期，过度使用劳役畜及饲养管理不善，耕牛大量倒毙，很多生产队只好用黄公牛代耕，1962 年，1963 年，政府再次拨款扶持缺少耕牛的生产队购买耕牛，至 1964 年，大中甸劳役牲畜总数上升到 3192 头，为全县之首。每架耕牛负担耕地 15.3 亩，相对 1958 年下降了 5.7 亩。

在推行农村生产责任制后，政府又于 20 世纪 50 年代支持贫困户购买耕牛，再加之农业机械的发展，使每对耕牛的负担耕地面积又下降了 5 亩左右。2005 年，根据县统计局分析统计，全镇有农事劳役牲畜 7986 头，其中耕牛 2388 头，每架耕牛负担耕地面积 28 亩，低于 20 世纪 70 年代末。

（三）耕种方式

建塘的农耕历史悠久，可追溯到奴隶社会时期。双牛耕地就始于公元一世纪，吐蕃统治时期，全藏统一土地计量单位“德尼”（即二牛抬杠一日所耕种的面积），该计法一直沿用到新中国成立前。

由于海拔气候原因，建塘的粮食作物均为旱作，一年一熟。当地世居村民根据当地的气候，形成了一套完整的耕作模式，也有很多约定俗成的定制，对二十四节气更是有自己的解读。比如“九九歌”，当地称为“格真”。

20 世纪 50 年代初期，农业生产仍处于原始农业和传统农业并存的阶段。当时边远山区的放火烧荒之后，用刀或木棍点种，或用木犁、木耙耕耙 1 次，或“牛后丢”，或点播或打塘寄种，农家肥使用量较少，中耕锄草 2 ~ 3 次，有病虫发生的时候，也只是撒一些草木灰，有的人家则求神拜佛，请僧侣念经。50 年代中期后使用新式犁耕，深耕细作，选用良种，打塘盖粪点当早播，使用农药防治病种害。20 世纪六七十年代，合理密植，增施有机肥，适当早播，开沟条播，塘坑施足厩肥、土杂肥、草木灰等底肥，有的还使用化肥，如钙镁磷、磷矿粉、普通磷酸钙等。该阶段的氮、磷、钾肥比例比较符合生产规律要求。化学除草剂除草、病虫害防治及监测都较好地使用了现代科技。80 年代主要是良种配套规范化。90 年代，县主要是推广玉米密植技术，都是在上江、金江和虎跳峡等别地推广。施肥则根据当地农技部门的测试，缺什么补什么。

春播在春节前后进行，一般翻犁两道，撒播后平整土地，梳理水沟，将地块分为“崩多”（开墒），这样有利于排水、防涝、通风。过去由于受宗教的影响，春播的日子要请喇嘛卜算吉日。秋收同村同步，收割前“直池浪泻”（整理麦架麦场），全村人先砍草、准备冬饲料，开镰规定同一时间，以免秋收未结束牛场下坝危害庄稼。在秋收中历来都有助工的习惯，独克宗古城秋收历史上先由“古给”户（有死人戴孝户）先开镰，“古纳”（无死人户）后割的习俗。秋收后即冬耕，最迟冬至节前翻犁完所有的地块。

从春播到秋收期间，种植次序依次为：青稞、小麦、洋芋、荞麦、蔓菁。青稞、小麦在惊蛰至春分（3 月）播种，9 月下旬收获。实行牛后撒播，选种不精，青稞每亩用量在 28 市斤左右，播前施肥，均以畜力为主，出苗后历史上并不追肥。出苗后一半耨草两道，一道叫“鸡约”，第二道叫“纳列”。耨草两道后，仅在田间拔野草，并背回作饲料。小麦历史上一犁一耙后撒种再犁再耙，后来是牛后条播，再接着是推广开畦条播；青稞在 60 年代以前整地多为一犁一耙，施肥量少。生产工具改进以后，逐渐科学种田，采取一些有效的措施。作物收割后，秋翻一次，冻垡、晒垡三个月左右，播前碎土，再一犁一耙或二犁一耙。因青稞生长期容易受涝，耕地整地均为覆瓦状畦，每畦 2 至 4 米，两畦之间留有平直排涝沟；洋芋的栽种一般采用牛犁条种，大窝塘条栽，还有单垅单行栽种，多施底肥，部分群众使用无机化肥补充磷钾肥。小面积如菜园栽种则采用人工塘种或条播。大多数地区熏烧草木灰种植，锄草壅土 2 至 3 次，六月锄草培土一次，开花时再培土耨一次。还有推广使用洋芋膨大素、增产菌等；荞麦在谷雨后播种，收获后翻地晒垡、春接碎土，撒播或牛后条播，施厩肥。后来厩肥与磷肥混合后合作底肥，有助于荞麦结实多、籽粒大、产量高。

“施肥不如挑种栽”，建塘人民耕作有轮作习俗。对老田熟地实行洋芋、荞子、蔓菁→青稞（洋芋）→青稞（小麦）→荞麦（蔓菁）的三年轮作制。瘦地（湿地），二荒地实行荞子→洋芋→青稞→青稞的四年轮作制。荞麦则多种在新荒地、二荒地和轮耕地。

各族人民长期在农业生产中积累下来的地域性种子交换、轮作、间种、土壤改良、施肥、育种等，各方面的经验因社会进步和农民素质的提高，在一些地区正升华为理论知识，促使其与现代农业接轨，耕作制度随着机械化、电气化的提高，可望有更大的革命性的转变。基于此，耕地对于已无土地的建塘村民来说是一种遥远的奢望。

（四）农作工具

1. 传统农具

历史以来，铁木手工具是建塘主要的生产资料。新中国成立前使用的农具，由于铁质差、笨拙，损耗快。犁尖全是铁铸，缺损更快，而烨炉全镇仅有两户，生产工具极具缺乏。

新中国成立后，党和政府通过各种形式解决农民生产工具，并逐步推广新式农具。1953 年至 1958 年，县政府发放农具长期贷款，从丽江等地引进全铁的七寸步犁、十寸步犁，双轮双烨犁等。1958 年，原中心镇成立农具厂，1970 年大中甸成立“五金小厂”，后改为“为农工厂”，主要生产铁制农具，低价供应境内农民。1984 年，县城农具厂由个体经营，原中心镇内有多户铁业专业户，打制各种常用工具。建塘使用的农机具和运输工具包括[1]：

（1）木耙：藏语称为“雅鲁”，全木，用于平整田间，收获洋芋时作堆集工具。一般多用硬实的栎树制作，耙齿有铁齿、木齿两种。（2）月牙耙：锄口月牙形而得名，建塘藏语称耙子，主要用于平整土地，整理田间沟渠。（3）板锄：境内各地均称“耙子”，用于整地、挖地。20 世纪 50 年代后由内地调入，称为“缅式锄”。（4）条锄：建塘藏语称“嘎里”，意为开沟锄，锄口较窄，长宽为 5:2，用于挖地，开沟。（5）耨锄：建塘藏语称为“竹勒”。铁尖套弯钩的木柄，柄长仅 50 厘米左右。用于耨青稞、小麦。后有改为铁质长柄的，便于使用，弯腰小。（6）“崩达”：锤形全木工具，一头粗大，一头尖，用于碎土。（7）木架犁：藏语称“通巴”，配有犁尖铧板、铧耳，犁尖为铁，犁身为木，入土较浅，而今主要用于春播开行，一般由 1 头或 2 头牛牵

---

① 据内部资料《香格里拉县建塘镇志》（2009）153 页整理而得。

引，每次犁地 2 ~ 3 亩。（8）铁犁：藏语称为“设科”，汉语称作“抓抓”。有木齿、铁齿两种，用作堆集饲草，麦草用。（9）镰刀：有两种，一为割青稞、小麦、荞麦用的有齿镰，建塘藏语“索”，另一种叫“朵汝”，无齿，刀口锋利。用于砍草及蔓菁块根和叶分离。（10）斧：常用的有“纳达”，上山备料用，家庭用于劈柴的斧叫“的勒”。（11）藏砍刀：建塘藏语叫“实郎”，一般长 40 厘米左右。刀刃部分微弯曲，尖有下勾的刀鼻，以保护刀刃，柄包皮条。（12）尖底大篮：建塘藏语称“鞭”，用来背麦芒，青草等。（13）尖底背篮：建塘藏语“习布”，用于背篓、背土等。传说明朝木天王所创，用于背矿石，因底尖不能平放，背负者无法中途休息。（14）撮箕：建堂藏语称“腊雅”，用来撮土撮粪等。

2. **农机具**

连枷是建塘自古以来使用最普遍的脱粒及加工工具。当地所用连枷均为单枷，子秆木杆用牛皮廉洁，建塘藏语称为“得迟”。两根韧性很强的木杆组成，一根粗而短，一根细而长，称为“儿”，用皮绳或麻绳相联结，使用时，手握粗杆，左右翻动，击打铺得整齐的谷物，一轻一重，富有节奏。面对面排成两排，少则数人，多则十多人乃至数十人，扭动连杆，嘭嘭有声。藏族同胞则随着节奏，边打边唱，充满欢乐的气氛。石滚则使用重达 100 至 130 千克的石头，由马、牛或者小型拖拉机牵引碾轧谷物。

1958 年以后，铁制和木制的脚踏或手摇脱粒机普遍使用，有一些水利条件允许的地方，用木制水轮机带动脱粒机。20 世纪 60 年代末，随着电力的发展和柴油机的普遍使用，电动脱粒机开始出现。1980 年以后，大部分社队都用电力和柴油机带动脱粒。1982 年开始，小型多功能谷物脱粒机大量进入农户。

在历史上，建塘使用水利进行水碾、水磨随处可见。1958 年后，碾米机、磨面机逐步发展。20 世纪 80 年代后，交通方便，粮食、饲料加工，普遍使用电力碾米机、磨面机。

3. **运输工具**

建塘村民进行的各类运输，比如田间运输、上山积肥、砍柴、农副产品的运输等，全靠人背、马驮、牛拉。在 1958 年进行的工具改革中，当地村民才开始制作木轮手推车、木轮牛马车，还引进胶轮推车和马车。1958 年至 1980 年期间，马车仍然是主要的运输工具，大多套长绳，由四匹马拉车，对当地的农村运输产生了其重要的作用。为解决积运山肥，也使用过竹篾溜索、木溜架和钢绳溜索，“文化大革命”期间，溜索甚至达到了700多条。1958年以后，各地修建了田间机耕路、马车路和山区驿道，提高了运输能力。

1957年自治州有了一台国家农业局赠送的大马力拖拉机一台，大中甸区受其益。由于一些习惯势力的反对，认为“土地要充公”，拖拉机的引进比较缓慢。1959年，县拖拉机站成立，为周边地区有机耕条件的县城提供有偿服务，耕种的面积逐渐扩大。1970年时，整个大中甸和中心镇也仅仅有5台拖拉机，马力合计261匹。1984年，农村经济改革后农业机械由个体经营，拖拉机一乡一镇就多达205台。

党的十一届三中全会以后，中央允许个体经营运输业，境内运输车辆，农用中、小型车辆、手扶拖拉机不断增多。田间运输上肥、收获大部分农户均使用机械运输，平时田间劳作仍以铁木农具为当家农具。随着市场的发展和深入，当地耕作机动力机械包括：大中型拖拉机、轮式拖拉机、小型及手扶拖拉机、大中型拖拉机配套农具、小型拖拉机配套农具、农田排灌力机械、收割机械、植保机械、畜牧构动力、林业机构动力、农副产品机械动力、运输机械动力（包括载重汽车、农用运输车、激动运输船、小四轮翻斗车、大中型）、专用性推土机等。

（五）农作物

1. 粮食作物青稞

青稞属于禾本科，大麦族，称为稞大麦或米大麦，当地藏语称为“南”。青稞具有耐寒、耐旱、抗逆性强等特点，适于高原地区海拔气候，是海拔2800米以上的优势作物。据藏史记载，青藏高原是大麦栽培的起源地。自古以来，青稞在藏族人民生活中起着十分重要的作用。

青稞所含营养成分十分丰富，高于稻米、玉米和一般小麦。自新中国成立前乃至20世纪80年代青稞为建塘主食。当地藏族同胞喜食糍粑和酥油茶，家中也大多自酿青稞酒饮用、待客，而青稞是做糍粑的原料，也是冬天饲料、饲草的主要来源，更是青稞酒的主要原料，已经有多达两千年的种植史。

建塘青稞都是当地原始品种，分为“南纳”（黑青稞）、“杰知古鲁”（八十天熟青稞）。历史上由于粗放耕作，种植青稞不选种，施肥少，病虫害严重，青稞种质退化严重。本地青稞均为春青稞，一年一熟，1958 年试验种的冬青稞试验失败后 1961 年停种。青稞一般株高 90 厘米至 100 厘米，3 月播种，9 月中旬收割，全生育期 150 天左右。20 世纪 50 年代到 60 年代，春青稞亩产由 70 千克到 90 千克左右，1990 年以后，亩产 200 千克左右。近年来，有个别地方作为示范区单产已经高达 200 多公斤。新中国成立以前，除上缴给政府的“大粮”及喇嘛粮外，有一部分青稞销往四川乡城。青稞产量占粮食产量的 43% 以上。

2. 粮食作物马铃薯

建塘藏汉语均称为洋芋，清末由内地传入，主要种植于菜地，当作蔬菜作物。洋芋清明节前后播种，秋天收青稞后收洋芋，病害少，种性退化缓慢。由于生育期短，有极其广泛的适应性，在轮作制中对土地的熟制作用重大。在建塘整个作物中，马铃薯在粮食作物中的产量较大。

1958 年以前，洋芋均为地方品种，包括紫洋芋，红洋芋、白洋芋、乌洋芋，四吉洋芋。之后从别地推广技术引进的洋芋有阿坝、河坝、广米科、马尔科、红宣等品种。建塘当地的当家品种主要是白洋芋、红洋芋和河坝、红宜等。

新中国成立后，政府于 1952 年至 1958 年在高原藏区推广示范，不断扩大种植面积，洋芋获得高产。当地产量以 5 千克折 1 千克原粮计算，20 世纪 60 年代亩均产 162.5 公斤，70 年代亩均产 677 公斤。在粮食短缺情况下，洋芋一方面可作为口粮（当时称为软粮），另一方面与内地兑换大米，甚至有些运送到德宏、大理、怒江等。1983 年实行生产责任制以后，70 年代扩大的种植面积下降缩至一半。1989 年 9 月在别村建设的洋芋淀粉厂促进了洋芋的种植，但 1995 年该厂停产。1900 年的亩产比 1952 年的亩均产增加了 17 千克。截至 2005 年，土地被征用，种植面积下降，亩均产 196.9 公斤（仍以毛粮折细粮 5:1 计量）。洋芋的种植面积占该地的 20.9%，占粮食总量的 25.1%。

在没有土地的村民中，现在的洋芋主要来自有地的亲戚朋友或者从市场上购入，季节不同洋芋的市场价也不同，便宜的时候 0.6 元/斤，贵的时候 1 元/斤。

3. 油作物

迪庆历史上有过油菜、核桃、油桐、蓖麻、向日葵、土麻、芝麻、野坝子等，尤以油菜、向日葵和大麻分布广、面积大，而建塘镇主要以油菜为主。

建塘油作物始于当代。1954年由县政府调入兰花籽，无偿分给中心镇互助组。1972年引进西藏春油菜品种，扩大种植面积，由于试种成功，1974年以后种植面积不断扩大。1986年农村体制改革以后，一乡一镇油料作物大幅减少，全镇仅有100亩。

1996年以后县农技部门引进油菜高质新品种云油21号，青油14号等芥蓝春油菜。这些油菜生长期较短，出油率较高的在38%，亩产油60公斤左右，由于农技部门在种子、种植等方面服务周到，油菜种植面积又大幅度上升。2000年，按全镇的数据，平均亩产量94.98公斤。2005年，除仓房外均有种植，平均单产量是98.91公斤。

4. 经济作物蔬菜

建塘藏语称蔬菜为“琼汪”。当地村民在历史上就极少种菜，特别是居住于古城周边的人家，在房前屋后开辟小片土地种植一些蔬菜，比如洋芋、萝卜、青菜、豌豆、莴苣等。这些菜大多只够自家食用，不能上市。在艰苦年月里，秋天多种些做腌菜，到了秋末可以换柴火或出售买些生活必备品，这里的腌菜久负盛名。

1966年初的“四清”运动中，蔬菜种植曾经成为工作队推广的项目之一，虽然从丽江请了师傅传授，但仍未得到巩固。一直到20世纪80年代中期，政府提倡中心镇及周边农村发展蔬菜专业户，其中仓房周志国作为两户示范者之一。在州、县农科部门的大力帮助下，塑料大棚蔬菜种植成功。种植品种包括根类菜、叶类菜、茄类菜、芥蓝类菜、瓜类、葱蒜类、薯类、豆类，一般最少有两季，冬天有时还能上市一些蔬菜。

2000年后，绝大部分的蔬菜都被外地人（大多是永胜人）种植，农户收取地租费800元至1000元不等。2005年以后，建塘的已无蔬菜专业户，各农户又开始在自家院子里种些时令蔬菜。我们采访“牛奶大妈”时，她的院子里就有各类时蔬，既可以自给，又可以给亲戚朋友或邻居分一些。

5. 饲料作物蔓菁

建塘的饲料作物是蔓菁，称为“藏蔓菁”，当地藏语叫“洋玛”，内地称芜菁或圆根。据藏、汉史记载一说，蔓菁系吐蕃王朝松赞干布时期，文成公主入藏从中原地区引进的品种，另一说则认为它是当地的原始品种。历史上蔓菁为辅食。新中国成立之前，蔓菁的块根茎被制成干菜，叶心晒干后煮汤用，叫作“勒卒”。

蔓菁后来成为当地的主要优质饲料，是冬天草枯和春天草短时喂食大牲畜的主饲料，鲜蔓菁全株可用作猪饲料。蔓菁一年一作，不种小麦和青稞时轮作。蔓菁在立夏后播种，寒露前后（10 月）收获。建塘历史上种植面积均在 14% 左右。2005 年的蔓菁面积则占农作物面积的 12%，种植量最少的是北门，一共是八十亩。如今，田地没有了，养牛的人少了，只剩一些人养猪，蔓菁种植的人更少了。

三、旅游业

旅游业是利用优美的自然环境条件，开发和建设各种风景区，以满足人类精神文化的需求。建堂镇处于州县所在中心边缘地带，“三江”并流世界自然遗产、国家重点风景名胜区腹地，亦为滇、川、藏交通要道；境内有国家公园及两个国际湿地；加之神秘的宗教以及藏族民俗文化的传说，一直以来吸引着国内外的旅游爱好者。从网络和书籍上记录的各种有关香格里拉建塘当地的传说及游记，即可见整个当地在许多旅游者心目之中的地位。

从云南省会昆明驱车沿滇藏公路西行，顺着硕多岗河七弯八拐，越往前走，海拔越高，直到翻过冷都坡，眼前豁然开朗，连续驰过 3 座大坝，再过一条山沟，便是建塘镇。由于从云南到香格里拉建塘一般需要坐八个小时的大巴车，大规模赴香格里拉旅游的人流依然较少，许多游客苦于路途远而只在丽江就打住了脚步。但是，陆陆续续小规模的旅游者一直未曾停止，这其中大部分人是驴友，其他少部分则在七八月旅游旺季天气路况较好时自驾车旅游。比如本调研组在建塘村调研期间，也在当地遇到了不少前往建塘的旅客，尤其是来中国留学的留学生们。这些游客虽然在单次规模上不是很大，但由于游客的持续性，对香格里拉及其附近如建塘村一带服务业的带动作用不可小视。

建塘村当前的旅游业发展有政府的大量投资建设，而相关服务行业则是村民自身挖掘，没有特别统一的培训和发掘，县镇多在旅游样式和店面进行管理。究其原因，主要是由于旅游季节不同，来此旅游的游客规模不大的缘故，但当前的小规模并不能掩盖已经逐渐显示出来的发展潜力。

（一）主要旅游资源

建塘村旅游资源依靠着周边的自然景观和人文景观带来的市场，这一带的旅游资源当前主要有以下片区。

1. **自然景观**

（1）普达措国家森林公园

“普达措”为梵文音译，意为“舟湖”，是“碧塔海”的藏语原名，藏语中代表着神助乘舟到达湖的彼岸。普达措国家森林公园是中国政府确立的第一个国家公园，属于国家4A级旅游风景区，于2007年6月21日正式开始接待游客。其位于香格里拉县境内，最高海拔4159.1米，年平均气温5.4℃。该公园占地总面积1313平方公里，其中开发旅游的面积仅为总面积的3‰。普达措国家森林公园至今保持完整的原始森林生态系统。一般游客游览完全程需要四个小时左右，主要景点有属都湖和碧塔海等。

属都湖又称属都岗湖，属都湖四面树木环绕，海拔3705米，积水面积15平方公里，是香格里拉县最大的淡水湖泊之一。

碧塔海距建塘东26千米，南北长16千米，东西宽14千米，总面积14181公顷，属省级保护自然保护区。属横断山北部高山峡谷亚区，呈深浑圆形高山底丘地貌，最高海拔4159.1米，最低海拔3180米。植被群随坡向不同而有显著差别。一般在阴坡、半阳坡多为杜鹃冷杉林和箭竹冷杉林，阳坡低山沟底多为云杉林，半阳坡多为云杉、高山栎混交林或云杉、落叶松混交林，阳坡山脊多为高山松。碧塔海四面环山，属断层造湖，湖面海拔3539千米，平均水深20米。最深约40米，面积2400亩，积水面积20平方米。四周山箐溪流和泉水为湖水来源，出水口在湖东，成为地下河后又流出地面经洛吉，注入金沙江。湖中生长有细鳞锥吻鱼和小虾。每年五六月份杜鹃花盛开时节，漫山遍野的杜鹃花树，落花落入湖中飘荡湖面，鱼群争相抢食，鱼儿食后悠然漂浮水面，呈现出“杜鹃醉鱼”的美景。冬天麻鸭、绿头潜鸭，红头潜鸭，黑颈鹤等漫游水上，给碧塔海锦上添花。景区中有黑颈鹤、猕猴、云豹、马鹿、林麝等珍稀动物。

（2）石卡雪山

石卡雪山景区位于香格里拉县建塘镇西南，距建塘7.34公里，它不仅是自治州境内距机场最近的综合性旅游景区，也是目前该高原区唯一具备缆车观光条件的立体性生态文化旅游景区，集湖泊、雪山、森林、高山牧场为一体。景区最高点石卡山主峰海拔4449.5米，最低点纳帕草甸海拔3270米，相对高差1179米，几乎包容了滇西北"三江并流"世界自然遗产地亚高山带和高山带所有自然垂直带立体生态景观资源。"石卡"是香格里拉藏语译音，意为"有马鹿的山"，两只马鹿，代表着正在聆听佛祖讲经说法的芸芸众生马，因此，鹿是藏传佛教吉祥动物之一，表示"吉祥长寿、驱邪正法"。

历史上，坐落于神川铁桥东城独克宗与铁桥西城（今丽江塔城）之间的石卡山，是连接吐蕃与南诏的纽带，东南与姜域的玉龙雪山遥相呼应，西北与梅里雪山遥遥相望，是吐蕃时期滇藏茶马古道进入藏区的第一座神山。这神山帮助吐蕃赞普实现了与南诏国和睦相处、互利共赢的愿望，促成了南诏公主与吐蕃赞普的美好姻缘；这神山帮助世世代代前来朝圣的茶马古道商贾一路顺风、生意兴隆；这神山使香格里拉众生生活安康、幸福吉祥。

2. 人文景观

（1）美丽的日月城——独克宗古城

据说古城按照佛经中的香巴拉理想国建成。"独克宗"是蓝色月光之名，藏语的发音包含了两层意思，一为"建在石头上的城堡"，另一为"月光城"。后来的古城就是环绕山顶上的寨堡建成的。与此呼应的是在奶子河边的一座山顶上建立的"尼旺宗"，意为"日光城"，其寨堡已经没有了，原址上是一座白塔。两城遥相辉映，构成极负盛名的香格里拉，意即心中的日月的完美意境。

唐仪凤年间、调露年间（676—679年）吐蕃在金沙江沿线设神川都督府并在今中甸大龟山上设城堡。至康熙年间，御批中甸设市，日月二城再度兴旺。据史书记载，当年西藏噶厦政府仅每年派出的购铜官要带一百多头牦牛，数十人往返跋涉于中甸拉萨河之间。从雍正二年（1724年）起，清军数次筑修土城，至民国10年（1921年），县长虞戊用省府下体恤白银4000两以工代赈，动员民众构筑城墙，顺城墙设城堡8座。该城外形不方不圆，大致轮廓与藏传佛教中香巴拉坛城极为相似。

古城位于大龟山四周，属中甸县中部草原，海拔3300米，四周有雪山环绕，中甸草原地势开阔，是茶马古城及今滇藏铁路的必经重镇。

城中建筑均为土墙和木板式屋盖，是藏区保存最完整亦是最具特色的古建筑之一。镇内街道铺以条石，经岁月的打磨，在月光之下，街面条石闪闪发光，煞是迷人。古城内设有金龙、仓房、华门三条古街，中心为集市交易的四方街。1957 年 9 月后，州及中甸县两级机关沿中德路两侧铺开建的新城。日月城中心镇以团结街为界分南北两区，南边为旧城区，北边为新城区。全镇规划面积 16 平方千米，有 12 条路，5 条街，9 个居民区。交通、通讯十分便捷，餐饮小吃随处可见。

(2) 小布达拉宫——噶丹·松赞林寺

松赞林寺，离建塘 5 千米，佛屏山脚的小山包上，占地 500 余亩，是藏区格鲁教派最负盛名的大寺之一。清康熙十八年（1679 年）始建，1681 年竣工。清雍正年间，寺院规模不断扩大，有皇朝发给度碟的僧侣 1226 人，最盛时期僧人达 3000 名左右。松赞林寺建筑雄伟，以大寺和金瓦寺为主，依次为西苏、觉厦、八大康参和僧舍。建筑物鳞次栉比，高低错落，周围筑有围墙，四周布有哨楼，俨然一座城堡。大寺居全寺中央，为五层藏式雕楼，下层为大经堂，有 108 根柱子，能容 1600 个僧人趺坐念经。主供释迦牟尼金像，高 2.7 米，后殿供三尊镀金铜佛像，高三丈。四壁有诸神壁画和储藏经、法器的高大壁柜，显得庄严肃穆而又幽冥昏暗。大寺之西为格鲁派祖师宗喀巴殿，称金瓦寺。两寺并列，屋面皆为镀金铜瓦，顶端为镀金宝塔，阳光下似“佛光”闪烁，十分壮观。松赞林寺内除供有众多佛像外，还珍藏有世界著名的佛学丛书《甘珠尔》和《丹珠尔》1 套。寺内颜色鲜艳的酥油花，造型生动，手法细腻。寺内珍藏的经卷及工艺品繁多，十分珍贵。松赞林寺建筑、雕像、绘画等多方面的成就，是藏族与各民族文化交流的结晶。1936 年，红军长征途经中甸，贺龙、任弼时等曾前往松赞林寺参观，并赠送了上书“兴盛番族”的锦幛。1966 年松赞林寺被毁坏殆尽，只剩下一片断壁残垣。1983 年起，州人民政府拨出专款开始修复。

（二）主要旅游方式

每年陆陆续续有旅客进入香格里拉，并通过旅游消费而给建塘村民带来一定的收益。当前旅游有自助游和跟团两种选择，其中主要包括徒步、骑单车、自驾车方式，这几种方式并不必然的分开，一段旅途中可能会采取其中的两种方式或者几种都会用到。

徒步的驴友有些出于锻炼身体，同时可以遇见沿途许多美丽的风景，并且可以避免很多景区多类及单调性而愿意组团或几个人一起寻找香格里拉的出行。一般他们也是能走的就徒步，不能走的就利用交通工具。但是香格里拉地域广阔，景点相隔远，白天晚上温差大的缘故，完全徒步旅行的游客还是比较少。比如在普达措森林公园，其中就分为四段：开始是乘坐景区内部的环保车，听讲解员介绍植各类被到达山顶第一站属都湖。乘车到达第二站弥里塘后既可以乘车也可以经过3公里的徒步后到达第三站碧塔海。最后可以徒步四公里到达终点或坐轮船到达湖一面的栈道再走半小时到终点。在整个景区过程中，仅有两段地方可以徒步，一般导游和解说员都会建议第一段不要徒步，把体力留到最后一段。而在2005年普达措还没有成为景点名字之前，多是骑马穿过一片树林才能到达湖边。而今普达措出于环保等原因，已经取消了当地藏民提供的骑马服务。有些藏民如一个当地的康巴汉子就在去往普达措的路上开办了一个跑马场，离建塘6公里，为游客提供了一条享受骑马的旅游方式。

自行车出行是驴友尤喜欢的旅游方式之一。从丽江到达古城的公路为省级公路，路况平坦，但是盘山路居多，雨季路较滑，全程需要8小时，海拔从2400米升到3200米以上。一路两边村庄少，两个村庄之间相隔距离大。公路多在山顶或山腰，而村庄在山谷下，落宿不大方便。而进入牧区后，一路虽有牧民，但藏房在山脚下，离公路有相当一段距离，路边零零星星分布一些房子，也有个别小店铺卖些杂货。因此在香格里拉景区六七月旅游旺季时，会有少数游客从丽江骑自行车到达本地，然后根据天气情况骑往各个景点。在我们进入香格里拉建塘调研路上，就看到一些骑着自行车往回走的游客。有一些游客则是坐大巴前往古城，然后在当地古城停车场再租自行车出行。这些自行车一般都被人们骑往石卡雪山，然后在山脚下再往上爬。松赞林寺也在自行车可及的范围内。

自驾车出游来当地的游客多来自是云南周边的省市，比如四川、昆明、丽江等。其中有些人是带着朋友来玩，有些是年轻人结伴出游，有些是在香格里拉内有亲戚或朋友。这些自驾游客都对当地比较熟悉或者已经在进入当地时做好旅游攻略的准备。一般情况下都会到著名的景点看一看，在旅游过程中，要么随当地朋友一起出行要么跟着景区内的旅游团听一听看一看。由于不熟悉路况等，当前自驾进入当地的人数依然比较少。

（三）旅游业收入来源

由于基础设施、配套设施等不完善，旅游业的初期发展，能够给香格里拉村民带来的收益依然比较有限，目前村民依凭旅游的收入来源主要基于以下几方面，即做导游和向导的收入、在古城内做餐饮服务或酿青稞酒的收入，藏族服饰出租、卖小纪念品或卖酸奶的收入以及跑出租车的收入。

在大陆首个国家公园——普达措国家公园在香格里拉正式揭牌后，旅游从业大军不断扩大，发展势头之快超过了其他行业。它不仅解决了州内的就业问题，同时经过近 10 年的发展，已初步形成州内一支不可小视的社会生力军。建塘村的村民也成了其中的一小分子。但是一些从业者初中还没有毕业就设法拿到一张导游证，加入当地的导游大军，而景区又逐渐规范招募自己的导游，因此导游业在当地根本出现僧多粥少的局面。

建塘做导游的人是多数是年轻人，年纪在二十出头，普通话较好，对当地的文化和景点都有自己的解读。他们一般都有一两年的资历，而进入香格里拉的团都是由外地带入，他们的市场并不好做。他们的一切收入全靠自己的服务运气和那张巧嘴。一个导游接团成本最低为 80 元，也就是人们常说的常规团，而如遇到散客团队，接团成本需要 200 元，如果遇到“滑竿”团队（既不进店、也无其他特别消费的团队）还要倒贴车费、人头费、电话费，非但不赚钱还要倒贴。导游的利润主要是来自游客购土特产、藏民家访的自费项目。入住宾馆的房间差额利润归旅行社所有，这是过去的操作方法。而现在的操作方式是旅行社按景点门票返点、购物店的人头费的多少来确定导游的利润。这点利润还要与全陪、司机、省陪平均分配，这样一来，作为当地导游，拿到的就很少。比如普达措森林公园内，有时候一天多达 4000 ~ 5000 人，有时候一天只有 800 ~ 1200 人。向导一般是向自驾车或徒步旅行的人提供服务，价格由双方约定好，现在几乎没有专门做向导的村民，多是做导游的介绍熟悉的人为有需要的游客提供服务。

在古城内做餐饮业的包括两种，一种是自家开店，一种是给别人打工。当地人开的店主要包括餐饮业和酿酒坊，餐馆业像我们采访到的张兆虎爷爷一样，把自己原先在古城的藏式木房修缮一番，借游客对藏族特色的餐饮开发市场。由于经营理念不同，他们对市场的把握也不同，张爷爷的

“甸腊卡”店就以不点菜只按价位出菜单以及其文化氛围见长，而别的店有的则更多以藏歌藏舞相伴，还有一些酒吧则以独特的藏饰和当地的酒水出名。对于在古城内打工的村民并不是像内地一样完全是老板和职工的关系，他们大多都是亲戚，因此收入并不差，有时候会根据经营的利润来分，一个月都有2000元以上。酿酒作坊多在古城边缘，酿酒的人家不多，建塘村比较有名的就两家，其中一家就是杨德芳家，一斤价钱是15块，一天可以卖掉50斤左右。

四方街的四面都是方方正正，这里有临时搭好的商铺，早上10点左右就有市场，晚上八九点钟收摊后成为藏族锅庄舞的天堂。有一些游客住在古城内的旅馆，在没有光顾酒吧之前都会凑个热闹来等待锅庄舞的热闹。于是，建塘村的一些妇女就会批发一些藏饰品，在这里卖给游客。这些饰品的价格不等，从1至200元不等，游客多的时候每个摊前总有在淘货的客人。比如我们采访到的格桑彭措大哥家中就在这支了个摊，每个月400元的摊位费，除去进货的成本，一个月下来最多能挣到2000元。这个收入算是比较高的，但是由于气候原因，一般到了冬天就没有收入了。

月光广场两面都是博物馆，另一面是通往龟山的路，几乎所有到达古城的游客都会来到这里，有的上山去拜佛转经筒，有的参观博物馆了解当地的历史，之后一般都会在广场的凳子上休息。于是，有些村民就在这里卖酸奶，这些自家酿的牛奶和市场上有名的蒙牛伊利酸奶不同，酸味道比较烈，在卖给乘客时要备些白糖。一杯100毫升的酸奶卖5元，除去外包装和糖的2元成本，还有3元的收入。除了卖酸奶，建堂村村民就会在这里临时搭个铺面，出租藏族服饰，拉来藏獒，为有需要的乘客拍照。这个市场才开始一两年，至今也仅有七八家，夏天的时候人比较多。藏族服饰都是买进，一件一百多元，出租的时候一件15元。游客要与藏獒合照一次20元。一个铺位需要两个以上的人照看，一个人整理服装，一个专门照相。旺季一个月下来一人收入3000元，建塘村尼玛拉措的妈妈和叔叔婶婶就一起开个店铺，她一般在傍晚下班或节假日到现场帮忙照相或照看摊位。

四、副业

（一）酿酒业

青稞酒藏语称“纳然”，是藏族人待客的最佳饮料，以高原主产粮青稞为主要原料酿制而成。建塘村的藏民酿制青稞酒已有悠久的历史。据民国21年（1932年）《中甸县纂修县志材料》载：“（独克宗古城）酿酒二十六户，年产四千五百斤（旧称），每市斤四角（旧市）。”据中央访问团《中甸县情况调查材料》载，解放初期独克宗内有酿酒户45户，至土改前发展到70多户，每户日产青稞酒20市斤左右。合作化后，酿酒户均入社务农。20世纪60年代至70年代中后期，不允许个体酿酒，白酒实行定量供应，由国家经营，中心镇由国库供应酒粮，金龙一社办酒厂，白酒全额交县商业部门。1985年以来，农村政策不断放宽，中心镇办起集体酒厂2家，个体酒厂9家，至1988年发展到20户。这一时期酿酒业过度发展，大小酒厂达50多家。至20世纪90年代因县青稞酒厂停产，不再收购个体酒厂产品，酿酒业开始降温，不少个体小厂陆续停产。

在大酒厂日益占领市场的时候，仍旧不乏一些家庭式酿酒作坊秉持着最原始的技艺，用纯手工操作酿造着美酒。香格里拉人最喜爱这样的私人酒坊，他们买酒，一定不会买精致的瓶装酒，而是用5~10斤容量的塑料桶，成桶地购买散装的青稞酒。豪爽的藏族同胞，千百年来始终如一地拥戴着自己本民族的文化传统。央宗家的酿酒作坊就是众多私人酒坊中的一个，公公以前在生产队上主要负责酿酒，生产队解散之后，就在家里弄了一个小作坊开始自己酿制青稞酒。

央宗向我们介绍了青稞酒的酿造方法和过程。首先把青稞洗净，但不能让青稞在水里洗的时间过长。然后倒进锅里，放入多于青稞容量三分之二的水煮。火不能烧得过旺，边煮边用木棍把青稞上下翻动，以便锅中的青稞全部熟透，并随时用手指捏一下青稞粒儿，如还捏不烂，再加上一点水继续煮。等到八成熟时，把锅拿下来，凉上20~30分钟的时间，这时锅中的水已被青稞吸收干了，趁青稞温热时，摊开在已铺好的干净布上，然后就在上面撒匀酒曲。撒曲时，如果青稞太烫，则会使青稞酒变苦，如果太凉了，青稞就发酵不好。撒完酒曲之后，再把青稞酒装在锅里，用棉被等保暖的东西包起来放好。在夏天，两夜之后就发酵，冬天则三天以后才发酵。如果温度适宜，一般只过一夜就会闻到酒味儿。要使已经发酵的青稞冷却，这样才能使青稞酒更甜，然后把它装入过滤青稞酒的陶制容器中。如果要马上用酒，就要加水，等泡四个小时后就可以过滤。如果不急用，就把锅口和滤嘴封起来，需要时随即可以加水。头一锅水应加到比发酵青稞高两寸，第二、第三锅水应加到和发酵青稞一样高。

藏民在敬酒、喝酒时也有不少规矩。在逢年过节等喜庆日子饮酒时，如有条件，应采用银制的酒壶、酒杯。此外应在壶嘴上和杯口边上粘一小点酥油，这叫“嘎尔坚”，意思是洁白的装饰。主人向客人敬头一杯酒时，客人应端起杯子，用右手无名指尖沾上一点青稞酒，对空弹酒。同样的动作做完三下之后，主人就向你敬“三口一杯”酒。三口一杯是连续喝三口，每喝一口，主人就给你添上一次酒，当添完第三次酒时客人就要把这杯酒喝干。

另外，主人招待完饭菜之后，要给每个客人逐个儿敬一大碗酒，只要是能喝酒的客人都不能谢绝喝这碗酒，否则，主人会罚你两大碗。饭后饮的这杯酒，叫作“饭后银碗酒”。按理说，敬这碗酒时，应该需要一个银制的大酒碗，但一般也可用漂亮的大瓷碗代替。

唱祝酒歌也是藏民族最有意义的普遍习俗。藏族有一句笑话：“喝酒不唱祝酒歌，便是驴子喝水。”谁来敬酒，谁就唱歌。大家常爱唱的歌词大意是：“今天我们欢聚一堂，但愿我们长久相聚。团结起来的人们呀，祝愿大家消病免灾!”祝酒歌词也可由敬酒的人随兴编唱。唱完祝酒歌，喝酒的人必须一饮而尽。

（二）林产业

香格里拉县是有名的森林王国，木材蕴藏量在1亿立方米以上，森林覆盖率为36.4%，这里出产的云杉、冷杉等木材木质细腻、粗壮笔直，还有红豆杉、榧木等珍贵木材。在原始森林中栖息着数不胜数的珍禽异兽，如金丝猴、小熊猫、野熊、黑麝、金钱豹、自鹇等。香格里拉县出产大量名贵中药材如：冬虫夏草、贝母、雪上一枝篙、珠子参等数百种。香格里拉县还有众多的名贵观赏植物，如墨兰、雪莲、报春、百合等数百种。此外食用菌类丰富，木耳、鸡枞、羊肚菌等储量惊人，香格里拉县成立了松茸及其他野生菌类交易市场，以规范对大宗野生菌类的市场交易。

中甸地处青藏高原南端著名的横断山三江并流区。这里是云南亚热带常绿阔叶林植被区向青藏高原高寒植被区过渡的地带，山高谷深，山川相间，从遐迩闻名的虎跳峡谷到哈巴雪山之巅，海拔相对高差 3500 米，植被垂直分布明显，生态环境完好。特殊的地理位置和自然环境，孕育了中甸高原丰富的生物资源。

1. 森林资源

中甸县有森林 65.56 万公顷，覆盖率达 56.45%，林木蓄积 6931.9 万立方米，均居云南省各县之首。全县有乔木和小乔木树种 41 科、83 属，225 种，其中裸子植物 5 科、12 属、26 种，被子植物 36 科、71 属、199 种。

森林树种的分布随海拔的升高而变更高，在海拔 2600 米以下的河谷地带植被保存完好的区域和箐沟，分布着亚热带常绿阔叶林及云南松林，常见树种有黄毛青冈和云南松；无林地带则为干旱灌木草丛，分布着苦刺花、土沉香和仙人掌等耐燥热的小叶型多刺灌木。海拔 2600 ~ 3000 米地带为温带常绿针叶林，群落结构复杂，林木种类丰富，主要树种有云南铁杉、丽江铁杉、云南红豆杉、云南榧树、华山松、槭树、榛树、椴树等。

在中甸，森林分布面积最大的是海拔 3000 ~ 4000 米的亚高山带，这里气候寒冷潮湿，长冬无夏，那一望无际的原始寒温带暗针叶林，主要由长苞冷杉、川滇冷杉、中甸冷杉、油麦吊云杉、丽江云杉、大果红杉和高山松组成。从远处眺望，林相多样，暗绿的冷杉林、灰绿的云杉林，而镶嵌其间的翠绿的斑块则是大果红杉。与针叶树种混生或自成纯林的阔叶树种常见的有黄背栎、川滇高山栎、川西栎、帽斗栎、长穗高山栎、山杨、川杨、红桦、白桦等。五彩缤纷的小乔木状亮叶杜鹃、宽针杜鹃、棕背杜鹃等，就像无数少女，亭亭玉立于林苑草甸，鲜艳夺目。步入这茫茫林海，仿佛进入梦幻世界，温馨、幽邃而神秘。

海拔 4000 ~ 5000 米为高山灌丛草甸带和流石滩疏生植被带，这里只有垫状的高寒灌丛和草本植物在与严寒抗争。假如你从香格里拉大峡谷爬上巴格拉宗雪山，一日之间就可欣赏到相当于从南国亚热带到北半球极地约 70 个纬度的水平态生态景观，这为世界同纬度地区所罕见。唯其如此，在云南 127

个县市的30多个省级保护区中，中甸就占了3个：碧塔海自然保护区、哈巴雪山自然保护区和纳帕海自然保护区。中甸，正在以其立体森林公园的魅力，吸引着越来越多的游人。

20世纪七八十年代，随着森工企业的迅速发展，中甸林木采伐量逐年加大，木材一度成为全县财政的支柱。而今，人们已改变观念，把保护香格里拉森林生态环境作为一项战略任务，大力发展以旅游业为主的第二产业，中甸森林资源和生态环境已得到有效的保护和合理的利用。

建塘村村民自制自用的木制品有：水桶、挤奶桶、打奶桶、木酥油茶桶、木勺、白桦树皮瓢等。如今木背水桶多数已被铁皮桶替代，打奶桶逐步被牛奶分离机代替。

2. 花卉产业

著名植物学家吴征镒在其主编的专著《云南植被》中写道："丽江的玉龙雪山和中甸的哈巴雪山，都蕴藏着大量高山、亚高山植物，素有世界花园之母之称，驰名中外。它是杜鹃、报春、龙胆等名花的分布中心和分化中心。"据调查统计，中甸的野生高山花卉不下500种，被誉为云南八大名花的杜鹃、龙胆、报春、绿绒蒿、兰花、百合花、山茶和玉兰等在中甸应有尽有，即如杜鹃花就有87种，绿绒蒿12种，龙胆科花卉58种，报春花科103种，兰科71种，百合科70种。

在海拔1530～2900米的河谷和半山区，生长着各种受人宠爱的喜温湿的名花，诸如春兰、蕙兰、蜜蜂兰、小雪兰、虎头兰、云南山茶、黄牡丹和滇藏玉兰等；海拔3000～4000米的亚高山带是高山名花荟萃之地，有酷似名贵金茶花的黄杯杜鹃，有亭亭玉立的锡金报春和偏花钟报春，还有杓兰、龙胆、百合花、豹子花、总状绿绒蒿、马先蒿、鸢尾花、波罗花、高山紫苑、翠雀花、金莲花、柳兰、野蔷薇等，数不胜数；4000米以上的高山灌丛草甸及流石滩，分布着许多横断山特有的观赏植物，如虎耳草、玉龙蕨、绵头雪莲、丛菔、垂头菊、白雪杜鹃和樱草杜鹃等。春夏时节，百花盛开，争奇斗艳，成为杜鹃的世界，鲜花的海洋。嶙峋的雪山、碧绿的草原和恬静的高山湖泊在鲜花的衬托下，显得格外妖娆妩媚。

近几年来，香格里拉县建立了格桑花卉公园，与国外合作，投资上百万元在石卡雪山下建立了花卉引种栽培基地，栽种郁金香获得了巨大成功。为把中甸建成全国最大的郁金香球茎培植基地，公司先后到昆明深圳和上海等地进行花卉展销，为开发中甸花卉资源开辟了一条新的途径。

3. **药材产业**

中甸的药材开发利用历史悠久，早在唐宋元时代，这里的麝香便进入内地市场，县药材公司麝香每年收购量相当可观。关于虫草的记载，在赵学敏乾隆二十一年（公元1757年）《本草纲目拾遗》中就有："绍兴平菜仲先生言：其尊人曾任云南丽江府中甸司马，其地出冬虫夏草……其草入药故能治诸虚百损，以其得阴阳之气全也"。到光绪《新修中甸志书稿本》所记的中甸土产有了贝母、虫草、金不换、大黄、茯苓、秦艽、麝香、鹿茸、豹骨、熊掌等13种。

据调查统计，香格里拉县境有药用植物171科、830种，产量可观的有秦艽、茯苓贝母、红景天、岩白菜、珠子参、雪上一枝蒿、金不换、三分三、雪莲花等，名贵药材除了虫草，还有天麻、蝉菌等。全县有药用动物100余种，以麝香、熊胆较为有名。

目前，中甸人民已把雪茶进行包装，推向市场，藏医院利用绿绒蒿等制成名贵藏药，县科委和农业局等试种天麻、贝母收到很高的经济效益。藏区人民开始综合开发利用本区的药材资源。

4. **野生菌产业**

中甸现已知的食用菌和药用真菌有24科、92种，其中开采量较高的有栎松茸和一窝菌两种。

栎松茸，藏名鼻沙，为横断山区特有种。分布于全县海拔2600~3700米的栎类和针叶树混交林下或栎类灌丛下，尤以格咱、三坝、大中甸和洛吉等乡为多，每年7-9月采集。80年代以来，松茸成了国际市场上，尤其是日本市场上的抢手货。1987年，日本商人直接到中甸收购松茸，当年外贸部门鲜松茸收购时为130吨；1995年，香格里拉县根据发展五大产业建立三大市场的发展思路，创建了松茸综合交易市场，加强市场管理，当年从中甸出境的松茸达732吨，实现产值达1亿元。

一窝菌，分布于海拔3600米以下栎类灌丛下，群生或丛生，尤以小中甸和大中甸分布为多，味极鲜美。7-9月采集，全县新鲜一窝菌年采集量在200吨以上。

此外，中甸人民采集利用的还有羊肚菌、金耳、木耳、猴头菌、鸡油菌、白牛肝菌、獐子菌等，其年蕴藏量在500吨以上。

建塘村居民历来有采集野生菌及野菜出售及自食习惯。近年来，靠采集野生松茸及其他野生菌、竹叶菜等收入占全年现金收入的一半左右。州、县有关部门还在独克宗罗多波山下建成现代化生产的松茸园区，县城内建成松茸市场，规范松茸市场管理。

中甸丰富的生物资源除上述几类外，还有很多，如珍稀动植物资源（国家级重点保护动物42种、植物20种），牧草资源（全县草场面积503万亩，年产鲜饲草109万吨），维生素植物资源（竹叶菜、石花菜、蕨菜、沙棘等），为中甸各民族变生物资源优势为经济优势奠定了物质基础。

在这次调研中，我们还采访了中甸野生食品进出口有限公司董事长汪建忠先生，他向我们详细地介绍了公司及他的创业路。1997年，他通过国家贷款的方式获得了大量的资金，加上个人的积蓄以400万的注册资金成立了中甸野生食品进出口有限责任公司。公司从最初的以收购、加工原料为主的大作坊模式向收购、加工、生产和出口云南特有的野生食用菌——松茸为主的野生食品加工企业模式发展。这几年，公司以迪庆香格里拉天然食用菌为基础，加工生产各种清水松茸罐头，冷冻松茸及野生菌类系列食品，产品以出口日本、韩国的市场为主。2001年6月，公司取得了出口经营资格，为云南松茸走向国际市场又迈出了重要的一步。

2005年5月公司迁入位于香格里拉县城环东路的松茸园区，成为最早也是最大的松茸生产基地。目前，新工厂共占地15亩，总建筑面积6450平方米，生产区按国际食品加工要求设计建筑。公司现有固定职工58人，其中管理人员8人，高级技术人员2人，技师6人，已建成年产100吨食用菌罐头的生产线一条，年产35万吨的软包装生产线一条以及年产150吨的冷冻产品生产线一条。截至2011年，公司固定资产累计2680万元，已成为香格里拉地区最大的野生食用菌加工企业。

（三）畜牧业

建塘镇天然草场资源富足，建塘的“塘”就是藏语平原，草原的意思。建塘镇天然草场主要分布在海拔3000米至3800米左右的亚高山（林间）及高寒地带。1957年前的土改前，建塘以东的硕都湖一带草场原属土司腊咱搭（齐氏），后属松赞林寺。建塘镇以西大片高山草场属土司诺苏达（松氏）。

东南方硕拉格咱一带属松赞林寺西苏觉厦。1957 年底收归公有。

至 2005 年，建塘镇全镇共有天然草地 54921.94 公顷（823829.1 亩），居全县第二。其草场种类主要有：高寒草甸草场、亚高山（林间）草甸草场、沼泽草甸草场、山地灌木灌丛草甸草场、杂草丛草场。建塘村以山地灌木灌丛草甸草场和杂草丛草场为主。

山地灌木灌丛草甸草场主要分布于森林被烧或伐区次生林地带或森林下部疏林地带，土壤为黄棕壤，土层较厚，表土疏松，灰褐色。据土样测定，PH 值 5.5，有机质 5.8%，全氮 0.27%，全磷 0.69%。最高月平均产草量 121.9 公斤，年产鲜草 90438775 公斤，可载畜 9911 个黄牛单位。草场植被主体由中生、湿中生、多年生草本灌丛组成，上层为高灌木，亚层为短灌木或灌丛，底层为禾草或杂草类。牧草平均覆盖度为 66.4%，平均叶层高 12.5 厘米，平均亩产鲜草 181 公斤，可利用率 63.6%，可食牧草平均亩产 113 公斤，按草场评定标准，属二等、三等草场。

杂草丛草场是建塘镇各村在房前屋后的麦场、或面积在一二亩左右的地块围成草场，藏语叫“作拉”。待秋天牧草成熟，往往在秋收前，用砍草刀砍下，扭成长条，架于草架上晒干，做冬春饲草用，此类一平方米产鲜草 16.92 公斤，折合亩产 1128.9 公斤，可利用牧草 94.1%。

1. 畜禽品种

（1）中甸牦牛：建塘藏语称“吉”。藏族饲养牦牛历史久远，在藏民生活中占有重要地位，据敦煌藏文文献记载，吐蕃时期养牦牛、驯牦牛已成为藏族共同经济生活，驯养牦牛在远古时代就存在。据县畜牧兽医站在牦牛品种资源调查中，确认“中甸牦牛”为青藏高原牦牛的特有种。建塘镇是全县牦牛主产区之一，2005 年末存栏 15260 头，当年出栏 2269 头，存栏数占全县总存栏数 39130 头的 38.99%，出栏数占全县出栏数 4258 头的 53.3%。

中甸牦牛耐寒不耐热，适于高山牧场放牧，采食力强，适宜粗放饲养管理，难驯育，建塘藏民不作役用，这与其他藏区有别。牦牛在建塘各村（社区）均有分布。

建塘镇牦牛的外貌体形特征主要有：比格咱、尼汝牦牛个体较小。公牦牛性情凶猛好斗，除饲养者外难以接近，母牦牛则较温顺。公母牦牛均有角，公牦牛头大额宽，相显粗野，角间距大，角犄粗壮，角犄向外折上张开，显现雄伟；母牦牛颜面清晰，角状细长，角基略向后两侧伸张，弯曲向上侧后。

公母牦牛眼大而圆，额毛长而密，年长遮盖双眼。鼻长微凹，嘴唇薄而灵活，齿大。颈薄无肉垂，公牦牛较母牦牛粗厚。鬐甲稍隆起，背腰平且直，间有凹者，尾部略倾斜，胸宽而深，发达开阔，肋骨开张，腹部较大。四肢粗短，蹄大钝圆，质坚韧。尾短，尾毛蓬生如帚状。四肢、腹侧裙毛较长，多为20至40厘米，有的可及地。母牦牛乳房较小，乳头较短小，乳静脉不发达。公母牦牛毛色多为黑色，尚有黑白花及全身黑而额心、额头有白斑白毛者，藏语称“勒瓜”。

中甸牦牛乳、肉、毛、皮、骨综合利用，而建塘藏民一般无饮用乳习惯。

成年牦公牛体重299~370公斤，1980年9月，县畜牧兽医站在大中甸屠宰实测一头牦公牛，屠宰率为45.18%；而阉牦公牛屠宰率可达54%，体重在245~344公斤左右。成年母牦牛体重165~230公斤，屠宰率也在45%左右。

牦牛肉肉质稍粗，有特殊香味，制作肉干更佳。20世纪70年代中期曾多次销售香港、澳门。

母牦牛产乳量及酥油随季节和草场优劣情况而变化。每年7~9月为产乳高峰期，10~12月次之，1~5月最少，泌乳期210~220天，平均每头带犊母牦牛年产乳201.6~216公斤，每头牦母牛平均年产奶量可提制酥油13.4~14.4公斤，也等于建塘藏民制作的酥油13并~14并，奶渣20.1~21.6公斤。牦母牛酥油比黄牛提制的酥油鲜黄、味香。

中甸牦牛全身被毛，毛密而长，分绒毛和粗毛两层，因而保暖性好，每年5~6月剪毛一次，每头牦公牛剪毛量每头3.55公斤左右，牦母牛剪毛1.32公斤左右。

（2）中甸犏牛：建塘藏语称役犏牛为“酢”，母犏牛为“酢姆”，以中甸公黄牛（藏语称“兰”）与中甸母牦牛杂交所生一代牛称为犏牛。其个体比牦牛大，肉和乳的生产能力及役用价值高，寿命长，性情比牦牛较温和。2000年（本年度后，统计不单列犏牛）全镇有犏牛总头数8116头，当年出栏890头。两项均占全县首位。

1980年，县畜牧兽医站对大中甸、小中甸两地87头产乳母犏牛进行实测，母犏牛年产奶量为460.8~489.6公斤，比母牦牛多一倍以上。藏民将犏牛乳全部提制成酥油、奶渣，平均每头犏奶牛的乳可提制酥油28.8~30.6公斤，高的可达36公斤（18并）酥油。奶渣43.2~45.9公斤。母犏牛酥油品质更好，味香，放置时间长，奶渣酸味比牦、黄牛要酸。

公犏牛无生殖能力，多数于4~5岁去势后作役用，建塘镇农村几乎每户有1架（两头）犏牛。

犏牛体壮力大，多用于耕作和拖运木料，在海拔3000~3800米地区，两头公犏牛每日可耕地3~5亩，拖运1000~1200公斤的木料，可日行山路15~20公里。

（3）中甸高原黄牛：建塘镇藏语称母黄牛为“罢”，公黄牛为“兰”。属于我国高原型黄牛种之一。2005年全镇年末存栏15728头，出栏1922头，存栏数仅次于小中甸，居全县第二，出栏数高居全县第一。

建塘镇黄牛体型较小，头大中等，眼小，面目清秀，公母黄牛均有角，母牛角细长，稍向上弯曲，公牛角短粗。颈部肉垂不明显，鬐甲薄较平，背腹平直，前胸窄而深，肋骨拱圆，腹部较大，臀部窄短略倾斜，尾细长；四肢短而细，前肢稍呈外向姿势，后肢略向内弯；蹄钝圆，质坚实。母牛乳房较小，乳头短，乳房静脉不发达，毛色以黑和淡黄者居多，黄褐色，黑白花次之。

黄牛以乳用为主，乳、肉、役（黄公牛）兼用。经调查测定，黄母牛泌乳期为220~250天，每天早晚各挤奶一次，一个泌乳期产奶量为416~480公斤，产奶高峰期5~10月，乳脂率为5.7%，每头黄奶牛年可提制酥油26~28.8公斤，相当于13并至14并，奶渣39~43.2公斤。

成年黄公牛体重在169~238公斤之间，成年母牛体重在149~207公斤之间，成年公黄牛屠宰率为46.30%，母黄牛54.6%，阉黄牛58.4%。黄牛肉质细嫩，肌肉中含脂肪量较高。阉黄牛一般作役用，主要用于驮运，缺乏犏耕牛的人家作耕牛，每天可耕地3亩，黄驮牛可负重60公斤，日行20~25公里。

（4）中甸马：中甸马属西南马系统中的高原型藏马，建塘镇为中心产区之一。2005年年末存栏数2382头，出栏535头，存栏数仅次于三坝乡，居全县第二，出栏数居全县第一。历史上出售丽江、大理等地，20世纪七八十年代，出售流向四川、河南、河北、湖南等地。

中甸马马体短小、精悍，体形细致紧凑，骨骼坚实。头小，眼大明亮有神，耳小灵活、颈短昂举，鬐甲稍低，前胸宽，背腰短而平直。前后躯匀称，后躯发育良好，体脂肪附着全身。四肢强健有力，蹄质坚硬。毛色以枣栗、骝毛为多，黑毛次之。

神经类型属灵敏型，长年放养为主，性情较野，但便于驯服。公马护群，母马母性强。

公马一般4至5岁配种，16岁后淘汰不作种用。母马4~5岁开始配种繁殖，一年一胎，经生产驹10至14匹者较普遍，18岁后丧失繁殖力。母马4月发情，6至8月为最佳配种期，妊娠期11个月。母马为生产马，不作役用。公马驮、挽、乘均宜，耐寒耐劳，耐粗饲，驮载力强，善走山路，是未通公路前的主要交通工具，是历史上滇藏茶马古道上驮运骨干，从建塘到拉萨，驮重60公斤，日行30公里，可连续行走5个月，人乘骑可日行45公里。在合作化时期，每个合作社均有马车，是运输粮食、物资、生产资料的主要运输工具。

马在建塘镇作为竞技、送亲，古代用于战争。赛马有百年历史，在高海拔地区仍有惊人速度。1980年6月，县畜牧兽医站在独克宗古城郊区对19匹马测定，700米乘速为1分2秒至1分8秒；对两匹马进行1000米测定，分别为1分33秒4及1分47秒6，对两匹马进行1600米乘速测定，分别为3分2秒9至3分11秒1，中甸马在每年州、县举办的赛马会及大理和省、全国马术比赛中均获有奖项，其中不乏金奖。

（5）中甸藏羊：中甸藏羊属藏系绵羊良种之一，建塘镇各村均有分布。藏语称“洛”。2005年期末存栏数5959头，当年出栏2234头，存栏数居全县第6位，出栏数居全县第3位。

中甸藏羊体格较小，体形紧凑，头大适中，头深额宽。公羊有角，角小呈圆形，多向下弯转，母羊多圆角，身体稍短，背腰丰满，肋骨弓张良好，躯体各部结合匀称。四肢较短，蹄质坚实呈黑色。毛色纯白者较少，头颈和四肢多为黑色，少数为全身黑色。尾小，呈长圆锥形。成年尾长10厘米，宽4.5厘米左右。

中甸藏羊，毛、肉、皮兼用，品质良好，但个体较小，体重偏低，生产力不高。建塘藏民不挤羊奶，也不食用羊奶及其制品。

藏民习惯每年春秋两季各剪毛一次。1980年，在大中甸对132只成年羊剪毛量作测定，成年公羊60只，平均每只剪毛春季0.82公斤，秋季0.72公斤，成年母羊72只，平均每只剪毛量春季0.52公斤，秋季0.48公斤。对8只成年羊的毛绒品质测定，其中含细毛55%~57%，两型毛19%~21%，粗毛15% ~16%，干死毛9% ~11%，毛瓣长度12 ~16厘米，净毛率68% ~70%，一岁以上藏羊皮皮板结实，毛股紧密，光泽好，保温性好，是制作御寒皮制品的原料，但皮厚，毛长且粗，穿戴较重。

成年公羊体重21 ~31公斤，成年母羊体重19 ~24公斤，1980年9 ~11月，在大中甸屠宰测定成年公羊、母羊和阉羊各两只，屠宰率分别为37%，39.23%和45.55%。

公羊1 ~1.5岁性成熟，1.5 ~2岁为初配年龄，母羊一岁性成熟，1.5岁后即可配种产羔，每年6 ~9月为发情盛期，妊娠期为150天左右，多数为一年一胎，也有两年3胎者，多产单羔，母羊生产5年后淘汰。公母混放，自然交配，建塘镇多数于7 ~9月配种受胎，翌年1 ~3月产羔。

（6）中甸藏猪：属高原型猪种之一，建塘镇属生产区之一。2005年期末存栏数109413头，出栏7602头，肉产量45吨。存栏数与出栏数均位于全县第5位。皮毛多为黑色，额部、四肢及尾尖有呈白色者，棕色猪较少，鬃毛粗长，多而密，头窄长，呈锥形，耳小略下垂，耳包硬，额间无明显皱纹，颈和体躯较短，胸较狭、背腰平直或稍隆起，后躯较前躯略高，臀部倾斜，大腿欠丰满，四肢健壮，蹄质坚实，母猪奶头多为5对，据对51头母猪的观察，5对奶头的占66.6%，4对奶头的占17.64%，6对奶头的占15.64%。

体型分大、中、小三型。大型猪：俗称“大架子”，体格高大，体长126厘米左右，嘴筒长而粗，额间皱纹呈“水”形或“△”形。皮毛粗糙，身腰长，腹大不下垂，背腹平直或微凹，四肢粗壮，大腿有1 ~2个皱褶，尾粗而长，一般饲养一年半，活重可达60公斤左右，此类型约占整个猪群的20%左右。中型猪，又称“二虎头”猪，体躯狭长，体长100厘米左右，头比大型猪小，嘴筒细长而平直，背腰平直或呈弓形，腹紧凑，四肢坚实，行动敏捷，饲养一年体重可达50公斤左右，此类型为数最多，约占整个猪群的60%以上。小型猪，俗称“荷包猪”，头小，嘴尖，似“耗子头”，耳小平展微垂，体躯粗短，体长90厘米左右，腹较大，皮毛长而密，四肢细小，称“麂子脚”。饲养一年，体重可达30至40公斤，此类型约占整个猪群的20%左右。

性成熟期一般较迟，小公猪40 ~60天有性行为，5至6月龄左右开始配种。小母猪4月龄左右初次发情，6月龄配种受胎，妊娠期116 ~120天。母性较强，怀孕母猪临产前经常放养追赶，但很少发生早产和难产。公猪利用年限较短，两岁后淘汰；母猪利用年限7至8年，但产仔较少的两岁便淘汰，阉割育肥。1979 年在中心镇、大中甸等地抽样测查，有 36 窝平均产仔 5.6 头，34 窝经产母猪平均产仔 6.8 头，6.7 窝经产母猪平均产仔 7 头。

建塘镇村民养猪，主要为自食。宰杀年猪，仅食用少量鲜肉，大部分腌制后供常年食用，有制作琵琶肉，腌制火腿、腊肉、吹肝的习惯，独克宗城内还有制作猪肝酉窄的习俗。新中国成立前中甸腊肉、火腿少量运往西藏销售。20 世纪 60 年代至 80 年代初猪肉实行留半缴半，国家对城镇人口实行定量供应。

（7）中甸藏獒：中甸藏獒是藏区特有犬种，藏语称“古次”（牧犬），建塘镇属县境主产区之一。建塘镇各村、社区每户几乎有 1 至 2 头。家舍作拴养，用作看家护院，在高山牧场作护畜防兽。历史上进藏马帮也养随马队藏獒。

藏獒体型大，雄壮威武，力大性凶猛，忠于主人，护领地，护牲畜，善攻击，是优良护卫犬。

藏獒全身皮毛长而密，身毛长 10 厘米左右，尾毛长 15～25 厘米，耐寒怕热，在 －7.10qC ～ －7.20cC 冰雪中仍能安然入睡。毛色以黑背黄腹者居多，其次是全黑，背黑腹黄的藏狗两眼上部毛形似眼状，俗称“四眼狗”。

藏獒头部雄伟高昂，头、颈、四肢和尾部均为调和，头大额宽，呈方形，眼大黑黄，嘴粗短，牙十分锋利，咬力特大，瞬时可达上百公斤，嘴角略垂，鼻宽吻短，舌大唇厚，颈粗有力，吠声粗大，传播远，颈下有垂，背部平直，胸深，肋骨平，前肢笔直，臀正，四肢粗壮，足趾结实而紧团，肌肉发展，藏獒嗅觉非常灵敏。黑夜视力比较敏锐，吠声洪亮。平时文静安祥，对主人亲近，巴结、忠诚，若有生人或野兽则凶暴强悍，勇猛善斗。

成年藏獒体高 50～65 厘米；体重 25～30 公斤，公獒 8～12 月龄性成熟，母獒 8～10 月龄初次发情，1 岁～1 岁半交配，母獒每年春、秋两季发情，发情时行为变态，易兴奋，好活动，多烦躁不安，吠声粗大，日良睛发亮，阴部肿胀，潮红，流出伴有血液的红色黏液，食欲减少，尿频，举尾拱背，喜接近公狗。发情期 6～14 大，少数 21 天，未受孕者，每隔 5 个月至 6 个月发情一次，孕期约 63 天左右。产前几天，母狗会主动寻找屋角，棚下等隐蔽地叼草筑窝。每窝产仔少则 1 至两只，多则 7 只至 8 只。小狗 35～45 天断奶，两个月后离开母狗单独饲养。2～5 岁为壮年期，7 岁开始老化，10 岁后生殖能力减退，最长寿命12～15岁。藏獒的主食为提取酥油后的酸奶水拌糌粑，或奶渣拌糌粑面，每天喂食3次。在高山牧场的藏獒，也啃食荒野牲畜弃尸。

饲养在家藏獒，均用绳链拴牢在桦树干上，由于桦树的弹性，藏獒活动空间增大。有专门犬舍，一般在院墙柴火码下留一方形洞供狗栖息。饲养在高山牧场的藏狗，白天拴在牛场房前，夜晚则放开以护畜防兽。

2. **饲养管理**

历史以来，建塘镇村民对传统饲养各畜种积累了丰富的经验，而传统的饲养管理比较粗放，对牦牛，终年以放牧为主，公母合群，逐水草转场放牧，建塘镇最大的牦牛场，一般在40头左右，每年5～9月游牧在高山牧场，10月至翌年4月，回到村中，白天放牧，夜间关入木栏内。

建塘镇村民牦牛场在不同季节的游牧营地都有固定的牛场房，用木楞、木片板建盖，供牧工食宿和加工酥油、奶渣。在牛场房内附建夜间关犊牛的小厩。夏季高山牧场上草丰盛，是牦牛长膘、配种及奶旺时期，这一期间，每个牦牛场都要给成年牦母、公牛灌喂一次白酒。煮茶叶、灌喂红糖和小米辣水。将所有牛喂2至3次盐巴，催情催膘。冬春水冷草枯，所谓“三月倒牛”的季节，牦牛补饲青稞草、蔓菁、青稞面等。牦牛、犏牛都喜食糌粑面及盐，每个牧工腰背均系有“择居”（放有盐和糌粑混合的袋子）。每当挤奶或抓牛时都用这种“择糌”哄招。

村民对产乳牦牛和犊牛饲养管理特别用心，每天早晚挤奶前都要给产乳牦牛饲熟蔓菁或野生植物饲料，掺拌少量青稞面；每头母牦牛产后都要喂熟腊猪肉1～2公斤；产后15天内不挤奶。1至2月龄的犊牛每天早晚都要喂1至2次青稞面拌茶叶渣的稀粥，至3月龄，白天跟随母牦牛放牧，夜间隔离于小牛棚内。3月龄后昼夜跟随母牦牛放牧，母牦牛怀孕乳尽后自行断奶。

对犏役畜，饲养更为精心，在春播和秋耕期间，以人工喂养为主，出工前，收工后均用木桶喂足蔓菁，干青草，间或灌喂酥油汤、白酒、腊肉粥等。夏季则随牦牛场上山放养。

对黄牛的饲牧，各有区别，有的村民将牦、黄牛混放，随牦牛场转场游牧，少量供家庭生活用的黄牛则放牧在村前的草地，归牧后喂以蔓菁、熟洋芋、青稞草及麦草，少量青稞面，每年夏季给种公牛喂一次酥油、白酒，给成年母牛灌喂一次白酒，以作催情催膘。每月喂一次盐、产奶母牛每次挤奶时喂熟蔓菁、熟洋芋，掺少量青稞面，母牛产犊后，喂1次至2次腊肉汤。

犊牛不随群放牧，单独关养或单独放牧，以防偷奶，早晚挤奶时放出吮乳一次，1月至2月龄犊牛灌喂1至2次青稞面粥，6个月断奶。

中心镇则在秋收后个户放养，春种后至秋后，早出晚归，雇工集体放牧，北门、仓房顾1至2人放牧，金龙顾2人放牧。端午节还有送牧工糕点的习俗。

公、母马合群放牧，终年以放牧为主，每年5~9月多数随牛场到高山放牧，有的在纳帕海枯水季节的草场上放牧一段时间，称“克庄擦”。冬春季节即“四月倒马”期间，夜间补饲干青草、青稞草和少量的精料青稞。母马产驹后，母仔单独关养放牧，补饲3个月、每年5月至6月给种公马喂一、二次红糖、酥油，每次0.5公斤左右。

对羊的饲养也比较粗放，公母合群，白天集中放牧，夜间赶回各户关养。冬春季补饲少量青稞草、干草及青稞面，每月喂5~6次食盐。

对猪的饲养城乡因地而异，在建塘农村，放养和舍饲结合，母猪只在临产前后才转为舍饲，产后补饲青稞面、蔓菁，20天左右带仔放牧，每天补饲母猪、仔猪少量青稞籽，对育肥猪，年猪建塘村民称“三帕”，到催肥阶段才关养以喂饲为主，喂煮熟蔓菁、洋芋，并拌以精饲料糌粑面，或苞谷面，现也有购进配合饲料掺喂催肥。种公猪历史上很少喂养种公猪，一个自然村往往仅一头种公猪，所到农户都得到优待，种公猪淘汰后就作“期替”放生，让其自然死亡。

五、教育

（一）教育概况

新中国成立前，建塘教育事业极为落后，清康熙十八年（1679年）松赞林寺建成后，寺院中出家喇嘛必须研习藏文，并到西藏深造，主要学习佛教经典，历史上出现过藏文程度很高的若干高僧。而广大藏民，除独克宗古城及解放村小街子、从古龙以外的建塘镇乡村，几乎没人受过文化教育。

新中国成立初期全镇农村青壮年人口中，文盲率达19%，1958年10月，大中甸曾开展过一次扫盲活动，但流于形式，效果不够明显，20世纪90年代，国家出台了《扫除文盲工作条例》，扫除青壮年文盲正式纳入国家教育日程。1998年以来，社区高度重视扫盲工作，青年、妇联积极配合，经过调查清理出不识字的男女青壮年文盲，在本地学校开办扫盲班，有条件的还开办了藏文扫盲班，2000年经州县两级政府检查、验收、负责，全社区非文盲率达99%，受到州、县政府好评。

建塘村于1997年实现了普及六年义务教育，而巩固“普六”完成“普九”，仍面临诸多困难和问题，辍学率和学生流失情况突出，分别超出规定的一倍。建塘镇党委、镇政府前后制定下达了《建塘镇“普六”后续管理措施》、《建塘镇学校教职工管理措施》、建塘镇《进一步加强“两基”工作的通知》以及《学生辍学处理意见》等。并成立了领导小组，由书记挂帅，镇长负责。建塘村居委会领导均签订了《责任书》，并与学生家长签订《责任书》，动员学生入学。经过四次大规模的宣传活动，主要内容为《教育法》、《教师法》、《义务教育法》等“一纲四法”。

另一方面，镇党委、镇政府动员本镇干部职工和社会力量，多方投资。一是改善办学条件，彻底排除学校危房，新增8个办学点，新增校舍面积857平方米，尽力改善学校基础设施。同时，积极多渠道筹集资金，争取外援，解决特困生生活困难，使他们安心学完初中三年学业。1992年至今各级政府、社会各界人士、国际友人、港澳同胞、华人华侨等资助贫困生达763人次，累计达7.4559万元，得到救助款79次，支持的受助生235人已完成学业，享受寄宿制津贴的学生累计达300人，计5.85万元，享受政府助学金的学生1976人，计2.0261万元。至2005年，小学在校生达2764人，入学率达98.79%，初中毛入学率达104.01%，2005年11月，经省人民政府评估验收，全镇实现了“基本普及九年义务教育”。

20世纪50年代至80年代初，建塘镇小学教师，最高学历为中等专业学校，有部分教师是初中甚至是小学学历，也存在个别教师“误人子弟”的状况，直接影响了教学质量，自80年代末至90年代，强化了教师素质的提高，对教师提出了更高的要求和合格条件，随着教育事业的发展，一大批具有大专以上全日制大学学历的毕业生充实到全镇各学校。同时，提高在职教师素质，提倡和鼓励在职教师离职或在职进修、电教、函授、学习，取得大专以上学历。不少教师还参加了专门或专题培训。

新中国成立初期教师在当地由校长选聘，教师与学生的比例为1∶26，

1956 年以来由丽江专署调配部分教师来镇，1958 年中甸一中设置一个初中班，招办 3 期，部分毕业生来镇任教，1965 年吸收部分高、初中毕业生为民办教师，1980 年起州师范毕业生逐步充实到镇各学校，教师逐步实行“专业合格证，”至 2005 年有专任教师 203 人，教师学生比例为 1∶12.8。其中小学高级教师 128 人，小学一级教师 54 人，初级职称 21 人。学历结构为：大专以上学历 130 人，占总数 63%，中专学历 63 人，占 31%，初中学历 10 人，占 6%。

（二）学前教育

建塘村的学龄前儿童全部就读于建塘镇幼儿园。建塘镇幼儿园初建于 1983 年 4 月，是全州创办最早的两所乡镇幼儿园之一，借用民房，1984 年迁至古城藏公堂，教师 2 人。1995 年通过了云南省幼儿园注册。1998 年 3 月，向仓房街征地 2142 平方米建园，新建两幢 13 间砖木结构平房，其中 6 间为教学用房，7 间为教师宿舍。由走读转为全日制，办园条件有了极大改善。2001 年 6 月经验收，定为一级三等幼儿园，2004 年县妇联授予“巾帼文明示范岗”，2005 年被县教育局授予“家长学校”称号。

目前办有大、中、小 3 个班，在园幼儿 106 人，建园至今入园幼儿累计 1742 名。1999 年重归红卫小学管理。

2000 年以来，幼儿园内设施不断完善，购进 32000 元大型综合玩具“凯旋门乐园”；价值 1 万元的 16 平方米蹦蹦床，购置 32000 元的塑胶地板 208 平方米，更换地板增加了孩子们在玩乐中的安全性。同时更新了录放机、购置了一台 29 英寸彩电和一台 DVD 供教学用。

新中国成立以来，镇幼儿园遵照本着促进幼儿身心和谐发展的教学宗旨开展教学活动，幼儿教学主要有晨间活动、早操活动。教学活动主要为语言、音乐、科学、艺术等方面，游戏活动，户外活动。每周还有两节英语课。

镇幼儿园根据该园实际，建立共育机制，一是，建立园家委会，由每个班推选 3 至 5 名组成，作为园与幼儿家长的联系纽带。二是，利用镇敬老院离园不远的条件，利用年节、敬老节到敬老院为老人演出节目、为他们捶背、做他们的“孙子孙女”，每逢敬老节和农历四月十五到五凤山为老人唱歌跳舞，表演节目。幼儿园与一墙之隔的军分区组成“军民共建单位”，连队官兵抽空为园打扫卫生，给孩子们讲英雄故事，给孩子们表演模仿军事动作等，同时带孩子们参观军营、让孩子们学习解放军的精神，以激发他们的吃苦耐劳，热爱祖国的热情。通过让孩子们做一些力所能及的活动，以从小培养他们珍惜自然资源，保护环境的意识。

（三）小学教育

建塘村附近的小学有两所：红卫小学、逸夫小学。社区儿童早年均就读于红卫小学，近年来则部分就读于逸夫小学。

红卫小学位于古城大龟山以东南，占地 14737.32 平方米，建筑面积 5424 平方米，其中教学用房 1411 平方米，办校历史 69 年，入学学生累计达 33000 人。现有六个班级，在校学生 235 人，专任教师 24 人。学校设备较为齐全，固定资产达 70 万元。学校配有微机室、实验室、音乐室、多媒体教室。

逸夫小学：1996 年由香港邵逸夫先生赠款 40 万港币，省政府捐资 40 万元人民币，县政府投资 17.2 万元，建成逸夫小学，1997 年县教育局指定该校为建塘镇中心完小。位于县城龙潭河以北的建塘村，占地 30 亩，建筑面积 3000 平方米，有 28 个教学班，教职工 70 人，在校学生 1280 人，是全镇学校校舍、教学条件最好的小学，建有标准化自然实验室、电脑室、多媒体室等，厕所、球场、道路、绿化、卫生设施较好。2001 年划归建塘镇管理。

1. 文化教学

新中国成立后，废除旧教育制度，禁止体罚学生。1952 年，国家教育部颁发《小学暂行规程》（草案），规定小学教育的基本原则是理论与实际相结合，全面发展。1954 年推广苏联教学模式，学生作业、考试打分实行 5 分满分制。1958 年贯彻“教育生产劳动相结合”的方针，学生参加体力劳动较多，人民公社期间，年龄偏大的学生强迫退学参加农业生产劳动。1966 年至 1968 年的“文化大革命”运动中，学生都是“红卫兵”，提倡不做“小绵羊”，参与运动，不能正常开展教学活动，1969 年“复课闹革命”，但由于“宁要社会主义的草，不要资本主义的苗”的谬论影响，忽视文化教育，教学不能正常进行。

1978 年 9 月，国家教育部颁布《全日制小学工作条例》和新的教学大纲，小学教育步入有序轨道。开设课程有政治、语文、数学、自然常识、体育、音乐、美术。1981年，全县小学改为六年制，7门课程中政治课改为思想政治课、自然常识包括自然、历史和地理，其余为语文、数学、音乐、体育等。

近年来，教材的内容和课程设置，随着经济社会的发展和时代育人的要求，国家对统一教材作了多次改版，全镇所有小学按人民教育出版社教科书实施教学，严格按照教育部规定的教学大纲要求，把握教学进度，做到按时按量按质完成教学任务。低年级（一至二年级）主要课目有语文、数学、音乐和写字，课外活动、体育、扫除，中年级（三至四年级）课目有语文、数学、科学、品德与生活、音乐、美术、写字，课外活动、体育、扫除，高年级（五至六年级）课目有语文、数学、科学、自然、社会、思想品德、音乐、美术、写字，少先队活动、劳动、课外活动、扫除。部分有条件的学校还开设了藏语文课、英语课。同时采用了少量教辅用书，语文同步、数学同步及部分试卷试题。总的要求是开足开齐各门课程，又要坚持减轻学生负担，针对少年特点，学和玩均有足够的空间。

20世纪90年代，由于全镇教学水平的不断提高，不少学生在全国、全省作文比赛、科技数学大赛活动中，跻身前列，或榜上有名。

2. 思想品德教育

建塘镇校区，人学儿童7至8岁，个别6岁。从低年级至小学毕业，不断由浅入深，从语文、历史课程、品德课、社会课、音乐课，少先队活动、课外活动中均注入了心理品质教育、道德教育、爱国主义教育、集体主义教育、理想教育、法制教育、并参与一定的社会实践活动，开设阅览室让学生阅读有益的书刊，采用儿童喜闻乐见的影视、娱乐等形式寓教于乐。在节日活动或学期末、周末进行各科比赛、红旗评比、表彰活动、树立先进班级，个人榜样。同时强化管理，完善制度，实行制约与自觉服从的管理办法，提高学生遵纪守法，尊师爱幼、团结友爱的觉悟、做一个德智体全面发展的合格人才。

积极开展学校社会主义精神文明建设，创建文明学校，根据中共中央《关于进一步加强和改进学校德育工作的若干意见》，成立了建塘镇德育工作督察领导小组，掌握学生有关动向，及时纠正不良倾向，使学校政治空气，校风校貌引向健康发展的道路。校区内各级文明学校不断涌现，红卫小学、逸夫小学被州、县党委、政府评为“文明学校”；镇幼儿园达州级一级三等园标准；红卫小学达省级示范小学二级一等标准；逸夫小学达省级示范小学一级三等标准，2000年6月，该校荣获共青团云南省委、省教委、省少工委“云南省红领巾师范学校”称号；2001年12月全国少工委授予该校“全国红旗大队”称号，2003年被全国少工委、中国残联授予“红领巾手拉手助残先进集体”；1993年诺西完小获共青团云南省委“少先队红旗大队”称号；1997年该校获州教委、团州委“少先队红旗大队”称号。学生中，被评为各级各类先进者层出不穷，1999年逸夫小学学生和琳琳荣获省级“优秀少先队员”，同年，和晓敏获省级雏鹰奖章，张玉英、李娟获州级“三好”学生称号，获县、获镇及本校“三好”学生，“优秀班干部”等者更无计其数。

（四）中学教育

落实“普九”以后，建塘村的小学毕业生均升入初中，可选择香格里拉县第五中学、迪庆州藏文中学就读。

香格里拉县第五中学创建于1985年9月18日，坐落在建塘村建塘东路中段，校园占地面积为6000平方米，校舍建筑面积为1529平方米，包括教学区、运动区、教职工住宅区。现在办学规模为25个教学班，在校学生1702名，教职工97名，先后有22位教师参加了全国、全省中小学骨干教师国家级的培训。

1996年起开始办高中，本科升学率86%，加专科总升学率95%以上，短短几年，仅毕业的应届高中生遍及清华等名牌大学。十余年来，先后获得省级文明单位，文明学校等称号。创办以来，学校始终坚持德育为中心，教育教学质量为学校的生命线。经历了艰辛和磨难，在全体师生的共同努力下，升学率逐年提高，20世纪90年代以来中考成绩一直位居全州前茅。其教育教学管理方式在香格里拉县乃至全州独具特色。2002年4月，经州委州政府批准，香格里拉县五中晋升为完全中学；6月，五中被云南省教育厅、体育局定为“培养体育后备人才传统项目学校（足球试点）学校”。同年，迪庆州科学技术委员会授予“迪庆州科普教育示范学校”称号。2004年，在昆明召开的第四批现代教育技术实验学校授牌和培训会议上，香格里拉县第五中学被确认为第四批“云南省现代教育技术实验学校”。

迪庆州藏文中学是云南省唯一的一所双语完全中学，成立于1994年，至今已有17年办学历史，共培养了3000多名初高中毕业生。目前藏文中学有9个初中班，6个高中班，共有1303名学生在这里学习，其中95%以上的学生都是藏族。为了减轻学生负担，政府为藏文中学的农村学生和城镇特困家庭学生每人每年提供1000元生活补助。

藏文中学每周开设7节藏语课，课时量与语文、数学等主课一样。藏文教学中使用的是五省（区）统编教材，涵盖了藏族文学、藏族历史、诗学、辞藻学、文法等内容。藏文中学近年来的高考升学率超过98%，学生毕业后大都考入中央民族大学、西南民族大学、云南民族大学和西藏大学等高校学习，主要学习藏医、师范及藏语专业，大部分人毕业后都回到了藏区建设家乡。近年来，由藏文中学输送至各高校的学生就业率较高，今年招收的7名藏文教师中就有6人毕业于藏文中学。截至今年10月，藏中共有藏文教师14名，教师学历均在本科及以上。为不断提升教师的教学水平，每年暑假，学校都组织藏文教师到西藏大学进行培训。搬迁至新校区后，州藏文中学将设立藏学研究中心，主要研究藏文教育理论与方法。

我们采访了藏文中学的学生织诗拉姆，她说藏中有初中部和高中部，但自己是从汉语教学的初中毕业以后，考入迪庆州藏文中学，因此从高中才开始学习藏文。学校大多数是藏族学生，但也有一些汉族、纳西族学生学习藏文。班上有些同学过去是一直在民族小学、藏中初中部读书，所以从小就一直学习藏文。虽然自己的藏文基础不如他们，但是老师授课没有分快慢班，一开始确实有些跟不上，但是自己多下功夫，过了最开始那段瓶颈期以后，继续学习藏文就容易多了。织诗拉姆说报考藏文中学是自己的选择，因为非常喜欢藏文，觉得它很美，愿意通过学习更深入地了解它。在藏文中学读书时，每周有七节藏语课，跟语文、数学等主课是一样的课时量。上课用的藏文课本是五省（区）统编教材，里面包括了藏族文学、藏族历史、诗学、辞藻学、文法等内容。织诗拉姆说老师上课的时候，如果时间允许，还给他们补充了很多有意思的内容。

（五）教育管理与相关政策

新中国成立初期，以上中小学均由县文教局直接管理。“文化大革命”运动中，曾一度由贫下中农管理，选派一名代表驻校。20 世纪 70 年代设校区，由中心完小或指定一名校长兼任校区负责人。20 世纪 80 年代初乡镇设一名教育干事，80 年代中期各乡镇设乡镇教委。1996 年 9 月，撤乡建镇后于 1998 年 5 月，经建塘镇党委、县政府报县委、县政府同意，成立建塘镇教育委员会，设主任 1 人，副主任 1 人，办公室主任 1 人，会计、出纳各 1 人，编制占教师编制，工作人员享受教师待遇。现任主任刘金祥，副主任杨延政，办公室主任张建忠。镇教委职责为在县教育局和镇党委、镇政府领导下，依法实施《教育法》及其他有关法规，全面管理和发展小学教育，巩固“普六”，实现“普九”，负责教师管理，定期或不定期考核全镇教师，任免校长。负责全镇小学基础设施建设的上报、拨款及督促。做好党团及工会工作等。

学校实行校长负责制，各校均有校长岗位责任制，教导主任岗位责任制，专任教师、班主任、辅导员、后勤均各有其职、各有其责，实行考绩，考勤制度，奖优罚劣及聘用，下岗制度，校容校貌管理制度。各校还主动订立师德建设公约，对教师应具备的敬业精神，爱岗敬业、育人爱心分别量化，以“为人师表”严格和规范教师行为、言论。普遍建立激励机制，对教学、教研、学校精神文明建设做出突出成绩者，给予表彰奖励。

目前，迪庆州按照“州办高中、县办初中、乡（镇）办小学、村办学前班”的办学思路，采取“撤、并、建”等措施，加强寄宿制学校建设，调整全州中小学校区域布局，提高办学的集中度，推进藏区城乡基础教育均衡发展。

在教育方面，建塘村居民能享受到的优惠政策有以下几种：

自 2004 年 2 月，普遍实行的“两免一补”。“两免”指免收学杂费、课本费，“一补”指寄宿制学生补助食堂费，标准为每人每月 50 元。从 2003 年起，全州义务教育阶段的农村贫困少数民族学生享受免书费、免学费、免杂费“三免”政策。

从 2007 年开始，迪庆州实施的“藏区高原农牧民学生救助工程”，不仅全面免除全州农村义务教育阶段学生的生活费，而且高中阶段还向学生发放每月 170 元的生活补助。

2007 年 3 月起对全州农村户口以及城镇户口特殊困难家庭的中小学、职业高中和中专在校生实行“高原农牧民子女学生生活补助”工程。2009 年，该项补助标准提高到每生每年 1 至 6 年级 1600 元、7 至 9 年级 1700 元、普通高中 1700 元。

这些优惠政策实现了真正意义上的义务教育，从而极大地调动了家长、学生入学读书的积极性，为巩固“普六”实现“普九”打下了坚实基础。

六、医疗卫生

（一）新中国成立前医疗卫生状况

建塘镇在新中国成立前漫长的历史中，一直处于缺医少药的状况，平时有病找点单方药或求神拜佛，请“仓巴”念经驱鬼，生死听天由命，若遇瘟疫流行，便束手无策，加上匪患，人口呈负增长。有历史记载的 1906 年，1918 年两次瘟疫，县城及周边农村死者无数，横尸遍野，有不少人家绝了户，有不少人家逃离家乡。

建塘镇新中国成立前从医者甚少，农村民间仅有几户兼业骨科医生，治疗关节脱位、骨折等，如诺西村吓那尼公达等。

镇境罕批寺喇嘛以驱鬼及药物结合治疗各种疾病，有一定疗效，在康熙十三年（1674 年），罕批寺面临取缔平毁，鉴于该寺的治病功能，地方官员及当地百姓强烈要求得以保留，据传，该寺用三种“神药”结合，能治疗神精病人。

清朝雍正初年，随着改土归流及驻军，外来经商、开矿及手工业者不断增加，中医传人建塘，清末，有鹤庆人李福元到县城行医、擅长外科，后有鹤庆人宣世忠到境行医，后因匪患，返回原籍。城内当地人解郁文从事中医十多年，他去世后，由其侄蔡耀先继承。金龙街住户张德禄也曾开过中药铺。此外，城内尚有几户秘方，单方草医，冯骏专治感冒，赵延福专治白喉，祁合瑛擅长疮科及口腔，曹嘉绩，谢七妹也有数种良方药，在缺医少药百姓贫困的旧社会为民解除病痛，至今有人提及。

国民省政府于 1944 年曾派 3 人到县城开办卫生院，而他们以中甸无办医条件为借口而返。4 月又派一人到甸，也做了事，后借口社会动乱，经费无着，一走了之，此后于 1946 年再派医来，1949 年撤回。

（二）医疗机构沿革

1950年中甸新中国成立后，驻军医生为民治病。1952年10月县卫生院在北门街成立，大中甸及县城群众，首先受益，当年门诊人次就达2342人，此后县医院不断扩建，后又建立了州医院，藏医院及妇幼保健站，医疗卫生机构逐步完善，为建塘群众就医提供了方便。

1966年4月大中甸卫生所成立，所址在大中甸公社机关内，有下派医务人员3人。1968年6月大中甸卫生所正式成立，所址在诺西乡桑那社那思塘东北侧。

1969年10月，中心镇合作医疗卫生室成立，有下派医生两人，"赤脚医生"（卫生员11人）。大中甸各乡（今村）均办起合作医疗室，各社有"赤脚医生"1人，人均经费筹集0.5元，药品以自采中草药为主。

1977年，全县再度掀起兴办农村合作医疗，每个生产队均设1名"赤脚医生"。1981年，"赤脚医生"经县卫生院考核，晋升为乡村医生。1990年下半年为适应农村经济体制改革和实施农村初级卫生保健的需要，恢复村卫生室，大中甸5个村设医疗室4个，有乡医生5人，其中4人为接生员，中心镇设集体性质医疗点1人，乡村医生2人。

1984年全县撤区建乡，大中甸改为乡卫生所，中心镇设镇乡村医生两人。至1990年大中甸乡卫生所共有医务人员6人，行政管理人员1人，医务人员中西医师1人，西医士1人，助产士4人。

1996年大中甸乡与中心镇合并成立建塘镇，称建塘镇卫生院，共有医务人员16人，医务人员中西医医生13人，医师7人，医士3人，护士3人。在城区开设有两个门诊室。其中院长1人。由于体制变动频繁，医院院址多次搬迁，原院地转卖，至今尚未建院，在境内租房设有3个门诊。2005年门诊达7114人次，业务收入231191.03元。

现有在编医、护、职工共18人，其中主治医、主管护师6人，助理医师4人，医士1人，出纳（中技工）1人，财务（技术员）1人，院长余顺海（男）。

至2005年全镇共有农家卫生健康之家卫生员19人，其中尼史村6人，吉迪村3人，红坡村4人，诺西村2人，解放村4人，总数中中专文化3人，初中4人，小学3人，高小9人，均不能正确书写处方。村卫生员享受最低生活保障待遇。

2003年12月31日前镇卫生院完成上划县卫生局，按职责进行行业管理，自2004年1月1日起镇卫生院由县卫生局直接管理。

（三）新型农村合作医疗

新中国成立后，党和国家一直对边疆少数民族地区实行医疗费减免政策，1956年中央访问团到镇慰问，赠送了大量常用药品给各族群众，内地及省也经常派医务人员来镇送医送药，免费义诊，红十字会也多次为民开展白内障等免费治疗。

在“文革”期间，在全国大办合作医疗中，各村均建起医疗室，培训了一大批赤脚医生，以中草药为主，为群众防病治病，在当时社会经济发展滞后，缺少医务人员的情况下，不同程度地缓解了群众就医治病困难，对防病治病起了一定作用，而因一哄而起，基础设施及集体经济的薄弱，以及“赤脚医生”业务素质、待遇等原因不能巩固，至20世纪80年代基本不复存在，经过考核合格的“赤脚医生”改称乡村医生由县适当补助，自办行医。

1984年，在昂翁院长带领下，积极培训乡村医生，巩固了5个村卫生室。

根据国家要求，2003年，县提出实施农村新型合作医疗，县卫生局下发《香格里拉县新农村合作医疗实施方案（试行）》，并首先在建塘镇进行试点。

全镇于2003年8月20日起进行村边宣传边实施，受到全镇农村村民的积极响应，当年，全镇参与新型合作医疗的农民达2913户，人数13998人，每人自筹10元，其中对特困户498人实行政府补助参合，全镇参合率达9 1%，比上年增加1 3个百分点，当年实施医疗补助48万元，国家、省、州、县平均每人配套资金22元。至2005年全镇覆盖。

迪庆州还实施“农民健康工程”，建立了乡村组全覆盖的农村卫生体系，在距离乡镇卫生院、村卫生室5公里范围内，规模较大、人口相对集中的自然村和地处偏远的自然村设立一个农家卫生室，配备一名农家卫生员，共建立了495个农家卫生室。

(四) 疾病防治

建塘镇由于生活环境及饮食习惯，常见病有风湿、感冒、胃病、寄生虫病、流感、肝胆、眼疾、心脑血管病等。不时还有传染病流行。建塘镇地处县、州府所在地，医疗卫生单位集中，为居民及村民就医提供了一定便利，近年来还有6家私企个体医疗单位在县城行医，以服务建塘镇为主的建塘镇卫生院也在城内开设了3个门诊。由于医疗设施的改善和增加，医务人员素质的提高，各医院均实行分科治疗，治愈率不断提高，死亡率持续下降，全镇居民，村民健康水平为历史上最好水平。

在传染病及地方病防治方面，取得了历史性的突破，建塘镇历史上曾发生的急性传染病已根本杜绝。

新中国成立后建塘镇传染病多发于城镇及城郊农村，1958年流行性感冒遍及镇境机关农村，当时采取普遍服大锅药，中西医结合防治同时进行，较快得以控制。

1975年夏，由于食品带菌而发生一次痢疾，多为儿童及学生，经及时防治仅有一例死亡。1990年、1992年两度发生甲肝，集中于学校、4个机关及一个居民区，发病人数42人，由于各级高度重视，疫情很快得到扑灭。1995年5月城区暴发伤寒病，发病189例，发生在1岁至50岁的人群中，尤以学生多，发病原因为气候炎热干燥，苍蝇密度高，由于上级卫生部门高度重视，药品充足，治疗及时，无死亡病例。2003年以来，内地局部地区流行非典型性肺炎以及禽流感，猪兰耳病等，由于防范及时，应急措施到位，镇内无一例发病。

在结核病防治方面，一是大幅降低了麻风病，多年来全镇无麻风病例出现，对肺结核一经查出，国家实行免费发放药品，发病率呈下降趋势。

寄生虫病过去在境内较为普遍，成为建塘镇地方病，主要原因一是粪便管理不当，二是饮食卫生及饭前不洗手等不良习惯。新中国成立以来由于药效好，寄生虫治愈率高，经1989年县防疫站的抽样普查，大中甸为全县最高，占抽查人数的73.65%，对感染者服药驱虫后，现有逐年下降趋势。另一方面，卫生基础设施改善，通过改厕，改水及初级卫生保健的实施，基本消除了涤虫病，其他寄生虫病也得到了有效控制。

由于全面实行儿童强化免疫，实行计划免疫，服药率达到100%，接种及服苗均达97%，传染病发病率极大下降。

在保健方面，重点为妇女儿童，在1959年至1961年的三年困难时期，妇科病在全境发生。1963年后得到有效控制，在20世纪70年代，妇女病进行过免费治疗，恢复生育能力妇女增多。1981年在全州启动普查妇女子宫脱垂、尿瘘病等均开展了普查及治疗。1990年上级卫生部门抽查验收为合格。1990年县保健站开始对妇女进行建卡管理。1973年以来强化了计划生育管理及服务，纳入妇女儿童保健工作的一项重要内容，并如实兑现国家一系列优惠政策及待遇，提高了妇幼健康水平，保障了国家人口及计划生育政策的正确贯彻，自1996年开始开展进行贷款卫VI项目，对学龄前儿童、婴幼儿、新生儿进行系统管理，筛查高危儿童，建卡建册3.2.1体检，新生儿诊视率达100%，7岁以下儿童保健管理率达73.7%，3岁以下儿童保健管理率达85.49%。妇女保健方面做到了孕期建卡，建册，孕后记录，产后访视。至2005年，全镇产后保健覆盖率达87.56%，产后访视率达87.56%，住院分娩率达70%，新接生法达71%，新生儿死亡率控制在18%以内，建塘镇在执行人口计划生育政策，妇幼保健方面成绩突出，曾被国家评为全国计划生育先进集体。

1996年全镇农村初级卫生保健工作得到进一步强化，1999年，全镇基本达标合格，基本实现了人人享有卫生初级卫生保健。2000年全州被列为“降低产妇死亡率和消灭新生儿破伤风项目”县，其中香格里拉县被列为国家级项目县。至2005年全镇妇女系统管理256人，接生率为77.6%。

1979年，在“六一”儿童节前，广泛进行了儿童体检，1983年4月建立中心镇幼儿园，并镇称建塘镇幼儿园。1985年对独生子女，幼儿园儿童进行体检对有寄生虫病的儿童发放驱虫药，1990年又对小学生进行全面体检和健康抽查，1997年由省卫生厅，教委对全州学生常见病综合防治作了考评。

在公共卫生方面，自新中国成立以来是党和政府常抓不懈的重要工作之一，通过不懈的宣传教育和示范，以及经济社会的持续发展，全镇城乡公共卫生设施、条件有了极大改善，居民、村民居住环境，衣食条件发生了根本变革，一些不利于健康，不科学，不卫生的旧习俗已成过去。1953年以来城乡一体开展爱国卫生运动。而今镇组建有领导小组，社区、村委干部分工负责。新中国成立以来至今经常开展定期或不定期环境卫生运动，尤其在几个节日及州、县各种庆典活动前，均分片负责清理垃圾污水。

近年来，党和政府高度重视群众饮水安全，不断加大投入，至2005年农村绝大多数村民基本解决了人畜饮水安全问题。城内1984年10月自来水厂建成，并经多次扩建而今满足了县城五万多人的饮水安全。1979年，1982年，1984年分别对中心镇井水作水质检验和分析，大多数不符合饮用标准，责成其改水、改厕，防治水体污染，加强管理，达到国家规定水质，保障了居民用水安全。

随着城镇市政公共设施建设的发展，社区道路、绿化、供排水，污水处理，照明，垃圾处理设施日趋完善，各级政府强化了环境保护监测，管理街道居民，各单位推行“门前三包”（包卫生、包绿化、包秩序），古城及周边农村禁止牲畜上街，市区及古城配置环卫人员，定时处理垃圾，使全镇环境卫生发生了根本的变化，特别在2002年中甸县更名庆典前，全民动员清扫县城，清理三河（纳赤河、龙潭河、旺池河）河道，2002年，县城经县爱卫会抽查验收评分88.96，再次获“省乙级卫生城市”称号。同年，根据州、县政府指示，禁止使用塑料袋，极大地减少了生活垃圾及环保压力，现已变为广大群众的自觉行动。

近几年来，各级政府强化食品监管，依法实施食品安全有关法规，实施“放心食品”工程，建塘镇主要参与肉食市场监管，对上市屠宰牲畜实施检疫，做到100%查验，不让国家规定不允许上市的肉类进入市场。

自2000年以来，食品卫生监督覆盖率，食品从业人员体检，办证基本达100%。

七、文化艺术

新中国成立前，独克宗木巴属卡在特定的节日组织群众性歌舞，“扎各设”（刀舞）等文化娱乐活动，但无专司文化机构。新中国成立后，党和国家十分重视开展群众性的健康的文化娱乐活动，1962年，中心镇建立俱乐部，但无活动场所及器材，形同虚设。解放乡（今村）的俱乐部曾举办阶级教育展览。松赞寺俱乐部组织“朝阳”球队，参与社会篮球比赛，十分活跃。

1962年，由县委宣传部，文教局指导，中心镇、大中甸文化站同时建立，而设备及基础设施缺乏。文化站设站长1人，负责组织和指导农村业余文化、体育活动，有演出比赛任务时，组织培训参与县、州调演、汇演或比赛。文化站参与了各项文化普查、调查，协助文化部门完成了“四大集成”，并负责全镇农村电视广播的普及。现已改称文体站，全站两人，站长苗华。

（一）民间传说故事

建塘村藏族民间传说故事十分丰富，主要以口耳流传，至今传存的神话有《青稞种的来历》，故事内容为“絮迪迪”（神话中的一种鸟）为藏民千辛万苦找来青稞粒的曲折故事，启示大众珍惜来之不易的粮食。

全藏广为流传的《格萨尔》在建塘村也有流传，并带上了地方色彩，如格萨尔出生到18岁的故事，格萨尔除魔马尾拴彩带的故事。同时，建塘村藏民木柜一定要对着火塘，大铁三脚上带铁环，藏民洗澡七天的习俗均与《格萨尔》传说有关。金龙社区已故学者、艺人松秀清（斯给将初）能说唱部分《格萨尔》。

流传在建塘村藏民中的民间故事还有《阿格顿巴》、《善良的都杰》、《兄弟俩》、《三公主》、《比企和小沙弥》、《勒桑与勒朵》、《兔子惩罚狐狸》、《聪奔与絮勒庄》、《资克布（土陶师）与龙女》等。这些故事内容健康、情节曲折生动，反映了建塘藏族人民向往幸福、自由，歌颂勤劳，追求真善美。独克宗古城的藏汉民族中还流传有五凤山神赵顺神及山神纳主的故事。

红军长征经过建塘镇时秋毫无犯，因此也在群众中流传下许多故事，如红军为送回石磨四战士轮流背石磨步行八里路的故事等。

（二）民歌舞蹈戏剧

千百年来生活在建塘的藏族人民，不但创造了丰硕的物质文明，同时在生产生活中，创作和形成了浩瀚的精神文化产品，特别以歌、舞著称。有其突出的地域性、群众性、民俗性、稳定性及艺术性。近年来，随着藏学藏史的研究深入，州委党校副教授潘发生（建塘村人）认为被载入2000年前《后汉书》中的《白狼歌》三首是以建塘藏语为主的词汇，被翻译注释。

建塘村的民间音乐，从形式上可分为“别（烈）”、“罢扮邦（仁）”两种。这些音乐流传时间久远，歌词古老，音调较为低沉，延音长。“仁”流传时间较晚、歌词通俗、声调较短、节奏性强。

流传在建塘村的民歌歌谣主要有“叭烈”（婚歌)、“炸烈”（茶歌)，“昌烈”（酒歌)，“浆烈”（墙歌)，“纳烈”（山歌)，“神烈”（田间歌）等。称作“仁”的有“仁姆”情歌等。

锅庄，在建塘镇叫作“擦啦”，意为游戏，或游戏娱乐。建塘镇锅庄有其独特的地域性，堪称独一无二，已被列入州、省非物质文化遗产名录。现存70多种，可谓“天上有多少星星，‘擦拉’就有多少调，牦牛身上有多少毛，‘擦拉’就有多少舞姿。”一般年节、结婚、新房落成都要跳“擦拉”。跳时人数可多可少，男女分列成圆形，左手搭在舞伴肩上，低头弯腰，且歌且舞。动作有“金弓舞步”、“猴子舞步”、“孔雀戏水”、“山兔蹦跳”等，还有表现放牧、织布的“牧羊姑娘”等。建塘镇锅庄不配乐，在开阔地或广场、院落均可进行。分“擦尼”（老或旧锅庄)，“擦斯”（新锅庄)。擦尼流传于吐蕃佛教前弘期时代的奴隶社会，歌词多为歌颂佛法，神之类。“擦斯”歌词为歌颂生产、劳作、自然等。在不同场所，还往往即兴创作，而往往双方相持不下，互比高低，通宵达旦。

民国末年，独克宗业余滇戏爱好者自发成立“玩友”会，学习滇戏并在节庆演出。新中国成立后，1955年前滇戏演出过一两次，后逐步冷落，至1966年的“文化大革命”运动，滇戏成为“封（建）资（本主义）修（正主义)”的典型代表，戏装道具，器乐损失殆尽。党的十一届三中全会后，百废俱兴，滇戏又在建塘村的独克宗古城复活，1987年重建滇戏社，有老一辈爱好者，又吸收了部分青年参加，重新购置服装道具20多套，逢年过节，或老龄协会活动均有滇戏演出，独克宗内老人去世，也请滇戏社“闹丧”清唱滇戏。

（三）雕塑绘画书法

建塘村的雕塑艺术，可分为木雕、金属雕、泥塑和酥油雕四类。

建塘村的藏族民居，普遍在屋檐、木柜、神龛、柱头等地以木雕装饰。常见的装饰花纹有龙、大象、珠宝、莲花等，而今着色上漆也十分讲究，鲜艳夺目，彰显华贵。

木雕及金属雕以松赞林寺建筑为典型代表。松赞林寺的佛龛及佛座均有精美雕刻及珠宝镶嵌，十分华丽壮观。大寺主楼二房正南及两侧隔扇门刻雕精美，均为六层镂空木雕，内容有八仙祝寿，四季花鸟，用生漆彩绘雕面，集藏汉文化为一体，为木雕之精品，出自著名木匠师傅落籍建塘的丽江九河人陈云成之手，不幸毁于“文革”中。用金属制作的寺庙屋脊宝鼎，汉式金瓦屋顶檐角的鳌头，墙顶的幢等均镀金，制作精美，堪称绝技。法事器具均有镶金镶银嵌珠宝等。

藏传寺院中供奉的佛像多为泥塑，“文革”前松赞林寺大殿中供奉的宗喀巴佛像、高达两层楼，十分壮观，塑造匠人无考。独克宗古城内各汉藏寺庙，历史上均为泥塑，塑匠有内地及当地人。民国中期以来，独克宗人祁合瑛擅长泥塑、擅长制作小型佛像及修复佛像。制作的泥玩具在节庆日出售。

酥油塑为松赞林寺及寺内各康参特有，将酥油配以各科彩色，手工制作。制品以佛教内容为主，汉语俗称酥油花，平时供于佛堂。正月十五大法会上午陈列于寺外，至10时左右收回。1966春，“四清运动”中，独克宗人冯如璋在阶级教育展览中制作的人物不断等，现今一般请专人用彩色油漆绘制。

建塘村的绘画艺术以唐卡画为代表。唐卡画又称卷轴画，唐卡多见于寺院殿堂，民居中也挂于经堂或神龛上。画布涂朱砂，后用金粉绘制的称为“玛尔唐”（红画），以黑色为底子，用白黏土，朱砂绘制的称为“斯唐”（金唐卡），图饰以各样色彩的称为“安皴”。工艺独特，内容丰富，常见的多为佛像，松赞林寺及各康参唐卡多数来自拉萨。据民国二十八年（1939年）载：“（正殿）中层前楼，藏（有）五彩金汁精画佛像十六轴，系达赖五世所施，迄今三百多年，色彩如初”，在“文革”中被毁，今有少量收藏。当今唐卡大量上市，寺院及民居中不乏成套悬挂。建塘村的居民扎巴格丹先生，还成立了香格里拉民族文化保护与传承协会，下设唐卡艺术教室，专门传授唐卡艺术。

世居建塘独克宗的汉族（多数已融入藏族）历代均有较高中文文化者，清末民初以来，独克宗内曾有牛子善、冯树勋、候定朝等高手，他们曾有过世人公认的佳作，固年代久远，在社会动乱中多毁于匪患。如今建塘村的居民虽然以藏族为主，但爱好中文书法者众多，特别是老龄协会内，成立有书美影协会，常有书法活动。其中已故的有田盈畴、陈覃恩、袁基华，健在的有杨善徵、冯如璋、杨远震、齐世民、张兆虎等均受社会好评。青年中州文管所所长李刚的楷书颇有造诣。

(四) 民族传统体育

世居建塘的各族人民有史以来崇尚习武练技，以强壮身体，娱乐游戏最具群众性的体育活动有射击、摔跤、扳手臂、跳绳、甩“吾数”、抱石、“兰尼斤”（双人拔河）、玩“阿学”（抓石子）。还有跳广场舞“磁啦当”也同时锻炼了身体。

“兰尼斤”（双人拔河）是两人头朝反向，各将闭口绳套于脖根赤肩，手足着地，同时向前拖拉，能将对方拖出原地指定距离者胜。

甩“吾数”（绳飞石）是用上好牦牛毛编织，中间为一兜石兜，一头有勾食指的小圈，一头用甩放石子，石子圆，比核桃大些为最好，甩出时有目标，先用手转几圈，形成冲力后甩出，可甩打四、五十米外的目标。此系吐蕃南下时传入，为吐蕃军重要兵器。力大者可将牛角打断，比赛时一是比远，二是比击中目标。

“抓抓打”（摔跤）两人徒手抱臂下，同时使力摔倒对方者为胜。

“特坡”（跳绳）一般3人以上进行。两人持绳甩绳着地，跳者可两人或单人，有单脚、双脚、翻跟斗等花样。跳到绳索打到足或腿部阻挡甩绳者下场或算输。

“独假”（抱石）旧时赶马人中玩的游戏或比赛。双手抱石抬至胸尔后走步，看谁走的距离远。

“阿学觉”（丢石子）是一般少年儿童喜爱的娱乐活动，人数有限，一般二至三五人。每人持五个圆石子在一手，席地而坐，直抛一粒石子，待这粒石子未落下，有规则地抓起地上石子，要求无一失误算胜一着，并积分。进行中口唱抛石子歌，充满儿趣。

“主吾棋”是过去青少年喜爱的一种棋，一般在地或地板上画棋盘。两人各备小石子十粒状或小木棍。两人各在棋盘上依次摆放一子，谁先摆出三子一线谁就可以吃掉对方一子，被除去吃掉的棋子位置不能再摆，等把十粒棋子摆完后，作为棋子移动有位置，双方要设法摆出三子一线，同时要设法破坏对方棋路，使其三子不能连线。

马是建塘镇历史上的重要交通运输工具，因此骑马是藏民日常生活中必不可少的活动。建塘藏民族传统从小练骑、特别是男性，即使是喇嘛也几乎无人不会骑马。正月十五在大宝寺烧香、五月端午县城五凤山下以及历史上藏历年松赞林寺大门外均有跑马的习俗。

规模最大的五月赛马会，原限为建塘镇范围，新中国成立后逐步由县及州组织，规模不断扩展，又演变为文、体、商为一体的节日盛会。1992 年县人民政府决定“中甸五月赛马会”为民族传统节日。

赛马在独克宗南郊五凤山下的“玛拉塘”举行。“玛拉塘”系藏语练兵场的意思，是古代至清习武、演武的场所。每年农历五月端午节，均有建塘镇城乡骑手及僧侣参与赛马，新中国成立前更多的是群众自发参与，不计名次。新中国成立后政府组织，对优胜者挂金牌、银牌。1977 年以来县委、县政府极为重视，每年如期举行以赛马为主的各项群众文娱、体育活动，并对成绩突出者分别给予适当奖励。

赛马竞技一般设速度、步伐、马术等，其中马术最引人注目，有拾银(元)，拾哈达或拾小旗等。近几年增加射击打汽球等项目。每年赛马，建塘镇参与的人马最多，夺冠者多，其中不少骑手在省、国家民族体育运动会夺冠。

近几年来，全镇农村城乡及学校，经常开展各项群众性体育活动。每年春节均举行篮球赛，拔河等体育比赛，气氛十分热烈。

镇境所有小学均设有体育教育课，由专门教师授课培训，从幼儿到小学，均按国家教育部规定的要求对学生进行了体育培训及身体锻炼，并实行达标制度。每年“六一”儿童节各城镇、乡村小学均举行各类运动会。课间由教师或学生领做广播操。

八、宗教

（一）本教

本教发源发育于古代象雄（今西藏阿里直至昌都一带），约公元前七至八世纪，象雄王朝势力进入滇西北，本教传入建塘并流行。建塘各村的喜庆的“吹舍”或“当舍”（集会时的诵词）中有“最古之教（指本教），专擅杀牲、血肉为祭，脏腑为帘，弓箭为拦，上祭天神，下祭水神，中祭历神……”即指本教。公元七世纪，吐蕃王朝军事势力南下，建塘是军事指挥中心，吐蕃军中盛行本教并带有本教师。公元八世纪后，吐蕃王朝兴佛灭本，并迫害本教信徒，一些本教信徒及经师逃亡到横断山一带，如今诺西村茨郎村人，原属原大中甸乡的尼汝村民等，村里尚有本教寺庙遗址。镇境尼史村石卡一带山谷上本教六字真言仍依稀可辨。藏王赤松德赞灭本兴佛，但将本教很多仪轨，如焚尸火葬仪轨、煨桑祭神和熏烟驱秽等纳入佛教中。至佛教后弘期，本教徒又将佛经大量吸收入本教经典。当时本教称作“觉本”，意即改良后的本教，建塘藏语称“白本”，以前的本教称“黑本”。宋、元时期，白本传入建塘，不但有居家本教巫师“敦巴”，还建有本教寺庙，有职业本教僧侣。康熙十三年（1674 年），寺庙被前来镇压噶玛噶举派、本教僧侣和丽江木氏土司发动的反格鲁派教暴乱的蒙藏兵捣毁，职业“敦巴”的房屋、财产、土地被罚没，僧侣被迫还俗，“敦巴”多数被镇压。从此，只有流传至今的“敦巴”存在。“敦巴”即意导师。一般家传，一代传一代，直至后来户名也称“敦巴达”。新中国成立前，民间每个“属卡”几乎都有一户“敦巴”。尼史村克松敦巴，因驱秽、招财引福、卜黑卦出名。20 世纪 80 年代以来，本教“敦巴”在民间又开始活动。尼史村达勒觉村的扎史次里，三代家传，但无寺庙，只进行卜卦、驱秽等以养家糊口。

本教尊奉“三宝”，即“本拉”（本教祖师）兴饶米沃旦，“咧玛”（僧侣），“吹”（本教经典），内容与佛教的“三宝”（佛、法、僧）有别。本教徒很重视自身修持，常到僻静的岩洞内独坐修炼。

本教崇拜大自然，认为万物有灵，将世界分为三部分，即天、地、地下。天上的神叫“诺咧”，地上的神叫“赞”，地下的神叫“鲁”。其中天神占有极重要的地位，每当发生冰雹灾、虫灾或旱灾时，本教徒便举行祭天仪式，以驱灾祈丰。如祭天仪式的“徐寡”（意为止雹），是最为常见的法事。本教认为每个人身上都有战神和太阳神两个保护神，如果失去这两种神，恶魔就会乘虚而入。因此，不论男女外出胸前都挂有护身的“嘎”，金边银盒，工艺十分讲究，镶有红绿珊瑚，同时又是一种装饰品，是富有的象征。

境内本教祭神驱鬼仪式中较常见的有：“诺桑”（烧天香），“池浓”（祈雨），“徐寡”（诅咒仇敌，消除冰雹），“纳堆安都”（为产妇除秽），“人整”（安灵超度），“期替”（放赎物，即放生一般放牲畜、家禽），“虽朵”（投祭品），“木朵”（卜卦）等。这些活动至今尚在镇境存在。现今建塘藏族均信奉格鲁派，而诸多习俗仍为本教所传。

（二）宁玛派

建塘藏语称“宁玛派”为“尼玛八”，即“古旧派”的意思。宁玛派是藏传佛教中历史最为久远的教派，约公元十一世纪末传入建塘，并十分盛行。今建塘村吾吕村林加，传说是宁玛派在中甸地区的第一百座寺庙。“加”在藏语中意为一百，其实并非真有一百座寺庙，而今仅存地名。宁玛派的僧人，称作“仓巴”，“仓”是“僻静的修炼所”之意。“仓巴”没有寺庙，习惯在山谷洞穴处修炼密法，他们的职责是为人诵经念咒，祭神驱鬼，多为父子传承，过去境内各村均有分布，而今极少。

由于清代格鲁派受蒙古和硕特部武力支持得以兴盛，宁玛派被强令改宗。现在镇境内原来的宁玛派寺庙已荡然无存，也无宁玛派的职业僧人。

（三）噶举派

噶举派过去译作“迦举派”，“噶”有“佛语”之意，“举”即传承，“噶举”意为传承金刚持佛亲口所传授秘咒教义的佛教徒，亦为藏传佛教流派之一。此派别还可细分为两派，四大支，八小系。传入镇境的有噶玛噶举、帕竹嘎举，达陇噶举。

元末，西藏帕木竹玛巴势力到了西藏，其势力曾到过建塘地区，建了拉克（百鸡寺）康熙十三年（1674 年）后被迫政宗格鲁派。

噶玛噶举：创始人为杜松钦巴，出生地在康区朱倭下区，今四川省甘孜州新龙县境。公元 1147 年，他在康区类乌齐附近噶玛地方创建噶玛丹萨寺，创立噶玛噶举教派，南宋孝宗帝时他经建塘到宾川鸡足山朝圣，途中他与纳西族首领建立了福田与施主关系，当时，建塘民间已有很多噶举咒师（仓巴）在民间禳灾祈福。南宋绍熙三年（1192 年）噶举派高僧卓滚热钦由西藏到建塘传教，在当时属绷波冈下部的部贡满（今格咱翁上）建立中甸第一座噶举派密乘院。

宋宝祐四年（1256 年），蒙古大汗蒙哥赐噶玛拨希一顶黑僧帽及一颗金印，封其为大宝法王，追任噶玛噶举派创始人杜松钦巴为黑帽系第一世活佛，在藏传佛教史上创立了活佛转世制度。二世活佛噶玛拨希、三世让迥多吉、七世却扎嘉措都曾到建塘及周边藏区传教。

约在明万历四十三年（1615 年）前后，噶玛噶举派红帽系六世活佛昂吾却吉旺秋应木氏土司邀请，到建塘指导刊刻《甘珠尔》。在建塘期间，为孜夏寺（今松赞林寺寺址上的原噶玛噶举寺）创建了法相院，作教规和戒律指导。接着，却吉旺秋为木氏土司筹建甲夏寺（又名丽江寺，俗称衮钦寺，遗址在今解放村纳帕海北坡，现为高山植物园保护区）。

自藏历土兔年（1639 年），西藏五世达赖在蒙古和硕特部固始汗支持下，格鲁派势力壮大，噶举派受到排斥，十世噶举派红帽系第六世活佛却吉多吉被迫逃离楚浦寺，约在清顺治六年（1649 年）到达建塘，受到建塘各寺院的盛情接待，其间他往北迎接六世红帽系活佛灵童离开建塘后再返，他力主噶玛派红祭（杀牲祭祀），并向广大僧众讲法传规、弘扬噶举。藏历铁鼠年（1660～，清顺治十七年），藏区噶玛噶举所有活佛高僧不堪格鲁派排挤与压制，纷纷云集建塘，建塘成了噶举派的避难所及最后阵地，其间却吉多吉在建塘认定了五世杰策活佛的转世灵童，并剃度丽江木氏土司木懿的幼子出家从噶举教门，并在今镇境红坡村筹建林昂（大宝寺）。据王崧《道光云南志钞·边裔志下·西藏载记》载，明朝至清初噶玛噶举派在建塘、中甸共建立大宝寺、康司寺、甲夏寺等寺庙 25 座。

格鲁派为取得统治地位，势必将噶玛噶举派置于死地。两教斗争白热化。于是在公元 1643 年（清崇祯十六年），达赖和班禅邀请蒙古和硕特部进兵藏区。清康熙六年（公元 1667 年），和硕特部占领建塘，并由西藏地方政府委派僧官管理地方，建立了以僧官为主的政教合一政权。

清康熙十三年（1674 年），早已信奉噶举派的和硕特部驻三塘（巴塘、理塘、建塘）统领罕都（坎卓洛桑丹羌）在丽江木氏土司及建塘本土教民及部分官员、甲夏寺为首的噶玛噶举众僧及宁玛、本教僧侣趁吴三桂在云南动乱之机，发起暴乱，点燃了战火。

五世达赖和硕特部派巴图尔台和乡佐农布率蒙藏兵前来镇压。双方在对峙一段（时间后，受达赖指令，川边木里王派兵前往增援，暴乱被平息，丽江木氏败走。于是，得胜的蒙藏兵取缔了所有噶举派、宁玛派及本教，驱散僧众，血腥镇压暴乱头目，捣毁寺院，没收财产。幸存的达陇噶举派寺院罕批寺，是在建塘境官民极力恳求下得以保留，并得到清廷官员允许，故改名“承恩寺”。

（四）格鲁派

“格鲁”意为善规，为宗喀巴师弟所创。主张显乘、密宗讲修结合，注重僧侣戒律。其僧帽为杏黄色，俗称“黄教”或黄帽派。

明崇祯十二年（1639 年），固始汗率蒙古和硕特部进入康区，歼灭白利土司，击败丽江木氏土司势力后，便有少数格鲁派僧人进入建塘，建立“勒吹”（极小的寺庙），但仅限于个人修行，不进入社会进行宗教活动。

康熙十三年（1674 年）的那场战火平息后，为格鲁派在建塘建立创造了环境和条件。蒙藏军队将欲在建塘建立格鲁派寺院的意图呈报达赖，正中达赖下怀。清康熙十八年（1679 年）经五世达赖申报，康熙皇帝钦准，由达赖择定寺址，决定在噶玛噶举派寺院孜夏寺废墟上建寺，于康熙二十年（1681 年）基本建成，达赖赐名“噶丹松赞林寺”，拟定僧额 550 名，康熙皇帝核准 330 名，并改名归化寺。至乾隆年间，剃度僧人达到 1226 名，建塘境内的百鸡寺、独克宗城中的大佛寺、大宝寺最终被松赞林寺纳入，成为属寺。至于林昂（大宝寺）改宗为格鲁派还经历了乾隆三十六年六月十一日（1771 年 7 月 22 日）发生在大宝寺的人命案。由于四川德格土司企图支持建塘复兴噶玛噶举派，派人前来帮助大宝寺反抗格鲁派的强权，发生械斗，双方死伤多人，结果以格鲁派取胜告终（详见政治篇第二章第五节）。清末民初，松赞林寺僧人增至 2000 多名。

（五）佛道混合教

清雍正年间，汉族大量进入建塘镇，儒、释、道三教随之传入，但不成体系。据民国《中甸县志》载：“中甸僻居边隅，素无规模完备之佛教或道教，故演成佛道混合之一种新教，如其洞经会所绘神像，系于三清左右，绘释迦，孔子。而所诵之经卷，亦杂大洞金刚及明圣经普门品而并陈之。”独克宗古城内汉族信奉孔子，信奉观音，也信奉玉皇大帝。

清同治年间城内汉团洞经会派郑金品、牛稿公从鹤庆学来掌坛，从此自传自授。当时城内先后建了几个庙宇，如关帝庙、观音阁、地母娘娘庙、财神阁、诸君庙（灵官庙）、城隍庙、龙王庙、玉皇阁等。这些庙宇，有的在历史上几毁几建，个别庙宇于“文革”动乱中拆毁。城内除男性组成的洞经会外，尚有“妈妈会”，两会均推有会首，会首按特定法事日期组织庙会，如正月初六的城隍会；二月十九的观音会；三月初三的玄天会；三月十五财神会；三月二十地母娘娘会；四月十五五凤山山神庙会、龙王会；五月十三单刀会；七月老郎会、中元会（祭祀忠烈及汉族祖先）；九月初的朝斗会。“妈妈会”每年集会做斋两次。若逢灾年或瘟疫流行，洞经会还举行求雨、跑帅、出阴差，到居民中甩铁链、逐瘟神。新中国成立后洞经会逐渐自行停止活动。

（六）伊斯兰教

清雍正、乾隆年间，大量回族进入建塘，伊斯兰教随之传入，城内北门街为聚居区，回民在北门街西面的百鸡寺坡脚建有清真礼拜寺，回民按时聚会从事法事活动。同治八年（1869 年）清军张润来剿，回民或逃或被杀，礼拜寺被毁，至民国末年，仅有建塘旺池卡回民马成龙一名阿訇，也仅能背诵部分《古兰经》，为回民主持婚丧礼仪。现今建塘镇境除外来回族外，已无人信仰伊斯兰教。

九、 风俗习惯

迪庆藏族主要有农历春节、藏历新年、默郎钦波法会、五月赛马节（会）、登巴市、“格冬”节等。另外，藏族也有自己独特的婚丧嫁娶仪式和一些特别的禁忌。

（一）节日赛事

农历春节：迪庆藏族大多数过农历春节。时间为农历正月初一至十五日，节日活动丰富多彩，喜庆气氛极浓。为欢度春节，一般从十二月初就开始操办供吃、穿、玩、用的各种年货。二十九日晚饭前，要在打扫干净的灶房正中墙上，用干面粉撒上“八吉祥徽”，在用干面粉画上象征吉祥的图案；还有的在房梁上画很多白粉点，表示粮食满屋。二十九日晚 ，一般要作驱邪的活动，象征除旧立新，消灾免祸。

除夕夜，各家各户的橱柜或桌子上都放有一层层垒起的各种油炸果、装满小麦和糟粑的双斗、青稞苗、涂有各种颜色的绵羊头或面捏羊头、糖果、酥汕茶、青稞酒，这些食品放在信仰的神或名人像的下面，以示自己的虔诚。还要做一些有趣的活动，如：试穿新衣，家庭主妇将煮好的放有红糖、碎奶渣的青稞酒于午夜时分送给睡在被窝里的家人喝。

新年初一鸡叫头遍，家庭主妇要到水井或泉边撒五谷，背回第一桶洁净水，藏民称其为“夏曲”。等全家起床洗漱并饮饱牲畜，老小依序坐定后，母亲便端起吉祥双斗，向全家祝福：“扎西德勒彭松惜”（祝吉祥如意又圆满）。于是全家人抓一把斗中的糟粑对空抛撒，品尝少许并回祝：“阿妈巴珠贡康桑”（愿慈母安乐又康健）。相互祝愿以后，大家就喝放有碎肉骨头和碎奶渣的麦粒粥、吃绵羊头。

新年的第一、二天一般不串门，第三天开始省亲访友，相互请客，一般延续一个星期。过年期间一般要举行赛马、赛牦牛、跳锅庄、跳情舞、对山歌、看藏戏等娱乐活动。

（二）婚丧嫁娶

1. 婚俗

当地藏族社会中婚姻形式新中国成立前曾存在一夫多妻制和一妻多夫制，新中国成立后建塘村主要的家庭形式是一夫一妻制。建塘村的婚配主要形式包括父母包办和自由恋爱。历史上存在早婚现象，那时候结婚的年龄是女方13岁，男方是17、18岁。而今天的建塘基本都在法定年龄结婚，各种婚礼仪式也在不断变化。

建塘藏族婚前有定婚的习俗，家中老大无论性别视为“萨达”，即当家的意思。当老大15、16岁时，父母就开始为其找上门女婿或夫家。在过去的年月里先要考虑对方是否与己方门当户对，待确认后卜卦算订，带上礼物到对方家作试探性提亲。如果对方同意，则再让家中比较有威望的男性到对方家定亲，带上的礼品包括茶叶、哈达和青稞酒。其中，茶叶和哈达要先供于象征家庭地位权势的中柱前，并向对方家长磕头。礼毕，这些礼品被对方供于神龛前，以表示接受和诚意，日后定亲酒一般最后要分给父亲、叔叔和舅舅，茶叶则分给母亲、姑姑和阿姨。最后双方就定亲事宜进行商议，包括婚期、婚官、司仪等。婚期一般要经过活佛或识者择出良辰吉日。婚礼中，男女双方家庭要意邀请能说会唱的长者充当喜官，一般是由舅父、叔伯或德高望重的长辈担任。司仪作为迎亲队伍的领头，婚官作为送亲队伍的领头。

出嫁当天，迎亲队伍给神龛献上哈达，拜完之后礼仪开始。嫁者都要给父母长者磕头，这时要接受父母长者的教诲。内容主要是教育他们婚后为人处事，孝敬父母，相亲相爱等，这些说辞实际上是一首长篇伦理歌，常常令嫁者哭泣不止。训教之后四周的嫁者亲戚口中唱着《嫁妆歌》。尔后由婚官带着新娘及送亲队伍绕中柱三圈，这时唱的是《分别歌》，歌词大意表示对父母恩德感谢与兄弟姐妹的感激。新娘缓缓出门，送亲的几个叔伯则绕着柱子跳锅庄，唱《离村歌》。新娘由穿着几乎一模一样藏服的伴娘领出门，向接送的婚车（以前是马车）走去，后面跟着送亲队伍，这些送亲者均为女性手中都拿着嫁妆，如鞋子等。如果双方家离得不远，小车必须要在镇上兜一圈才能到达迎亲家中，以表示将喜气传给村中的万事万物。

迎亲队伍则在家门前备好香案，待客官带着两个背水少女等其他迎亲这者等候。送亲队伍到后，将哈达献在背水少女的水缸上，表示吉祥如意的意思。这时新娘和送亲队伍跟迎亲队伍走向家门。进门时，迎亲队伍的人会蘸水洒向送亲者和新人身上，同时唱着“洒水歌”。进入家门后，送亲者唱赞歌，赞扬新人家的房舍物品以及其家中的祖辈等。唱完一对新人入座并跪着点幅桌前一对酥油灯，批系红绳，这标志着正式成婚，双方结为了夫妻。送亲一行客人坐下后，迎亲队伍请客人喝酥油茶，待客官献上彩礼，开始冗长的祝辞，内容主要是赞颂送亲一行人及对方长者的生平；叙述新人双方三到五代的家谱；讲述新人认识过程及媒人的功劳。接着按送亲家开的礼单献上彩礼，这之后又请客人喝一道酥油茶。喜官向新人致《教诲辞》，内容主要是宣布嫁妆，对家中迎娶的新人进行教导。最后一项是迎福仪式，仓巴给酒水念吉祥经，新人被系上红线，表示完婚。其间，送亲队唱祝福歌曲赞接亲一方父母。新人等端福箩、香炉以及福座上的供物，绕中柱三圈三转后将福箩送至库房。

礼仪完毕，迎亲一方招待送亲队伍及自家亲人晚餐。送亲队伍住得远的话晚上则住下。晚饭后，无论是主人还是宾客，大家聚集在一起跳锅庄舞，次日早餐举行送别酒；若住得近不住下的话，吃完饭就马上举行送别酒。送亲队伍回去以后，婚礼就结束。迎亲方则沉浸在婚礼中，举行锅庄舞会，长的通宵达旦甚至数日不歇。

2. 葬礼

建塘藏族家中有家人去世时，先要在其口中放上金、银、铜币或活佛念过经的药丸，并使逝者身体成弯曲状，盖上黑牦牛毯，最上面压上一块土坯，如果是女性的话则需要把头发散开。做完这些才能开始报丧，报丧人出门前拿着石头打在刺丛或墙上，口中念“革安打者松”，表示噩耗随着石头传出去，然后才能进别人家中报丧。出葬前高僧活佛会被请来为死者念经超度亡灵，仓巴或敦巴占卜决定送葬日期。当地的棺材临时做的四方形柜。入殓时，需要背到院中，屈肢俯身放入棺木。送葬队伍需要两面长条的六字真言旗，当地称为“珠帛”，同时还要一匹马驮上逝者的礼物。丧葬期间，家里来客人不宜笑出声，不能唱歌跳舞。死者家属为表示寄托对死者的哀悼，七七忌日期间不杀生，有的甚至不洗头，不买新衣，不戴项链首饰（备注）。

藏族殡葬有五种方式：土葬、火化、水葬、塔葬、天葬。其中火化和土葬是较为普遍的葬式，水葬次之，塔葬多是寺院中选取的方式，天葬已经很少见了。

（1）土葬：县城周边的部分藏民受影响采用土葬，方法和汉族的大致相同。一般按照棺材类型分为三种埋葬方式：一种是用藏式棺材，死者成蹲状入殓，葬礼简单朴素，坟墓标志也不明显；一种是用汉式的棺材，在棺材内停放数日后才出葬，用土掩埋后坟墓呈长方形状；一种直接用口袋或麻袋，将死者捆成蹲状即掩埋。

（2）火化：火化是最近几年香格里拉推行的办法之一，交通便利且不在法律规定内可以实行土葬和水葬的少数民族中，逐步实行火化。藏族以前还有一种叫火葬的仪式，也是把遗体焚化，但是活佛圆寂的葬法之一，被视为圣葬。该方式一般限于宗教上层和富裕俗人，经过接气、蹲状入棺、超度等仪式后到火葬场，架柴用酥油完全烧掉，骨灰有的撒到江河中，有的埋入土中，有的砌塔供奉。

（3）水葬：任何人都可以采取水葬方式，而以前居住在江河边的藏民多用此法。水葬要在专门的地方进行，一般插经幡祭奠的河边就是水葬场地。人死后，先超度死者亡灵，然后将死者成蹲状入殓于藏式棺材，抬到固定的水葬场，再把尸体取出，拆散棺木，分别将两者投入水中。尸体的投法有三种：丰水季节直接将整个人投入水中，枯水期则肢解后再投入水中，有的则直接将遗体放在水岸边待秃鹫啄食。水葬一直延续至今。

（4）塔葬：活佛、格西、堪布等高僧圆寂后所用的葬仪。活佛圆寂时，有的自动自然盘腿坐，没有成形的则要需旁人整改成盘腿状。塔葬只能在秋收季节后火化。如果在这之前圆寂则将遗体放入缸中，为防止遗体腐化，加盐处理保存至庄稼收获后方能火化。一般火化就已经到冬季，具体日期由活佛选定。火化时，由众僧人排队吹号把遗体送至火化场，并一起诵传诏经。火化在炉灶中尽享，练就过的酥油是主要燃料。相传有功果大的活佛骨灰中可烧出的舍利子和火化后的骨灰被置于用铜做成的灵塔内，供奉寺内的经堂内。也有一部分的骨灰和上泥印成佛像，赠人供奉。一般的高僧骨灰和泥捏成壹形圆块葬在公共佛塔或埋在深山中。现今游客在当地噶丹？松赞林寺寺院前面的芦苇湖中央就有一座灵塔，是松赞林寺寺内高僧塔葬之地。

（5）天葬：天葬场固定在天葬山上，一般在旷野上飞翔的秃鹫都会落脚于此。执行天葬的人必须是专职的天葬师，行天葬者大多是僧侣和成年俗人。人死后还要经过五个仪式，即接气、包裹、扫丧、卜卦、超度，最后遗体被抬到天葬场。这里有两种形式的天葬，其一是遗体被放在天葬场让秃鹫直接吃掉，其二是由天葬师肢解遗体后投食秃鹫和乌鸦，死者若是孕妇，必须肢解。天葬时忌讳外人观看。藏族人认为秃鹫可以寄托死后亡灵，因此一般天葬中尸体和骨头都会拌上糍粑，点烟引来秃鹫，秃鹫吃完说明这个人一生中没有做坏事，是一种善始善终的表示。当地的天葬台就在正对噶丹·松赞林寺对面远处的山顶上，每执行一次天葬，那附近的山头就种上一棵小树苗，原本光秃秃的山现在已满是树木，由于树木遮挡，在寺院顶部看也只能看个大概。

这些丧葬方式随着社会的发展也在逐渐发生变化，各种方式所占比例不同。而香格里拉为推动当地旅游业大发展，同时解决殡葬制度造成占用大量土地，耗费大量人力、财力，刹住乱埋乱葬风等问题，根据国务院《殡葬管理条例》、《云南省殡葬管理条例》、云南省办公厅、云南省政府办公厅转发《省委组织部等二十部门关于要求全省共产党、共青团带头实行火葬、简办丧事的请示》的通知（云厅字〔2003〕38号）文件，云南省监察厅、省委组织部、省人事厅、省民政厅《关于印发云南省国家工职人员违反殡葬管理法律法规行为行政处分暂行规定的通知》（云监〔2005〕34号）文件的规定，2008年7月18日香格里拉县第十三届人民政府第三次常务委员会议通过《香格里拉县殡葬管理暂行办法》，并于2009年3月18日起执行。

办法中殡葬区分为推行火化区和提倡火化区两类。其中建塘镇、小中甸镇和尼西乡因交通较好，机动车辆接送遗体可以当日返回火化场被列入火化区。为了尊重民族地区群众的丧葬习俗，允许实行土葬和水葬等少数民族的死亡人员，应在指定的墓地深埋或水葬。而推行火化区的国家机关、事业单位退休人员及在职人员病故或死亡的，遗体一律实行火化。享受民政部门补助的人员也必须实行火化。火化区域内的遗体必须在10日内火化。宗教人士死亡后则可以按照宗教习俗安置、处理遗体，但应遵守国家有关规定。

如今土葬处理提倡以村为单位建立公益性公墓外，提倡用荒坡瘠地划定为坟地，而且深埋不留坟头或者实行树葬。

（三）礼仪禁忌

建塘当地的人民的礼仪禁忌文化同他们的信仰和长期的生活息息相关，礼仪包括有献哈达、磕头、鞠躬、敬酒、敬茶等，禁忌则体现在吃穿住行中。

藏族人民具有热情好客，真诚重友谊的情操。献哈达是藏族人民日常交往中常见的一种礼仪。这种礼仪常用在觐见佛像，建房竖柱、认错请罪，拜会尊长，婚丧节庆、馈赠亲友时使用，表示敬意、祝贺，表达纯洁、诚挚、忠心之心。一般哈达用丝绸做成，包括白、黄、蓝、绿、红五种颜色，其中白色哈达最为常见，代表纯洁和吉祥。五彩哈达是最为隆重的礼物，在佛教的教义中认为它是菩萨的服装，所以只有献给菩萨和迎亲做彩礼时五彩哈达才用做特定礼物。接送哈达礼节程序大都是要用双手捧起哈达，对受礼者吟诗颂辞，然后恭敬地将哈达捧送给受礼者。受礼者和献礼者根据辈分不同在不同场合有讲究不同的礼节：小一辈向长辈或向高僧活佛敬献哈达时要微微躬身，双手捧着哈达献于手中或放到座前的桌子上，献罢向后退数步才能转身离去，以表示尊敬；双方是平辈时献哈达只要献于手上即可；长辈给晚辈赠送哈达或活佛给俗人授哈达可直接挂在对方的脖子上，授礼者则应弯腰，身体要微微前倾，低头接受，并恭敬地用双手接过，然后举过头顶挂在自己颈上，以表示谢意；当有事求助他人时需到他人的家中献哈达，须将哈达献于主人家神龛前，若对方应允就会留下哈达，不应允则会当面退还；而向对立的另一方献哈达，若对方接受了哈达，这就意味着有可能化干戈为玉帛。

信教群众到寺院朝神拜佛和拜见大活佛时都要磕头，以表示忠心和虔诚。磕头时，不论男女都要将绕在头上的发辫解开，脱下帽子（男人必须将楚巴套进两袖），双手合十着地磕三次头，以表示尊重和亲热。路遇长者要脱帽让路，若骑马相遇，定要下马致礼。磕头分为长磕头、短磕头和磕头三种。

敬酒敬茶是藏家的日常礼节，常见为敬青稞酒、敬酥油茶。敬酒以满杯为敬，主人先做，客人喝酒时，先用无名指蘸酒，再用拇指和无名指沾酒向天空弹三次，表示敬天、敬地、敬客人，祝“扎西德勒”后再一饮而尽，客人双手接过主人的酒一饮而尽主人家会很高兴。若客人酒量不大，经主人同意，也可不喝，以表示礼节。一般敬酒，主人先请客人喝三口添三次再一满杯饮干。如此主人家会很高兴。

敬茶时讲究长幼有序、主客有序和尊卑有序。首先斟献给父母、长辈、客人和尊者享用，再给晚辈和主人斟上。若是有客人，主人家要用清水将碗洗净，揩干，用火烘干，然后再斟茶用双手捧献于客人面前，客人则双手谢后再接了饮用。客人饮用后，主人会很快添上，除非客人以手盖碗表示不能再饮为止。起先斟茶时不能将碗倒满。客人喝过一口后，主人可斟满，以表示主人大方、不吝啬。客人告辞时，茶碗里的茶不能全喝完，表示对主人的尊敬和有礼貌。藏民的社会生活中有一些风俗禁忌，有行为、语言、饮食及生产劳动、宗教等方面的禁忌。

生活禁忌：老年妇女不食当天宰杀的肉食；家里有人出远门，当天不能扫地，家中妇女三天不能洗头；出门经商或送亲人路上，忌遇见背空水桶的妇女，背空水桶的人应主动避让；禁止妇女在家中披头散和在炉灶上站立、蹲坐；门口堆有小石堆，门上插青枝柏叶或石头上放有红线，或用石压刺，说明家中有危重病人或家庭不顺，拒绝他人进入；屋内禁止吹口哨，唱情歌；忌讳别人用手触摸头顶。年尾忌债翻年，年头忌要债；家中佛坛不允许别人乱摸，也不得随便指问；待客坐席，主人及客人在火塘上首位置就座，只能盘坐或跪坐；接待客人时，无论是行走或言谈，总是让客人或夫者为先，并使用敬语，如在名字后面加一个啦字，以示尊敬；不准随便跨越火塘；不准在神龛上放杂物。家中佛坛不允许别人乱摸，也不得用手指问。主人及客人在火塘上方就座，一般情况盘腿而坐为好。路遇长者要让路，与长者同行，让其先行，自己随后；人死后忌死猫爬过尸体。参与送葬死于非命人者，不能直接进入有婴儿或病人的房间内。忌将死于外乡的人的尸体抬入村中。

语言禁忌：在长辈、尊者及父母前，忌讲丑话脏话；在家中忌讲不吉利的话，特别是喜庆佳节；忌以下流秽语咒人；忌用不吉利的语言骂牲畜。忌在长辈面前讲粗话。忌在家中讲不吉利的话。初次访问藏民家庭和告别时均可用祝福语：扎西德勒（吉祥如意）。

生产禁忌：忌食狗、骡、马肉，不打杀鹤、雁、鹰、雕、乌鸦、家狗、家猫等。雨季，忌在高山上砍伐木材或高声喊叫。在防霜防雹期，禁止积绿肥，挖草皮、砍木料和火化尸。藏族人禁吃驴、马肉和狗肉，还有鱼肉；吃奶渣和酸奶时，忌用筷子；忌烧奶渣吃；建房屋时，忌门窗对准神仙、魔山。

在宗教生活中，人们到寺院的大殿、经堂、转经台、烧香玛尼堆、佛塔等处，一般要按顺时针方向从左到右绕行。夏令时节寺院禁止妇女入内，寺院茶房不分时节妇女均不可进入。不得跨越法器、火盆。经筒不能逆转。进寺院大殿前不论性别均要脱帽，忌携带刀枪等凶器及大蒜。忌摸寺院内的各种佛像、经书、法器。未经本人许可，不得进入堪布、活佛的房间；拜见活佛、堪布时，说话举止要恭敬、文雅，递接物品时要双手献接，离开时要倒退几步，不宜突然转身离去。不得随手翻动玛尼堆上的石块。到寺院朝佛的最佳时间是上午，到烧香台煨桑也是如此。在神湖和神泉里不能乱抛物品，更不能洗衣服等污染水源。神湖、神泉周围的神树上不能乱挂衣物，更不能随便取下经幡等物；忌用食指指点佛像，应五指并拢，掌心向上。进寺院大殿经堂或家中经堂时，不得吸烟、饮酒。外地游客可向寺僧求购哈达献佛及到堪布处进行布施，堪布会回赐护身结。

第二部分　农户

十、养殖户

（一）传统藏民之家——七林卓玛家

七林卓玛，女，藏族，36岁，初中文化程度。

七林卓玛家中共有六口人，分别为父亲、母亲、丈夫，以及两个儿子。七林卓玛是一个典型的藏族名字，“七林”是长命百岁的意思，“卓玛”是仙女、观音菩萨的意思，主要形容金子般善良的女孩。七林卓玛家算得上是建塘的老土著，祖祖辈辈都生活在这块美丽神奇的土地上。她出生于一个传统的藏族家庭，在家中排行老大，下面有两个妹妹。卓玛的母亲身体不是很好，常年生病，因此十多岁的时候她就退学了，回家跟着奶奶一起承担家务活。穷人的孩子早当家，卓玛从小就是一个小大人，不仅要帮父亲和奶奶做家务和农活，还要照顾两个妹妹。等到成年之后，卓玛和当地的藏族小伙结婚成家，由于家中没有男孩，丈夫就上门到她家一起生活。家庭的重担也由父母亲身上移到了卓玛和丈夫的身上。之后几年，两个妹妹长大成人，都找到了属于自己的另一半出嫁了。卓玛两口子婚后共生了两个儿子，都在上学。这么些年过来，生活不仅让她变得成熟稳重，而且还充满了坚强自信。

卓玛家有一栋传统的土木结构藏式传统民居，加上院子总共有400平方米的建筑面积。建塘很大一部分家庭已经摒弃了一些传统的生活方式，逐渐过上了比较现代化的生活，而卓玛家的生活还保持着传统藏族人民的生活方式。我们跟随村官杨德芳到达她家时，扑面而来的便是古朴的气息。传统的藏式木房一般是二层半（带阁楼），坐北朝南，正面的门窗、隔墙板壁、楼梯、外廓都是木质结构，其余三面为厚厚的土夯墙体。卓玛家的藏房是5年前盖的，高度在全村中算中等偏上。藏房越高墙体越厚，外墙面向上大度收分，近呈梯形，内墙面接近垂直，底客最为尊贵的位置，而且最关键的是不会受到主人做家务的影响，客人尽管闲坐着就可以。传统的藏族家庭中，堂屋中的位置不是随便乱坐，而是有一定的讲究。通常来说，长辈或者客人都是坐在最尊贵的地方，南面靠近神龛的位置是男主人的，女主人在火塘东面，这样的座次不仅方便男主人和客人之间的交谈，而且也方便女主人添柴加火煨茶招待客人。

待我们在大厅中落座，一伙人围坐在火塘边聊天喝茶，这种感觉是常年在城市生活的我们从未体验过的。这种氛围不仅使大家感到其乐融融，也感到无比的幸福，甚至在脑海中闪出这样的念头：就这样围着火塘过一辈子也挺幸福的。于是，我们在观赏卓玛为我们打酥油茶的间隙，不由得仔细地欣赏起整个中堂大厅来。火塘所处的位置是大厅的西南角，正对着神龛。对于大多数人来说，神龛是使藏族充满神秘色彩的物件之一。当然，神龛也是藏民生活中最重要的一个部分，整个规模和家中窗户的大小差不多。大多数家庭的神龛里面要么贴着“布达拉宫祥云图”，要么贴着班禅大师的画像，卓玛家不仅贴着班禅大师的画像，还供奉着毛泽东主席的彩色照片。从这种做法中，我们不难看出他们不仅对班禅大师怀有深深的敬意，而且对毛泽东主席怀有极深的感情。神龛上挂着一条洁白的哈达，龛里有一个铜香炉、一个净水碗和十几个类似高脚酒杯的铜制酥油灯。据主人介绍，酥油灯和净水碗是随时需要添油、换水的。家人一般每天早晚都会在神龛前定时燃香、诵经，这些已经与藏民的生活融为一体，成为不可或缺的一部分了。

藏族人家喜欢华贵艳丽的颜色，因此，作为藏民生活中最重要的中堂大厅，几乎家家都费尽各种心思对其进行装修。卓玛家的大厅四处绘满了藏族人崇拜的藏族八瑞相和八瑞物彩图，绘饰精美，显得金碧辉煌。最吸引我们眼球的是大厅正中的中柱，我们不知道是用来做什么的，向卓玛的父亲请教之后，才明白原来这根中柱有着非常重要的作用。中柱，藏语称为“比嘎”，比嘎就像中流砥柱矗立于大厅正中央，直径超过一米，需要两个人才能合抱。大多数藏民往往会以中柱的粗细来评论房子的气魄、牢固程度以及主人家的贫富程度。柱顶绘有云龙雕刻，称柱帽，远看如一根小巧的华表。靠近东墙的柱子叫副柱，与中柱取材于同一树干，卓玛的父亲说：我们藏民把中柱称之为父亲，把副柱称之为母亲。”可想而知，中柱和副柱在整栋房屋中所占的地位是何等的重要。副柱旁边是被称作“察儿”的雕饰水亭，面积有四五个平方，装饰十分华丽，水亭里面有两个大水缸盛放着全家人二至三天的生活用水。卓玛说：“过去，我们藏族妇女每天早上都要外出去河边泉头背水，路途遥远而且水重，那可真是一项繁重累人的工作，因此，家中常常提倡节约用水。现在，随着政府的大力支持以及生活水平的提高，藏民几乎家家有了水井或者是自来水，隔两天拖上橡皮管子把水缸放满就行，或者是用水时再直接打水就行。因此，水亭在日常生活中扮演的角色也从生活必需品转化为观赏性质的东西，一些现代化气息相对浓厚的家庭甚至已经用别的物件取缔了水亭在中堂大厅中的位置”。我们在感叹现代生活水平不断提高的同时，有一些民族性的东西却正在离我们而去，这到底是欣喜还是悲哀呢？

从问卷调查分析，卓玛家算得上是殷实的农户。首先，卓玛家中共有23亩水浇地，由于位置不在国家征地的领域范围内，因此，家中的田地没有被征用。卓玛家中只有2个劳动力，即卓玛夫妇。对付那么多的田地，两个人的劳动力远远不够，因此，自家只种植一小部分的田地，大部分则出租给那些没有田地的人种植。她家共出租18亩地，每亩地的出租价格才300元，一年下来共收入5400元。剩下的5亩地，卓玛主要种植了青稞，小部分种植了土豆和蔬菜，这些产品在满足自家的需要之后，剩余部分会拿到市场上出售。其次，家中共饲养着15只羊，21头牛，2匹马，6头猪，单从这些数据上看，卓玛家可以称得上养殖大户了。21头牛主要用来挤牛奶，做成酥油和奶渣之后拿到市场上去出售，一年大约能获得10000元的经济收入。除此之外，家里过年的时候都要杀猪宰牛，肉类食品一般不从市场上购买。剩余部分会根据不同的需要逐渐出售，羊的市场价格为每头300~400元，按15头来算，大约5250元；牛的市场价格为每头3000~4000元，21头共计73500元；猪的市场价格为每头1000~1500元，6头共计9000元。不过这些都是卓玛家的固定资产，我们在这并没有把它们纳入到家庭经济收入中。因此，从事畜牧业的收入为10000元。第三，本乡镇就业工资，这一项收入主要来自卓玛在建塘喀瓦坚藏毯制作厂上班的工资，每一个月的工资为1500元，一年共计18000元。卓玛说：“2009年7月的时候，县扶贫办招聘一些年轻妇女到西藏学习藏毯的制作技术，我有幸成为这些成员中的一名到拉萨学习了藏毯的编织技术。经过一年的系统学习，我在原先的基础上学会了各种更加精湛的加工技术。在西藏学习了一年之后，我回到了建塘，并成功通过面试进入建塘喀瓦坚分厂工作。这是西藏藏毯加工厂在建塘开的分厂，老板是一个外国人，我们主要加工藏式地毯、挂壁、坐垫等，这些产品主要是出口到国外。”这一千多元的工资说不上多，但对于他们这种农村家庭却是很好一项家庭经济收入，比起农业生产的收入，手工艺生产的经济收入来得更为轻松。第四，政府补贴和社会救济。这项经济收入主要是卓玛父母亲的养老保险，建塘 60 岁以上的老人每人每月都有 60 元的补贴，一年下来，大约共有 1440 元。第五，从事运输业共收入。家里有一台拖拉机和一辆货车，这两辆车都由卓玛的丈夫负责，农忙时间主要负责运输家里的农作物，其余时间就在村里跑运输，帮别人运送建筑材料、货物等，一年下来，零零碎碎的加在一起共收入 10000 元。

从家庭的支出情况来看，卓玛家的衣服支出为 3000 元，食品支出 5000 元，看病支出 10000 元，教育费用为 5000 元，人情往来为 6000 元，交通和通信费用各为 3000 元，2010 年总共支出大约为 35000 元。家庭耐用消费情况为电视 2 台，农用车和卡车各 1 辆，洗衣机 1 台，影碟机 1 台，摩托车 1 辆，组合音响 1 套，3 部手机，自行车 1 辆。从这些消费品来看，卓玛家的家用电器比较丰富，在保持传统生活的同时，他们也受到外来现代化生活气息的强烈影响与冲击，并有可能成为家庭未来的主要生活方式。

说到未来的家庭发展，卓玛告诉我们：“我想以后自己开一家从事藏毯制作与出售的商店。据我观察，目前我们本地还没有专门从事这一方面生意的民众，应该有很好的发展前景。而且，这种产品是藏民家庭生活的必需品，因此，市场需求应该也很不错。但是现在的问题是家中没有足够的资金来投资，等我们的积蓄再多一些，我的技艺再熟练一些，人脉再广一点，我们就趁年轻开始大干一场。”随着香格里拉旅游的大力开发与发展，我相信卓玛的这个梦想不久之后会变成现实，也希望在他们俩夫妇的努力下，共同创造出一片属于自己的幸福天地。

（二）五好家庭——张国富家

张国富，男，藏族，74 岁，小学文化程度。

家中共有 5 口人，分别是他本人、老伴、儿子、媳妇以及孙女，全家都是藏族人。张国富老人是建塘镇修配厂的退休老干部，老伴松秀珍 75 岁，现任建塘村二组的组长。老人和老伴现在和小儿子一起居住，小儿子张建勇，35岁，在香格里拉县农业银行工作，儿媳妇余红花，35岁，在香格里拉县人保寿险工作，还有一个12岁的小孙女，今年刚刚小学毕业。

听说张国富老人家是建塘村的“五好家庭”，我们便决定去看一看。张国富老人的家在建塘村的东边，距离古城较远。穿过密密集集的房屋，我们找到了张国富老人的家。我们去时，他和老伴正在邻居家帮忙，邻居家有人去世了，而老伴松秀珍是小组组长，所以要去组织村民去邻居家帮忙。当我们说明了来意，二老马上安排好余下的事情，就带着我们去他们家了。

他们的房屋是一座2层建筑的小洋楼，院子里还搭起了高高的、透明的塑料雨棚，将房屋、院子、围墙连在一起。院子的角落堆放的是取暖用的木材，四周种着花草、蔬菜，中间的一小块水泥地上摆放着桌椅，整个院落收拾得干干净净，摆放的整整齐齐，一种温馨而又舒适的感觉弥漫着整个院子。

老人热情地邀请我们去参观他们的房屋。走进小洋楼，在大门的左侧，一块由迪庆藏族自治州中甸县人民政府颁发的、写有“五好家庭”四个字的金黄色的匾贴在墙上（注：中甸为香格里拉县以前的县名，后经修改称为香格里拉县，但是当地人都习惯称为中甸）。房屋的分布为一层是火房、客厅、以及老两口的卧室。二层是儿子媳妇、孙女的卧室。老人的家装修得很精致，木地板、大沙发、神龛、炉子、电视、电冰箱都应有尽有。

“张大爷，什么是‘五好家庭’啊？”同行的一个人问到了我们大家都很关注的问题。老人细细地给我们解释了他们家被评为“五好家庭”的原因。

首先，“五好”是指：“与邻居关系相处好、家庭和睦好、劳动好、为群众服务好、组织纪律好”这五项标准。

“与邻居关系相处好”——老人告诉我们，迄今为止，他们一家没有任何一个人与邻居闹过矛盾，每次邻居家有事情，他们总是第一个跑过去帮忙的人。按说这邻里之间，相处了几十年，总会有个磕磕碰碰的时候吧，怎么他们家就可以做到从来不与邻居红脸呢？张国富老人告诉我们：“我和老伴这一辈子，做的都是为人民服务的工作，如果与邻居都不能和睦相处的话，怎么能在工作岗位上坚持原则，尽心尽力地为他人服务呢？再说，人与人之间的任何利益关系，在我们眼中，都不能和人与人之间的这种情分与缘分相比，就是因为有了这种想法，我们这几十年来，也觉得没有什么事情是非得与他人比出个胜负上下的。”原来如此，他们将工作的精神带到日常生活中，带到自己的一言一行中，难怪能与邻里之间把关系处的这么好了。说到这里，松秀珍奶奶给我们讲了一段往事。

那是20世纪60年代，同村有个叫赵阿翠的女人，她的丈夫因病去世了，在那个年代，一个家庭少了最主要的男劳动力，那就是最悲惨的事情了。当时的赵阿翠，还带着3个孩子，家里连丧葬费都拿不出来，就在这为难的时候，松秀珍老人，她以自己的名义，到信用社去借钱，并给赵阿翠，让她去给自己的丈夫买了棺材，还出人出力的帮赵阿翠操办她丈夫的后事，丧事办完之后，她又拿出自家的粮食分给他们母子4人，帮他们度过了最困难的阶段。如今，赵阿翠的儿女已经成家立业，过的非常的好，非常的富裕，赵阿翠他们家修建的藏房，是全社区最豪华，最气派的藏房。看到他们日子过得这么好，老人说他们也非常的开心。而赵阿翠每年都会专门来他们家感谢他们一次。

“家庭和睦好”——“他们一家人是我们全社区最和睦的家庭了”，在场的很多人都这样说道，我们在采访过程中，有几个村民也过来参与了，说到张国富老人他们家的和睦程度，他们都说那是一般人很难超越的。老人说，他们一家人，说话是和和气气的，孩子们都很孝顺他们。老人他们共养育有4个儿女，除了在战争中牺牲的大儿子张建全不能尽到孝道外，余下的3个儿女，对他们是非常的孝顺，要是二老有谁生病了，所有的儿女都会过来守着他们，家里有什么好吃的，都第一个给老人们送过来，他们还出钱，让老人去全国各地去旅游，在老人的卧室里，我们也看到，墙上贴着好多他们出去旅游的照片，如去了香港，上海，北京，拉萨等许多著名的地方。

“劳动好”——当年张国富老人在外地工作时，家里的9亩田地全都是松秀珍奶奶一个人操持。那么多的田地，松奶奶不仅全都管下来了，还是全村收成最好的，得了第一名。大家都佩服松秀珍奶奶，说她了不得。松秀珍奶奶笑哈哈地说，年轻的时候可有劲儿了，都不知道什么叫累，虽然家里只有她一个劳动力，但是照样能忙的完，一个人做的活可以抵两个人的活。现在，虽然没有土地了，但是老人还是不闲着，把社区里的工作做的也非常好。儿子、媳妇、女儿、女婿都在各自的单位上表现得很优秀。

“为群众服务好”——张国富老人一辈子都在机关单位工作，从畜牧厂的工人，到中甸民族机干连的工作人员，再到中甸县公安局，到拖拉机站开拖拉机，一直到最后到修配厂的支部书记，他这一辈子，都在尽职尽责的为他人服务。老伴松秀珍在社区当了21年的社长了，在这21年间，她一手管着村里许许多多的闲杂事，她管理的建塘村二组，被评为全社区最团结的小组，这与她的工作是有着密不可分的关系的。他们的3个儿女，一个在教育行业工作，一个在医院工作，一个在县农行工作，他们都传承着父母的优良作风，在各自的岗位上勤勤恳恳，踏踏实实的努力工作着，也都取得了可喜的成绩。

"组织纪律好"——张国富老人他们家，既是烈属又是军属。他们养育的4个儿女，全部都被他们送到军队，为国家的和平与发展贡献过力量。大儿子张建全17岁时在"中越战争自卫反击战"中牺牲了。而张国富老人，在1995年，被云南省人民政府表彰"为云南边疆的解放和建设做出了贡献"的优秀个人。在2010年，他们全家又被迪庆藏族自治州人民政府评为"民族团结进步模范户"。这些荣誉和奖状，都是他们用实际行动换来的，是他们全家人的荣耀。

面对这么多的荣誉，两位老人很坦然，他们说，这一辈子所有的奉献，所有的苦劳都很值了！

2010年，他们家的经济收入总共有87600元。收入来源主要分为两大块，一是全家人的工资所得，二是出租房屋所得。

在工资收入这一块，小儿子张建勇在县农行工作，一个月有3000元的收入，儿媳妇余红花在县人保寿险公司工作，一个月有1800元的收入，再加上张国富老人一个月1500元的退休金，工资收入上是一个月6300元。松秀珍老人虽然在社区工作，但是工资拿的很少，有时候甚至为零。

另外是他们家还有几间空房，出租给了来建塘镇打工或是做生意的人，每年出租房屋可得12000元的收入。

2010年，张国富全家的支出为44300元，分别用于以下几项：

一是衣服上的支出，一年大概有2000元，老人们在这方面花的钱不多，主要是每年要置办一套新的藏装，平时他们都爱穿藏服，不喜欢花样式的现代服装。余下的就是年轻人花费了。

二是食品上的支出，一年花了有18000元。由于家里没有土地了，所有的食品都得从市场上购买。一个月一家人大概要花掉1500元，在香格里拉县，这个数字算是中等了。老人说，现在的柴米油盐都很贵，在中甸的土地上，只能产出油菜、青稞等作物。以前的状况很差，人们都很贫困，能源物质都很匮乏，现在生活水平好了，交通便捷了，物质运输也方便了，生活条件要比以往提高了几个档次，但是相对于云南省的其他地方来讲，中甸的消费水平还是很高，人民还是不算富裕。

三是教育上的支出，一年有 500 元。小孙女现在还处在义务教育阶段，学费等不用交钱，但是平时买文具、书本这些都还是要花点钱。

四是娱乐费用，一年要 5000 元。这主要花在老两口出去旅游或是去大理的牛街去“洗澡”上。基本上每年二老都会出去旅游一趟，到昆明或是拉萨，或是其他地方。到大理牛街去“洗澡”是香格里拉县老人们的传统，每到过年时，他们都三五成群的，有时候甚至是整个社区的老人一起组队去洗澡，这样在住宿的时候，可以省下不少的钱。

五是在红白喜事上的花费，一年大概花了有 3000 元。这个数字相对于其他人家来说，是较少的了。由于在 2010 年，他们家很少有大亲戚家里办事，有的都是周围邻居的红白喜事，所以花钱不是很多。但是如果遇上家里的亲戚办事的话，肯定不止这点花费了。

六是用于交通上的开销，一年平均下来有 5000 元，主要是出去串亲戚或是旅游所花费，他们家还有一辆小汽车，主要是儿子媳妇开去上班，每年要花掉一些汽油费。

七是一年的通信费大概有 2400 元，一个月平均 200 元。现在家里有 3 部手机和一个座机。儿子、媳妇、孙女各一个手机，老人主要用家里的座机与亲人联系。

八是在住房上的消费，主要是水电费，柴火费等。老人估算了下，去年大概花掉了 8400 元。

去年的收入与支出算下来，他们家一共有 43300 元的结余。老人说，由于去年家里人都很健康，没有花钱去看病，所以一年的结余才会有那么多。要是家里有个什么大事的话，基本是没有结余的。

张国富老人和松秀珍老人都是建塘镇老龄协会的成员。闲暇时候，老龄协会会组织会员们出去旅游，或是开开茶话会，书法比赛，歌唱比赛等活动。老人们每天的时间都安排的很紧，特别是松秀珍老人，作为组长，社区里大大小小的事都要她来具体负责，所以她就是家里的大忙人了。

对于未来的生活，老人们希望小孙女能好好学习，取得优异的成绩，儿女们的工作顺利，自己身体健康，松秀珍奶奶还说，希望自己能够为一直为社区服务下去，好好的为人民在服务几十年。

多么令人羡慕的一家人，一个幸福的“五好家庭”，我们也希望老人所有的心愿都能实现，也祝福他们在未来的道路上，平平安安、快快乐乐的生活。

（三）艺术之家——追玛七林家

追玛七林，女，47岁，藏族，小学文化程度。

家中共有4口人，分别是她本人，丈夫刘建华，今年48岁，在德钦的一家酒店做保安经理；女儿刘芳，25岁大学毕业后，在县运所工作；儿子刘康，23岁，大学毕业后，在县液化公司上班；而她本人则在家操持家务。全家都是藏族人。

追玛七林的家位于建塘村的商业地带，家的对面就是一所大酒店——喜来登酒店，周围也都是商铺林立，处在闹市区。听当地的村民介绍，追玛七林他们家是社区里有名的歌唱之家，全家人都特别的喜欢唱歌，家里几乎每个人都是实力派的“唱将”。

来到他们家，首先映入眼帘的是一个宽大的院子，院内十分安静，没有狗叫，没有鸟声，也没有种上花草。这么一片寂静的院落，好像要与世隔绝，决意要将外面的纷扰切得干干净净。2层楼的小洋房，特别的宽大，院子的三面都是房屋，只有靠西的一面是墙。我们去拜访时，追玛七林正在家收拾着，见到她的第一眼，就觉得她的气色特别的好，人显得很年轻，不像四十多岁的人。当我们给她解释了这次采访的目的，她听了之后，很不好意思，脸都红了，更是一句话也讲不出来。正在尴尬境地，她的女儿刘芳下班回家了，忙拉着我们进屋聊了起来。

原来她的妈妈生性内向，不善言辞，只和熟悉的人之间才有话可聊。这么内向的人，真难想象登上舞台唱歌时，会是怎样的一番情景啊！

刘芳带着我们参观了他们的家，家里的装饰都很气派，很难想象得出这是一个乡村家庭。刘芳告诉我们，因为她之前是学艺术的，所以对房屋的装修有些研究，正好家里装修房子时，她就将自己的那些装修房屋的知识用上了。

听说我们把他们家叫作“歌唱之家”，刘芳很开心的笑了，她说：“这么称呼我们家也不为过，除了弟弟刘康，我的奶奶、爸爸、妈妈，还有我自己都是非常喜欢唱歌的，唱歌是我们共同的爱好。”

追玛七林见她的女儿和我们聊得很开心，也悄悄地坐在女儿身旁，加入到我们的谈话中来。我们问到追玛七林，为什么这么害羞啊？这么害羞的话，怎么有胆量登台唱歌呢？她告诉我们，上台唱歌时，一点也不害怕，完全陶醉在歌声里，已经忘掉周围的人了，所以每次都是唱完之后才知道害羞，但那时已经唱完了，所以就影响不了唱歌了。

“那您是从什么时候开始喜欢上唱歌的呢？”我们又继续追问道。

“以前在娘家时，我就喜欢上唱歌了。”在女儿的鼓励下，追玛七林完整的向我们讲述了她唱歌的故事。

那时，追玛七林生活在离建塘村很远的一个山区里，当她七八岁时，父母分配给她每天的任务是上山放牛。那么小的女孩子，一个人在空旷、寂静的山上一待就是一整天，她非常的害怕，只好自己编些歌来唱，一是给自己壮壮胆，二是驱除下山中的寂静。当时唱的歌都是自编自演的，现在也不记得那些词儿了。就是在这样的环境下，年幼的追玛七林训练成了一副好嗓音，而且养成了每日必唱歌的习惯。

后来，她嫁给了建塘村的刘建华。当时他们的婚姻都是双方父母包办的，在婚前两人从没见过面。当时刘建华听说了山中还有这么一个会唱歌的姑娘，才求父母前去说媒的。原来刘建华的妈妈一直在文工团工作，也是一个非常爱唱歌的人，在母亲的影响下，刘建华也非常喜欢唱歌，要是能娶一个爱唱歌的女孩子回家做媳妇，该是多么好的事情啊！

就这样，追玛七林嫁给了刘建华。成家之后，他们是夫唱妇随，将日子过得红红火火的。在婆婆的带领下，追玛七林经常到社区里、文工团去唱歌，于是整个建塘村的人都知道了追玛七林是个爱唱歌的姑娘，每逢谁家有个红白喜事什么的，他们都要请追玛七林去家里面唱一首。

追玛七林不仅将自己的唱歌坚持到底，还将自己的女儿刘芳送进艺术学校去读书，专门学习唱歌跳舞。刘芳中学毕业后，就选择到迪庆师范中等专业学校去读书，她当时选报的专业是音乐教育专业，当时村子里有很多人都不理解她的选择，他们说：“我们藏族人生来就会唱歌跳舞，还要去专门学习唱歌跳舞吗？”听完这些话语，刘芳压力很大，但是妈妈追玛七林和爸爸刘建华丝毫没有受到这些话语的影响，坚持让女儿在学校里学习音乐专业，刘芳在那里一待就是3年。毕业后，她回到社区里，报考了县里的歌舞团，虽然各项成绩都很优秀，但是由于身高不够，她没能如愿进入歌舞团，虽然没能如愿走上音乐这条道路，她现在的工作也与音乐毫不相关，但是刘芳却从来没有放弃自己的梦想。后来她选择在县运营所里当了一名普通的职员，但是在业余时间，她还去“藏民家访”这个节目组去做兼职。“藏民家访”是专门为来香格里拉县游玩参观的游客表演藏族节目的团队，虽然在这里赚钱并不多，但是却是自己的兴趣爱好所在，刘芳在这里跳的唱的特别的开心。

在他们家，有一组很气派的组合音响，这些装备都是追玛七林和丈夫平时唱歌的工具。前几年，网络在社区还不是很流行时，他们一家人晚饭后的生活就是在电视前学唱歌，比赛唱歌，为此，他们还专门去买了好多音乐碟片，有时下最流行的歌曲，也有经典的老歌，还有专门的藏语歌曲，这些都是他们的最爱。后来，家里有网络了，刘芳就经常在网上给父母下载些歌曲，让他们学着唱。

为了出去表演，追玛七林还专门去买了一套演出用的藏装。这套藏装藏语发音为“姆更”（音译），它与平时在生活中穿的藏装的不同之处在于：首先，帽子不一样，生活中藏装的帽子很简单，没有什么装饰与花色，但是“姆更”的帽子上会有牛角和鲜花。其次就是披的披肩，生活中的披肩是一块黑布，周围镶有花边，但是“姆更”的披肩上有鱼，吊坠子。这条藏装花了追玛七林不少的钱，但是她说自己非常愿意花这个钱，出去演出要有讲究的，不能随随便便地穿，这些花费也是有必要的。

现在，丈夫刘建华虽然在外地工作，不会经常回家，但是只要他有空闲，他也都会用在唱歌上，逢年过节时，他也会在社区露上一手，一展他的歌喉，每次都能够得到村民的热烈掌声。

2010年，追玛七林家的经济收入共为139800元，主要来源有两大块：一是全家人的工资来源，刘建华一个月有3600元的收入，刘芳每月的收入为1800元，儿子刘康一个月的工资是2500元；二是出租房屋的收入，他们家在闹市区，靠北的2层楼房临近街区，全都出租给外地做生意的人。一年的租金是45000元。

在建塘村，他们家的收入水平处在中等偏上。

2010年，他们家的总支出为69000元，主要用在以下方面：

一是衣服上的支出，一年花费5000元。主要是刘芳和刘康花的钱较多。

二是食品上的支出，有36000元，由于家中没有太重的经济负担，他们家的生活水平是很高的，一个月大概要花掉3000元。这个数字在建塘村算得上是中高档水平。追玛七林说，生活都是由她来安排，她很注重营养搭配，平时到市场上买东西都是挑好的买。她说，她现在的主要工作就是照顾家人，所以让他们吃好喝好是她的职责。

三是娱乐上的支出，是2000元。由于平时丈夫、儿女都在上班，一家人出去娱乐的时间并不多，再加上自己也经常在社区里演出，所以时间就更少了。所以去年他们一家人在娱乐上的花费不多。

四是红白喜事上的开支，一年花了大概有10000元。最近几年，建塘村建新房的人特别多，几乎每个周六日都有一家人办喜事，他们的亲戚多，与邻居的关系好，自然在人情方面花费的也多。

五是交通上的花费。有2000元，主要是丈夫刘建华用于往返单位与家之间的路费。

六是通信费用，花费是4000元。如今家里有4部手机和一部座机。基本每个人一个月要花掉80元的话费，家里的座机很少用，只是一个装饰了。

七是住房的费用，主要包含了柴火钱、水电费、煤气费等。花费有10000元。

2010年他们一家，纯收入在70000元左右。追玛七林说她非常满意现在的生活，很安逸，很舒适。比起以前的生活，进步了一千倍都不止，多亏了国家的好政策，才让藏区的人民过上如此幸福的生活，这是以前做梦都没有想到的事。2010年家里的人也都很健康，没有人生病，他们的工作也都很顺利，希望今年也一样，一家人平平安安、健健康康的。

如今，家里的4口人都参加了新农保，即使生病了，也不用愁了。追玛七林和丈夫刘建华也都购买了社会养老保险，等他们老年后，生活费也不用愁了。日子过得这么舒适，他们就是希望好日子能越来越红火。

在闲暇时间，追玛七林会在家看看电视，出去打打牌，去月光广场和村民一起跳锅庄舞，聊聊天。现在就等着儿女们把结婚大事操办了，她和丈夫就可以安心养老了。

他们家的生活真是让人羡慕，家人健康，住房又宽敞漂亮，经济收入也稳定，老两口老有所依，没有负担，只用开心生活就够了。

祝愿他们的日子越来越红火，祝愿追玛七林越活越年轻。

(四) 公务员之家——和志华家

和志华，男，57 岁，藏族，高中文化程度。家中共有 7 口人，分别是岳母、老伴和自己、大女儿、二女儿、二女婿、小孙女。和志华本人退休前在县粮食局工作，两年前退休了，现在退休在家。老伴和建喜今年 56 岁，是县人民医院的退休护士。大女儿和开莲今年 30 岁，在州环保局工作，二女儿和金莲今年 28 岁，在迪庆州报社工作，二女婿夏永生，今年 31 岁，在县的藏医院工作。家中 16 岁及以上劳动人口数有 5 人，除了家中的老岳母和小孙女，他们全家都是公务员。

来到和志华家时，他们全家人都出去了，只剩下老奶奶一人在家。一打听，原来是他们的小孙女病了，老两口带着去医院了。老奶奶热心的招呼我们进屋坐，说他们一会就回来了。

和志华的家是一栋两层楼房的小洋楼，位于社区的东面。家中的小院落里种了些花花草草，正中间还开辟出一块小菜地，种着些蔬菜。在等他们回家的时间里，我们和老奶奶聊了起来。

原来他们家是 1947 年从丽江迁居过来的，当时奶奶的丈夫被上级派往中甸粮管所工作，所以就将全家人带来过来。来到中甸，全家人在这里安了家，直至现在。“如今，女儿、女婿、孙女、孙女婿都在这里有份稳定的工作，我们的房子也盖在这里了，所以这里就是我们的家了。”奶奶说道。

整个社区，和志华一家是为数不多的全家人都是公务员的家庭之一。村子里虽然有很多人都是农村户口，但却没有足够的耕种土地，所以大多数人都在外务工或是在本乡镇就业。因为和志华的父辈是从外地移民过来的，所以一开始就没有多少田地。在没有土地的情况下，和志华和妻子和建喜别无选择，只好选择学习一门技术或专业知识，来养活家庭。

因为自己的父辈都是知识分子，所以和志华与和建喜从下就在家庭的熏陶下，对读书、上学有着特别钟情。年轻的时候，和志华与和建喜都十分热爱学习，无论家里的经济情况多么困难，他们都能够克服困难，创造条件去学习，这种坚持与努力，让他们成了同龄人中为数不多的几个中专生，这样的学历，在当时的社会条件下，就已经是很了不起了。和志华来到了县粮食局工作，和建喜则选择做了一名白衣天使。

正说着，和志华和老伴和建喜带着孙女回来了。见屋里来了客人，和大叔与和大婶急忙放下孙女，生起了炉火，并打上酥油茶给我们喝。当我们说明了来意后，和大叔与和大婶非常高兴地说愿意接受我们的采访。

“大婶，你们家可是建塘社区为数不多的几家公务员之家，看你们这生活安定，收入稳定的，真是让社区里的好多人都羡慕啊！”

“让自己为国家做事，为人民服务，让自己的孩子也为国家做事，一直是我的一个心愿。”和大婶说道。

原来，和大婶的父亲当年在中甸粮管所工作时，曾经因为工作上的失误而被打为黑九类，愧疚、自责的父亲因为无法证明自己的清白而选择自杀了，家中就留下了奶奶与和大婶母女二人，和大婶也成了黑九类的子女，在那个年代，她们娘俩在社区里都抬不起头，遭别人的唾骂，所以和大婶发誓一定要好好工作，将自己家的名誉给挣回来。

和大婶给我们讲起了她父亲的故事。和大婶的父亲那个时候专门管粮食，在那个年代，粮食是比金钱还要贵重的物品。一次，和大婶的父亲在负责押运粮食的途中，他所负责的粮食被马帮的土匪抢跑了，他只好空手而归。由于没有任何证据证明粮食是让土匪抢跑的，上级就将过错全都怪罪在了他的头上，和大婶的父亲被抓过去游大街，遭人唾骂，受不了这种打击、辱骂和压力，她的父亲自杀了。

“所以我一定要好好工作，好好为国家工作，还父亲一个清白，还家人一个清白。我要让大家看到，我不是黑九类，我是一个正直的人，我的家庭是一个清白的家庭。”和大婶酸楚地说道。就是在这样的倔劲儿的支撑下，和大婶才能抗击生活中的各种压力，顽强地生活下来。

和大叔不善言辞，大多数时候都是和大婶在给我们讲她们一家人的事情，和大叔时不时地在旁边补充几句。和大叔告诉我们，因为和大婶从小就没了父亲，所以她性子很倔强，从小就好强，从不服输，家中很多事情，现在都听和大婶的。自己一般都是为大婶做参谋。

和大叔和大婶的两个女儿大学毕业后，分别回到香格里拉县，都考上了迪庆州的公务员；一辈子兢兢业业，努力工作的大叔大婶经常将自己几十年的工作经验讲给两个女儿听，告诫她们一定要脚踏实地，努力工作，不能给家里人丢脸。

女儿们都说到，在母亲和父亲的教育教导下，她们一直都不敢有所松懈。

有时候也会觉得很累，压力很大，但是想到父母为了这个家付出那么多，是他们一辈子的努力，才将这个家庭，从最初的一无所有创造到如今的富裕小康，这一切，都是父母一步一个脚印慢慢积攒下来的。作为儿女，她们应该好好珍惜这一切，不应该让父母担心失望。虽然现在她们都在平凡的岗位上工作，但她们立志要和父母一样，在平凡的工作岗位上，创造不平凡的价值。

现如今，他们老两口从单位退休了，一辈子的兢兢业业，不仅完成了和大婶当时的心愿，而且和大叔与和大婶的清廉正直的工作作风，一直被单位的很多领导和同事广为传颂、学习。

如今，他们也住上了300多平方米的小洋楼，家中家用电器一应俱全，去年还买了2辆小汽车，日子过得很是滋润。和大叔说，今天的美好生活，都得感谢共产党，感谢国家，让他们过上了幸福平安的小康生活。

2010年，和志华家全年的经济收入有210800元。收入来源主要是工资所得以及从事种植业。

大女儿在环保局上班，一个月有3000元的收入，二女儿一个月也有3000元的收入，二女婿的工资一个月也是3000元，和志华大叔的退休工资一个月是3700元，和建喜大婶的退休工资一个月是4700元。他们一家一年的工资收入所得为208800元。

另外，他们家还有一亩五分旱地，每年他们都会种些油料作物，并卖出一部分，一年也可以收入2000元。和大婶说种这一亩多旱地，并不是为了要挣多少钱，主要是种地可以让他们的生活多一些乐趣，因为年轻的时候，他们都在单位上班，一直都很羡慕农民那种日出而作，日落而息的生活，所以，趁着现在都退休了，一定要好好体验下这种让他们羡慕了几十年的生活，同时，到田间劳动，可以活动筋骨，也是一种可取的锻炼方式。

2010年，他们家的支出总共为150700元。主要有以下几项开支：

一是生产性的支出，共花了有700多元，主要是用在购买种子和化肥上了。

二是衣服上的支出，共花了有10000元。和大婶说，由于家中女性多，闲时喜欢一块出去购物。再加上家里现在有了小孩子，他们的个子长得快，衣服买了没两个月就穿不了了。同时，香格里拉县城的服装的价钱也不便宜，所以在衣服上的支出是所有开支中的一大块。

三是食物上的支出，共有36000元，和志华家每个月大约要花掉3000元的伙食费。和大婶退休前是做护士的，所以在家人的饮食上，她特别注意营养搭配，和大婶说，多花些钱在食品上，可以让家人健健康康的，这样就不会生病住院。

四是娱乐所花的费用，他们家共花掉40000元。能花这么多钱在娱乐上的，这在整个社区也很少见。和大叔告诉我们，因为年轻的时候忙于工作，有很多好的有名的景点和地方他与大婶都没去过，所以现在趁着退休了，身体也还行，就经常出去旅游。每年大的节假日，和志华一家都会出去旅游，有时候是在省城昆明，有时候到西藏，他们还计划着2011年去一趟北京呢。

五是在红白喜事上的支出，总共花了有24000元。和大叔一家为人热心，待人和气，社区里、邻里之间的红白喜事，他们也经常参加。

六是交通费用，去年家中添置了2辆小汽车，汽油费等杂七杂八的费用共计下来花了有20000元。小汽车主要是为了让女儿、女婿上班更方便。

七是通信费，他们家中共有5部手机和1个座机，2010年一年的通信费是10000元。

八是住房上的花费，包括煤气费、木材费、水电费，加起来总共花了10000元。

和大叔说，他们家花钱很大方，因为一家人每个都有医疗保险和养老保险，看病不用花钱，老了也不用愁。女儿女婿工作稳定，生活也不用担忧，所以大家观点很一致，该花钱的地方一定不节省，趁着现在还健康，家中还没大的负担，抓紧时间多体验一下生活中美好的事物，不要给人生留下遗憾。

和志华大叔一家的生活很是让人羡慕，愿他们健康、快乐、开心。

十一、副业户

（一）藏刀经营户——南杰次里家

刚到建塘还没来得及与南杰次里大哥谋面但名字却早已经刻在了我的心里。由于他不仅是村官极力推荐采访的农户之一，而且在与其他村民交流时经常会不时地听到他的名字，因此我对这个未曾谋面的藏族男子充满了好奇，希望尽快去探知一二，以解我心中的疑惑。于是，在一个眼光明媚的早晨，我在村官的带领下走进了建塘201号院，走进了南杰次里，走进了他的传奇人生。

还未走近这座宅院，就能隐约听到从鲜红的大门里传出的“叮叮当当”的铁器敲打声。毫无疑问，这就是当地著名的藏刀技艺传承人南杰次里的家了。由于村官提前和他们联系过，告诉他们今天早晨我们会先到他家来采访参观，他们一家人早就准备好了迎接我们。经过村官给我们双方介绍之后，我和次里大哥才算正式认识。经过一番寒暄，聊了一会家长里短，得知我不仅是云南大理人，而且还是少数民族，他们一家觉得特别高兴，觉得这真是意料之外的一件开心事，真有一种“老乡见老乡，两眼泪汪汪”的感觉。这样一来，他们对我反倒没有了刚进门时的客气，动作言语也随意起来。我知道，这是不把我当作外人看待了。次里大哥笑呵呵地说：我刚才还担心自己普通话说得不好，怕你听不懂，交流起来难免会有些困难，现在好了，我不用担心这个问题了。来到我这，你就不用拘束客气，就当是回到自己家一样。”经过这一段有趣的小插曲，我们之间不仅变得亲切起来，而且我的紧张感也被完全赶跑了。

次里大哥一家人其乐融融的居住在一栋宽敞的三层藏式木房之中，房屋整体装修很讲究，乍一看觉得很华丽，但是细看之下却不失典雅。令我印象最为深刻的是次里大哥家中花园式的小院子，院子中种植了各种各样的虽不名贵，但却极具有云南特色的花草，有杜鹃、山茶、扶桑、兰花、海棠等。在院子的一侧由钢管搭建了一个藤架，上面铺满了迎春花的枝蔓，下边摆设了一张石桌和几个石凳。其中，最引人注意的还有院子里的地板是由不同颜色的鹅卵石组成图案铺设而成，加上院中随意摆放着的盆景，简直就是一幅美轮美奂的风景画。看来，次里大哥在自家房子的装潢和布局上没少下功夫呢！我情不自禁地大加称赞起他家的房子和院子，次里笑盈盈地说：“去年刚花4万元把房子装修了一遍。我父亲是个勤劳惯了的人，总是闲不住，老人没有什么业余爱好，就只喜欢弄弄花草，因此，家里的院子几乎都是由父亲一个人打理。一开始父亲也只是当作消遣，没想到天长日久倒逐渐成了一种习惯，花园的规模也日渐庞大。于是，父亲的辛勤劳作不仅为我们家人提供了一个舒适安逸的生活环境，而且他也一发不可收拾的总结出一套自己种植花草的经验，也把这些花草当成了他的宝贝。托父亲的福，我们每天不出大门就可以享受着鸟语花香的生活，过着悠闲惬意的日子，这一点倒是比那些长期在城市生活的人优越很多。”我想，也许正是这种平和缓慢的生活方式，以及优越的生活环境，使得次里大哥一家人不仅热情好客，而且还健谈风趣，根本看不出他们生活在祖国西南边陲的小村落里。

南杰次里，男、藏族、四十岁、初中文化程度。家中共有五口人，除了次里之外，还有父亲、母亲、妻子、儿子。双亲差不多七十岁，典型的藏族老人，脸上带着一点羞涩，但热情好客。虽然已是不惑之年，但身子骨十分硬朗，精神矍铄。因此，平时家中的日常生活几乎全由老两口负责打理，倒也干净利落、井井有条。次里除了打造藏刀之外，主要负责藏刀店铺的生意，妻子大多数时间也在店铺中帮忙照顾生意。次里两口子只有一个儿子，现在正在上初中。平时大家都各自忙活，直到晚上全家人才聚在火炉旁共享天伦之乐。

院子里，次里还有一个半开放式的“工作间”，里面盛放着打造藏刀的各种工具。我们跟着他一边参观工作间，一边听他讲述关于藏刀的来龙去脉。从次里大哥的娓娓叙述中，我了解了关于藏刀的很多知识。他说：“藏刀的正式名字叫“折刀”，据老辈人说是为了纪念英雄折勒干布命名的。传说在遥远的年代，西藏草原上的牧民大都拥有藏刀。可是牧主和头人为了保持自己的权位，威逼牧民交刀。许多牧民因拒交藏刀而被抓走，消息传到英雄折勒干布耳中，他为了搭救自己的同胞，就跃马提刀杀向牧主、头人。折勒干布最后因寡不敌众，流尽了最后一滴血。牧民们为了纪念他，就将藏刀改名为“折勒干布刀”，简称“折刀”。”原来在熠熠生辉的藏刀背后，还有这样一段感人的故事，且不论这个故事是否真实，但却是藏家儿女真真实实的感情寄托，我倒是很希望这个故事曾经真实的存在过。

次里大哥继续说：“藏刀在你们的眼里可能仅仅是一个工具，可在我们藏族同胞的心里则是一种礼仪，更是一种精神，甚至以前我们藏民男女结婚的信物也都是一把传世的藏刀。”由此可见，藏刀在藏民生活中的地位是多么的重要，难怪在藏区只要有盛大节日的时候，就会经常见到穿着华丽藏服的藏族男子身上都有佩刀。藏刀不仅使人看起来显得很英俊潇洒，而且它简直就是一种象征，述说着他们的彪悍与柔情。次里大哥介绍道：“藏刀共有 4 种用途，分别为生产、生活、自卫、装饰。到目前为止，它已经有 1600 多年的生产历史，做工十分讲究，刀身用钢材锻，刀柄用牛角或硬质木料加工而成。此外，传统的藏刀一般分长剑和腰刀两种。长剑，藏语称“巴当末”，长约 1

米；腰刀，藏语叫“结刺”，长度在10~40厘米。这种刀钢质优秀，经久耐用，并具有藏族风格造型设计。当一把藏刀打造出来之后，最为关键的便是上面的装饰了。如果装饰做得精巧，就会有画龙点睛的作用，当然价钱也会昂贵一些。传统的装饰内容有龙凤、卷草纹、几何回旋纹等块面点缀的二方连续，独立的立体造型小装饰有佛八宝中的宝瓶、荷花、法轮等。表现形式有浮雕、镂空及掐纹镶嵌。一般刀柄镶着鲨鱼皮或黑色牛角，便于握拿，不易滑脱。除表面起伏层次和图案变化外，在刀具整体外形以等距或对称地点缀着镶有朱红粉绿等色的珊瑚、玛瑙等。从整体外形看，头柄首尾有平形、头部锥形、两头凸形、圆形等。除此之外，藏家艺人也会利用白银、紫铜、黄铜三种不同色泽的金属材料对藏刀进行交叉镶饰，以便达到相互衬托的效果，这种做法也正在被广大的藏刀制作艺人所采纳。”我一个外行人看到那么精美的藏刀都感到爱不释手，更不用说那些藏刀的爱好者了。我想，它不仅仅是一把简单的刀，而是民族工艺的智慧与结晶，正是由于有了这样一层含义，它或许才具有了更高价值吧！

次里大哥真是个热心人，怕我们不明白他所说的藏刀制作过程，直接给我们演示起来。于是，一只火柴、一把干草、一些木炭，加热炉很快就红火起来。次里使小锤，担任指导，另外一个人抡大锤，跟随他的指示“指哪儿打哪儿”，“叮叮当，叮叮当”，两个人合作默契，不多时，烧红的铁条被锻打成刀刃的雏形。接着次里开始修刃，之后再把刀鞘绑定在木构件上，定边，勾花，一锤锤的敲下去，平整的刀鞘上，渐渐呈现出立体感的花朵，颇有大师的风范。次里制作的藏刀，从刀刃的锻造、打磨、抛光，刀鞘的制坯、刻花、上色等各个工艺流程均为纯手工制作，就连为炉子鼓风的风机都是手摇式的，这样可以更好地掌握火候，经过不断打磨，一件成品得需要两天才能完成。

南杰次里出生于义普通的藏族家庭，初中毕业之后外出打工了一些年，算得上走南闯北。他曾去过西藏、四川、昆明、大理、丽江等地，做过修理工、泥瓦工等许多工作，吃了许多苦，但是却始终没能找到适合自己发家致富的那片天空。在打工的几年里，他时常会回家看看，帮助家里人做些活计。“外出务工的收入是不错，但却没有安全感和归属感，总是觉得那里不是自己生活的港湾，人总是希望落叶归根，那我为何不早点在自己的地方安营扎寨呢！”想通了这个道理之后，次里毅然回到了家乡，开始认真思考起自己的未来。之后的几年，他尝试了很多行业，但却从未想到把家传的藏刀制作手工业作为自己的主业。一是由于他虽然从小耳濡目染了藏刀的制作，但却从来没有进行认真细致的系统学习，手艺也算不上十分好；二是由于当时家里也是小打小闹的作坊，觉得没有什么利润而言；三是由于当时香格里拉的旅游业还没红火起来，认为没有市场销路。因此，他在各个行业之中徘徊了好一段时间。后来，父亲跟他说："这是我们祖上传下来的手艺，现在有时间就跟着我系统地学学吧。不论你以后会不会从事这个行业，有一门熟练精湛的手艺总不会是一件坏事啊。"他想想父亲说的倒是很在理，于是跟着父亲认真地学习起来。"不论学什么东西，态度真的很重要。以前那么多年虽然耳濡目染，但由于没有真正的用心，每次都是毛毛躁躁的学习，因此那么多年下来我也就只会些皮毛而已。后来，当再一次跟父亲学习时，由于真正用心了，态度端正之后，我的技艺进步了不少，同时人也变得有耐心起来。随着与藏刀打交道的时间愈来愈长，我逐渐喜欢上了这项手工艺，每完成一件成品，心里就特别有成就感。"次里说道。

后来次里就跟随父亲做藏刀。一方面可以继承技艺，同时自己也喜欢上了这个营生；另一方面还可以照顾家里，不用到处漂泊，坐在家里就可以创收，是个很不错的选择。次里现在的手艺可是达到炉火纯青的地步了，他在继承既有的藏刀制作技艺的同时，还开创了龙、凤、虎、狮和锦花图案的雕花工艺。这也让他制作的藏刀更加美观抢眼，也促使他的藏刀销量大增，很快，这一工艺也迅速传到附近县，成为藏刀工艺的新风格。当然，随之而来的便是家庭经济收入的快速增长。几年下来，家里有了丰厚的积蓄，同时，随着香格里拉的旅游业得到大力的开发，一家人经过商议之后，2000 年决定在独克宗古城盘下一间店铺，开始出售自家的藏刀。从此，次里一家从单纯传统的手工业农户转向了生产供销一体化的个体经营户。

次里是个实在人，生意也做得很实在，待人热情，守信。因此，店铺刚营业就获得了巨大的成功。他的藏刀也赢得了市场的认可，慕名而来的人络绎不绝，前些年每年能收入 7 万 ~8 万元。现在每年的收入基本在一二十万元，更可喜的是今年上半年的收入就近 8 万元。次里一家的家庭收入在村里居于中上，是村里的富裕户，这在其居住环境上不难看出。"社会和谐稳定是我们最大的幸福，因为只有这样，我们才有稳定的市场，我们的生意才会越做越红火，我们才会过上幸福安康的生活。"次里说。

“现在要想买到次里的藏刀，必须预订。”同行的村官说。据次里介绍，“仅靠我一人制作藏刀不够店铺里销售，因此，一方面我们从当地的手工业者手中直接购买半成品，再经过他的加工，装饰成为成品之后再出售；另一方面则直接购入一些成品出售。于是，我的藏刀店铺里差不多有三种类别的藏刀出售：第一类是完全由我亲手打造的藏刀，第二类是经过我加工的藏刀，第三类则是完全购入的藏刀。当然，每一类的价格也不一样。”说到藏刀的预定，他告诉我们：“现在订做藏刀要以寸论价。以18厘米长的藏刀为例，白铜质地的需要110元，银子质地的则需要450元。”为能买到真正的香格里拉藏刀，很多游客在旅游出发之前就在网上搜集相关信息，来到香格里拉之后，就登门购买。但是，有些游客的购买量较大，一时无法满足，于是他们就给次里就留下电话和地址，等做好后邮寄过去。此外，应顾客的要求，还可以在刀刃或刀鞘上刻上指定的名字。这在我看来有些不可思议的事情，对次里大哥却都是常有的事情。

说到技艺传承问题，次里说：“我曾经一度担心这门技艺的传承问题，因为在传统中，这是门传男不传女，传内不传外的技艺。因为在老观念里，深受男尊女卑思想的影响，这是不能外传的手艺。不过，现在是新时代了，男女都一样，只要有人愿意跟我学这门手艺，我都会将我的毕生所学传授出去，加上人们现在对民族传统的手工业也越来越重视，因此，我觉得根本不会出现技艺传承的断层。”当我们问他“儿子有没有学到他的手艺，以及是否希望儿子继承他的事业”时，他说：“平时，我也会间或地教一些基本的技术给儿子，不过还是希望他能好好读书。每一个农村的父母都希望孩子都跳出农门，而读书是最好的途径。当然如果他不愿意读了，也读不进去也不能强求他。虽然我希望他能好好读书，但我也知道读书不是一个人的唯一出路。俗话说：‘行行出状元’，只要他肯努力，总会找到一条属于自己的幸福道路。如果他愿意继承我的手艺和事业，那也未必不可。只要他有文化了，与外界的交流和沟通就方便了，想必可以能很好地继承和发扬这门手艺，也希望他能比我们这些父辈做得更好。”

藏刀手工业者的手艺不仅多元化，而且还与时俱进。次里说：“以前服务农牧业生产，主要做铁锹、锄头、犁铧等农具，此外，我还会做佛器、法器”。虽然次里大哥一句带过，但他满身的技艺着实让我敬佩不已。目前，他正打算利用有利的时机和环境，做大、做强自己的生意，他极力邀请我们给他一些建议，虽然我对做生意是门外汉，但是在他的盛情相邀之下，实在不好拒绝。于是，给出了以下一些建议：一是香格里拉的旅游业具有一定的季节性。在淡季的时候，游客相对较少，大规模的投资难免会出现资源闲置的情况。二是这个行业目前在杜克宗古城似乎已经达到饱和状态，扩大生意是否仍会有较强的市场竞争力。三是扩大规模不如使经营变得多元化，特别要注重树立属于自己的民族文化品牌。次里大哥认真的听取了我们的建议，并表示会仔细考虑这些问题，先做好已有的生意，等时机成熟再图进一步的发展。我相信次里大哥凭借自己敏锐的商人眼光，缜密的思维以及谦逊的为人，在商海中一定能够做到游刃有余的！

（二）藏刀经营户——扎西拉姆家

步入独克宗古城，映入眼帘便是鳞次栉比的商铺，这些商铺里挂满了琳琅满目的藏族饰品。如果你曾经来过香格里拉这片神奇美丽的土地，探访过古城中的小商铺，那么，不知道在你的记忆中是否会有一位身着藏族服饰的从事藏毯经营的中年妇女。

采访拉姆完全是意料之外的事情。由于我们是 7 月下旬从北京出发到香格里拉，当时北京的天气正处于酷暑难耐的阶段，由于出发前做了一些基本的攻略，了解到香格里拉的气候可能比北京凉爽一些，因此，我们每一个成员都准备了一件薄外套。香格里拉地处高海拔地区，温差比较大，而且云南的气候处于太阳出来的时候温度高，而没有太阳或者下点小雨温度就会迅速降低的状况，因此，到香格里拉后我们一行人都觉得衣服单薄，决定去古城购买几件两用披肩，以便抵御香格里拉的寒气。我们在村官杨德芳的带领下，悠闲的贯穿于古城的各个商铺中，最后大家选中的便是拉姆大姐商铺中的围巾。村官一看，才发现拉姆就是她们村里的农户。一直听说村里有户人家在古城开了家商铺做藏毯，围巾生意，想不到就是拉姆大姐家。于是，在村官的介绍下，我们告诉她来香格里拉的主要调研内容、目的，并希望能够把她作为采访对象之一时，她愉快地答应了我们的要求，并打开话匣子与我们聊开来。

拉姆，女、四十岁、小学文化程度、家中共有 6 个人。双亲七十多岁，身体还比较健康，主要在家颐养天年，平时帮忙在家里做些简单的如做饭、打扫等家务活。老两口都是勤快惯了的人，手脚闲不住，把家里收拾得井井有条，因此为他们夫妻俩做生意解除了后顾之忧。丈夫主要负责店铺的经营，平时的进货、发货，以及各种琐碎的事情主要都是由他来负责处理。拉姆则主要专注于在自家店里织藏毯，有时也会一边织藏毯，一边向游人销售藏族纯手工织品。他们两口子一生共育有两个孩子，女儿在读高中，儿子在读初中。由于拉姆的家族中读书人特别少，他们夫妻俩年轻时没有很好的条件，因此也都文化程度不高。拉姆告诉我们，家里的两个孩子学习成绩都很不错，她最大的愿望就是希望两个孩子以后能考个好大学，接受高等教育，同时也能圆一家人的大学梦。他们知道现在教育费用对于农村家庭是一笔很大的支出，因此，她和丈夫两人都希望趁年轻尽量地多赚一些钱给孩子们提供最有利的接受教育的物质保障。

拉姆从小就聪明伶俐，心灵手巧，很受长辈的喜爱。小学毕业之后，由于家中人口众多，她没有再继续上学，而是回家帮母亲照看弟妹，顺便做些简单的家务活。正是从这个时候，拉姆开始接触到藏毯的制作工艺。拉姆说："我从小就是个爱学习的孩子，只要我感兴趣的东西，就会一直沉迷在其中把它学精。因此，酷爱本民族手工织品的我，在跟大人学习织藏毯两三年之后，就已经在我们村里小有名气了。我的第一笔生意就是在十六七岁那年做成的。当时，建塘镇上红旗中学的老师看到我做的藏毯美观、大方，而且听说经久耐用，一下子就以每床100元的价格订做了13床藏毯。这在当时真是一笔大生意，因为刚开始制作藏毯时，主要都是供家里或者亲戚朋友使用，只有零星的出售一小部分。因此，一千多元的收入，让长期处在物质匮乏年代的我开心了很久，并意识到藏毯的潜在商机，同时极大地激发了我制作民族手工艺产品的热情。"

从拉姆的叙述中，我也了解到许多关于藏毯的知识，真是让我大开了眼界，有种"听君一席话，胜读十年书"的感觉。据文献史料记载"藏毯是世界三大手工地毯之一，三千多年前的藏族先民，就已经用牛羊毛编织帐房、衣服、被褥、卡垫来御寒保暖、装饰，这种被考古界称为'毛席'的织品，藏族叫'溜'（'溜'的制作工艺沿用至今）。公元十八、十九世纪，随着藏传佛教文化的进一步弘扬和清朝政府与藏族高僧喇嘛的亲密往来，藏毯作为高贵礼物，进入内地。之后它的制作工艺也得到了改进，产生了竖毛集束起绒的编制手法，丰富了藏毯编制工艺。"拉姆介绍道："藏毯最开始的时候，是青藏高原的游牧民族为适应生活的需要，在编织帐篷、马垫的基础上，利用原始的植物染色的手工纺线的毛线为原料，用铁杆为打结手段而制成的一种地毯大家庭中的生活用品。现在，随着人们生活水平的不断提高，藏毯的价值已经远远超过了其使用价值，而更多的趋向于观赏和时尚价值。首先，藏毯的色彩一般会越洗越鲜亮，手感越洗越柔和；其次，藏毯经久耐用，它随着时间的流逝，更显古色古香，与古老家具配套时，便成为最佳上等的艺术品。由于这些方面的原因，集原始、古朴、粗犷、自然于一身的藏毯，不仅成为藏家人生活的必备品，而且正以极快的速度遍布于祖国的大江南北。”

藏毯的制作工艺程序复杂。如果想要编织出一块上等的藏毯，那么从原料、染色、打结到最后的修剪，每一步都不能马虎，必须仔细认真地做好其中的每一个步骤，才能达到预期的效果。香格里拉的藏毯原料主要来自牦牛毛，当地的牛毛长、牛绒厚，其纤维细长、光泽自然、手感柔软，保暖性强，是较好的无污染原料。接下来便是把这些原料通过人工纺线的方式变成线，再经过专门的植物染料对其染色。大体经过这三个步骤，原料才算准备齐全。而具体的制作方法则是采用打结法。藏毯打结法是在一个栽绒结里具备一个重叠的打结圈的栽绒结，即手工连环结，俗称“重叠连环扣”，其打结程序可归纳为“挽头儿割绒”，即将绒纱同时缠绕在经线和编织杆上，连续操作，挽到一定长度才割绒一次，割绒同时抽出编织杆，比传统的“8”字扣的每头儿必砍，明显减少劳动强度，提高劳动效率。地毯的厚度由铁杆的直径决定，因此毯子厚薄控制自如。这种做法的好处在于，编织出来的毯面可割绒，也可圈绒，可以满足不同风格要求。同时，毯面形成自然横向条纹，看上去重重叠叠，层次分明；毯背疙瘩有致，体现了粗犷、古朴、自然之美，迎合了现代人追求古朴、典雅的消费理念和需求。一言以蔽之，一块藏毯的成型需要经过数十道工序，一般分为两大部分，即半成品制作和后道整理。

拉姆给我普及完藏毯知识，接着给我讲述起自己的创业之路。她说：“1994 年，我当时已经嫁入夫家多年，为了生计在村里的家中开了一家手工艺作坊，专门从事制作藏族的各种传统织品及销售，生意一直还都不错，这个店铺的生意也一直是我们一家人的主要经济来源。直到 2001 年，我听朋友说，香格里拉独克宗古城经过这几年的旅游开发，已经逐步走上正轨，加上省政府大力解决了交通问题，以后来香格里拉旅游的人会越来越多，像藏毯这样的手工艺产品也会深受外地游客的欢迎”。真是一语惊醒梦中人，拉姆当时就产生了先关掉家里的小作坊到古城开一个小铺子试试的想法。有了这种想法之后，拉姆就发挥了作为藏家女子敢想敢做的传统作风，经过与丈夫的商量合计，在家人的殷殷期盼中，带上所有织布用的传统机器，在古城街边租了一个小房子，用自己的双手织出了一个新生活。“当时，我们遇到的最大困难就是资金问题。虽然那些年家里有一些积蓄，但古城的房价很贵，除了自己的积蓄，还跟亲戚朋友借了一些，但是还租不起处于中心位置店面的商铺，于是就先租了一间位置稍偏的店铺，开始了我们的生意。”拉姆笑着说。

拉姆是个很果敢的臧家女子，做事雷厉风行，而且思路活跃，为人热情，这种性格给她的生意带来了很多的好处。现在回想起刚开店铺的那段岁月，拉姆告诉我们虽然过得辛苦但却很开心。她说：“印象最深刻的日子，是店铺开张后不久的一天，我以每床600元的价格一次就卖了4床藏毯，我们一家人特别高兴，晚上还专门吃了一顿丰盛的藏餐以示庆祝。”从那之后，生意也逐渐走上了正轨。村里的人知道我在古城开了店铺，只要有需要的也都到我的新店铺来购买藏毯，同时还增加了不少新的客户。两年之后，我们就在古城的繁华街道拥有了自己的铺面，生意也日渐红火起来。”我问她的家庭收入情况时还在担心她不愿意透露，谁知道爽快的拉姆毫不隐瞒地告诉了我，她家在古城半年的收入情况为7万~8万元，除去房租，日常生活开销，一年的净收入也大约在十几万，在村里算得上是生活富裕的农户。

她认为要顺应香格里拉的旅游业发展，搞好民族文化产业，就必须在“特色”二字上下功夫。游客到香格里拉来就是为了看到别处没有的一些东西，吃一些别处吃不到的东西，买一些别处买不到的东西，因此，只有特色才能吸引住游客。目前，随着香格里拉旅游业的快速发展，民族手工艺也受到越来越多的重视，而且从事这方面生意的人也在逐渐增多，因此，需要不断的改进、挖掘特色、不断创新，民族文化产业的发展也才能走得长远。“有一次，领导来我们这里视察工作，刚好碰到我在店铺里编织藏毯，就告诉我现在像我这样的民族工艺者已经越来越少了，要求我要继续织下去，把民族文化传承和发扬下去。”拉姆有些激动地说。

谈到未来的发展，拉姆正在以自己独到的眼光、智慧的头脑和诚信的品德，为将来的发展找准方向。她说：“无论做生意，还是制作藏毯都需要与时俱进。我也在不断地充实着自己的能力，并努力地向民间老艺人学习制作各种藏族手工艺产品技术，同时在保持传统手工艺的基础上不断进行创新，希望发现并找到民族文化的价值所在。此外，不断使产品日趋多元化，虽然说现在店铺中已经拥有了 30 多个品种，但是仍然不能满足客人的要求。目前，最让我担忧的问题就是由于人手原因，藏毯的制作水平和速度都有些跟不上，很多时候都出现了供不应求的情况，所以，除了跟农村中一些手工艺者进行长期合作之外，我想要进一步扩大规模，提高产品质量。同时希望能多收几个学徒，在满足我们店铺需求的情况之下，把藏民族这个特色手工艺传承下去，发扬起来。”

拉姆是个心存感恩的人。她一直都认为现在自己的生意做得那么好是因为生命中有太多的人给过她帮助与支持。丈夫的担当，父母的支持，孩子的理解，朋友的帮助，顾客的赞赏，政府的鼓励，所有的这一切都成了拉姆必须让自己坚强走好每一步的动力，也成为走民族文化特色致富之路的勇气。在发展旅游业，经营民族特色手工艺这条道路上，她还要走很长很远的路。我相信，在不久的将来，他一定能够如愿以偿，打出属于自己的品牌，带领周围的乡亲们走上共同致富的道路。

（三）酿酒经营户——汪卓玛拉儿家

汪卓玛拉儿，女，73 岁。

她的老伴已故，现在和小儿子一起居住，家中共有 5 口人，分别是她本人、儿子、媳妇、大孙女、小孙女，全家都是藏族人。现在儿子和媳妇在家协助老人酿酒，大孙女在县歌舞团工作，今年 24 岁了。小孙女在建塘村的红卫小学读四年级，今年 10 岁。

汪卓玛拉儿的家位于建塘镇建塘村独克宗古城边上，从古城走到她家要二十多分钟。听说她家酿出来的酒特别地受欢迎，是远近闻名的酿酒户，周围的人都爱去她家买酒。

当我们来到汪卓玛拉儿家时，她正在酒坊酿酒，只见老人身手敏捷，动作连贯，一边干活一边声音洪亮地指挥着儿子干这干那的。见到我们一行时，她急忙放下手中的活儿，笑呵呵的朝我们迎了过来，招呼我们进屋坐。当我们说明了来意，老人不好意思地说：“没有什么的，我们就是一个普通的酿酒家庭。”

进入汪卓玛拉儿家的院子，一股浓浓的酒香扑鼻而来，大家都由衷地感叹道:“好香啊!”听到我们赞叹她家的酒，她急忙招呼媳妇给我们每人盛满一小碗青稞酒。刚刚出锅的青稞酒，有一股浓浓的青稞香味，还有一股淡淡的酒香，刚喝进嘴里时，有点刺喉，吞下去之后，却是满嘴的甘甜，让人回味。院子堆的满是青稞、小麦，还有柴火。院子旁边就是她家的酒坊，全家人都在酒坊里劳作，大人小孩，老的少的，各司其职，整个酒坊一片热火朝天的景象，好不热闹。

他们家的房子是典型的藏式房屋，不同于老式藏房，他们家现在的一层住的不再是牲口了，猪和牛都喂养在院外一间专门的牲口饲养房里（老式的藏式房屋是一层喂养牲畜，二层住人，三层堆放干草、粮食等)，现在一层分布的是卧室、客厅、火房，二层则专门用来储放青稞酒，堆放粮食；房子是土木结构的，外墙用土筑起，里墙全部是木制的，分隔成几大间，共有2层；外带一个大院子和一间酒坊，院子里附有卫生间和厨房，还有用于临时储放木材、酒糟的棚屋。整个房屋面积算起来大概有400平方米。

穿过院子，老人请我们进火房坐，火房的炉子正生的旺旺的，炉子上煮着酥油茶，整个房间暖暖的，驱赶了一路上侵袭我们的寒意。在火炉房的上方，摆放着神龛，神龛占据一整面墙，是请专门的木匠打制成的，然后固定在墙边，与墙同大小。神龛的左边供奉着老人已故老伴的遗像，中间是十世班禅的画像，右边是毛泽东主席的画像。

在客厅的正中央里，挂着一个鹿头，鹿角上挂的是白色的哈达。鹿头在藏族人家是吉祥平安的象征，几乎每家每户都会挂。最近几年，由于修新房的藏民特别的多，导致了鹿头供不应求，于是很多藏民便专门去拉萨去买。客厅的屋顶上吊着一盏豪华的大灯，还有电视机，沙发椅，木柜等其他家具。火房里也有一部电视机，围着火炉的也是一套藏式的沙发椅。老人还告诉我们，现在家里洗衣机、电冰箱都有了，生活可方便了。

还没坐稳，她又起身去给我们拿瓜子糖果，又招呼在酒坊工作的媳妇回屋里给我们倒酥油茶。我们打扰了他们的正常工作，心里很过意不去，就让老人别忙活了，可是她却执意不肯。奶奶的热情好客、开朗大方的形象一下子就深深地烙在我的心底了。

汪卓玛拉儿的汉语讲的不是很流畅，这时候，还在上四年级的小孙女卓玛便主动搬了个小凳儿坐在旁边，要帮她的奶奶当翻译。奶奶乐呵呵地摸着孙女的头，幸福地说:“我家妹妹最懂事了，学习成绩好，是全家人的骄傲。”

然后指着贴满半边墙的奖状给我们看，说那都是妹妹在学校得到的奖状。小卓玛则害羞地低下了头，红着脸，不好意思再讲话了。这情形，乐的我们哈哈直笑。

由于建塘村靠近香格里拉县中心所在地建塘镇，社区农民的地在早些年前都被政府收购用于城市建设，因而许多农民失去了土地，只能靠在外打工，或是在自家做生意为生。汪卓玛拉几家主要以酿酒为生。全家除酿酒外，还在离家很远的地方种有 5 亩的油菜地。像他们家的这种情形在建塘村已是很少的了，因为很多村民已经完全没有一点土地了。

在谈到为什么要以酿酒为主业，老人告诉我们其中的原因了。原来，在八十年代中期，她就在香格里拉县唯一的酒厂当工人，在酒厂做工的那几年里，她学得了一手酿酒的绝技。对如何选择出酒率高的青稞，掌握煮青稞的火候，发酵时间等技术，老人不仅牢记在心，还在实践中总结出经验。后来因为失去了土地，家人正为生计谋略时，汪卓玛拉几便提出将酿酒的技术教给小儿子，以此来带动小儿子一家的经济发展。因为她不仅有过硬的酿酒技术，而且经验丰富，又是当时厂里的酿酒高手，所以他们家酿出来的酒根本就不用打广告，就有很多人慕名前来买酒，生意非常好。

2010 年，汪卓玛拉几全家的收入大约共有 57000 元。收入来源主要是从事种植业，养殖业以及酿酒所得。

在种植业上的收入所得，主要是所种的 5 亩油菜地。油菜丰收后，留足一家人一年的生活用油，其余的全部出售了，大概能卖 2000 元到 3000 元。

由于自己家是酿酒的，酿完酒后余下的酒糟就用来养猪、牛等牲畜。2010 年，奶奶家共养了 5 头猪，2 头牛。除去自家消费外，一年靠卖猪牛所得的收入有 20000 元。

2010 年酿酒所得的收入大概有 30000 元。同时，还卖些酒糟给乡邻，酒糟的市场价是 0.2 元/斤，每年也可以得到 4000 元的收入。

以上便是汪卓玛拉几家的全部收入来源。

当我们问到是什么制约了家庭农副业收入增长时，奶奶毫不犹豫地选择了市场。她说，因为市场打不开，销路不好，影响了整个家庭的收入。虽说相对于别的酒坊，他们家的生意要好很多，但是如果市场销路能够更好的话，以她家现有的劳动力，肯定能够酿出更多的酒，卖出更高的价格，得到更多的收入。

2010年汪卓玛拉几家的共支出59000元，主要分为以下几个部分：

一是生产性支出，主要是用来购买酿制青稞酒所用的原料青稞、小麦，同时还要买柴火。

2010年青稞的市价是3.6元/公斤，小麦是2.6元/公斤。而1公斤青稞或小麦只能酿出0.5公斤的酒。去年他们家买酿酒原料共花了有15000元。另外，2010年，他们家共买了4车木材，共花了8000元。由于国家实施了退耕还林计划，现在村民不允许上山砍树，而他们赖以生存的柴火要从市场上去购买。2010年，作为柴火的木材的市价是2000元/车（这里的车通常是指大型的农用货车）。

二是食品的支出，共花掉20000元。主要是用来购买肉类、蔬菜、大米、面粉、水果及其他。由于建塘村村民的土地大部分都被政府征用，现在村民每日所需的食品都要从市场上购买。由于香格里拉县地理位置偏僻，导致交通不便，物价偏高。猪肉的价格在香格里拉县是30元/公斤，牛肉的价格是40元/公斤。而肉类是村民们生活每天必不可少的食物。因而，在购买肉类上，汪卓玛拉几家花了不少钱。

三是教育费用，共花掉400元。现在小孙女上学不用花钱，主要是买学习用具，还有课外书等。

四是娱乐费用，共花掉600元。主要是冬天一家人去大理的牛街泡温泉时所花的路费、住宿费。建塘村的村民，特别是老人，在过年前夕都要去大理去“洗澡”，以免除病害，祈福健康。

五是红白喜事的支出，共用掉12000元。在建塘村，每年的人情花费也是村民们非常大的一笔开支。每个周六日，几乎都有几家要办事，搬家、结婚、祝寿、生孩子等等。邻里之间一般送50元或100元，但是遇上亲戚家办事，则是1000元，甚至几千元。2010年，由于汪卓玛拉几家有好几家亲戚的孩子要么结婚，要么是生了小孩子，他们家则花掉了大概有12000元的人情费。

六是通讯费、水电费等其他杂费。共花掉3000元。

在闲暇时间，老人一般都会做做文体活动，如到古城里去跳锅庄。（“锅庄”是藏族的民间舞蹈。在节日或农闲时跳，男女围成圆圈，自右而左，边歌边舞。“果桌”——锅庄舞，早期与西藏奴隶社会和盟誓活动有关，后来逐步演变成为歌舞结合，载歌载舞的圆圈歌舞形式了）或是看看电视等。

老人说她非常满意现在的生活，老年能如此幸福地度过，上辈子吃的苦也值得了。年轻的时候，她的老伴就去世了，留下老人、四个孩子以及一个穷困潦倒的家，全家的生活负担全都压在了她的肩上。白天老人出去做活的时候，就把孩子放在泥巴、草丛中，晚上收工时，再一个个的牵回家，就像放牛羊一样。一家五口人，吃不饱、穿不暖，只能勉强维持生命。即使在这种情形下，老人还是坚持送自己的几个儿女去学校接受了一些教育。四个子女中，老大读的书最多，一直读到了中专，现在老大在县保健站工作。老二读到小学三年级就辍学在家帮助母亲做活养家了，但不幸的是前几年，老二在一次车祸中丧生了。老三小学没毕业就放弃了念书，现在他也在建塘村生活，夏天的时候就做松茸生意，买卖松茸的季节过了后，他又到建筑工地上打工，帮人家盖房子、修路。因为老三特别能吃苦耐劳，他现在的生活过得很滋润，已经有两栋房子了，一栋用于自家居住，另外一栋用于出租，给他们家带来了不少收益。小儿子传承了母亲的酿酒技术，在家协助母亲酿酒，以酿酒为生。

在我们采访的过程中，正好有人来他们家买酒，卖完酒后，媳妇就把刚得的500元就交给老人了，当时我们非常惊讶地问道："奶奶，您是当家的呀，掌握着全家的经济大权哩！"老人乐呵呵的告诉我们，在藏族人的习俗中，家中的老人是最尊贵的人，儿女的任何事情，都要请教老人，都由老人说了算，当然也包括经济上的收入与支出。我问老人，掌管经济大权操心不操心，累不累？汪卓玛拉儿老人哈哈大笑道："不操心，管钱精神着呢！"

离开汪卓玛拉儿家，老人爽朗的笑声久久地在我耳边回荡，一个吃过那多苦的老妇，对待生活的态度是如此的乐观与开朗，人生还有什么困难是打不倒的呢？祝愿老人身体健康，长命百岁，家庭幸福！

（四）酿酒经营户——央宗家

采访央宗是我们酝酿已久的事情。一方面，她是一路陪我们调研的村官——杨德芳的母亲，我们还没去她家采访时就在路上遇见过，相互已经认识；另一方面是听说她们家的青稞酒在建塘家喻户晓。基于这两个方面的原因，在一个阳光明媚的午后，我们跟随杨德芳走进了这户历史悠久的酿酒人家，一同去感受与品味他们那浸泡在青稞酒绵香中的悠悠岁月。

央宗，女，藏族，46岁，小学文化程度。央宗原是汪池坎人，21岁的时候嫁入夫家。46岁的央宗看起来比实际年龄要显得年轻、漂亮许多，如果不说自己的实际年龄根本看不出来她已经是46岁的中年妇女，而是像30多岁的年轻人。长期的高海拔和紫外线并没有使她的肤色黝黑，她的肤色白里透红、皮肤吹弹可破，脸上也没有明显的高原红，乍一看根本不像生活在藏区的女子。央宗拥有一个幸福美满的五口之家。父亲已经七十多岁，身体还算硬朗，不需要他们的费心照料，老人闲暇时间除了转经之外，唯一的爱好就是弄弄院子里的花草，在他的精心打理之下，他们家的院子呈现出一片欣欣向荣之色。丈夫以前一直从事木工活，制作家具，这几年则在家中与央宗一起酿青稞酒。他们俩一生共育有一男一女两个孩子，儿子在重庆上大学，今年刚毕业暂时留在了那里工作，女儿大专毕业之后，回到香格里拉考上了建塘的村官，主要为家乡的父老乡亲服务。一家人过着幸福安康，其乐融融生活。

来到香格里拉县的建塘，品尝绵甜甘香的青稞酒是必不可少的。在大酒厂日益占领市场的时候，仍旧不乏一些家庭式酿酒作坊秉持着最原始的技艺，用纯手工操作酿造着美酒。香格里拉人最喜爱这样的私人酒坊，他们买酒，一定不会买精致的瓶装酒，而是用5～10斤容量的塑料桶，成桶地购买散装的青稞酒。豪爽的藏族同胞，千百年来始终如一地拥戴着自己本民族的文化传统。央宗家的酿酒作坊就是众多私人酒坊中的一个，公公以前在生产队上主要负责酿酒，生产队解散之后，就在家里弄了一个小作坊开始自己酿制青稞酒。央宗刚嫁入这个家庭的时候，并不会酿酒。当时由于家里田地较多，她平时主要负责帮忙做些农活，只有在农闲时节才在公公身边搭把手，帮点小忙。长时间的耳濡目染酿酒工艺，加上平时给父亲帮忙时他不时地给予央宗指导，五六年之后，央宗就可以在父亲的监督下自己酿酒了。

说到酿酒这项传统工艺，央宗变得眉飞色舞。她详细地向我们介绍起酿酒的具体工序，她说道："酿酒是重体力活，几十上百斤的青稞、酒胚、黄水（蒸酒的原料），全靠人抬。所以，酿酒有'退休'的说法。年龄大了，干不动了，只能把手艺传给下一代，自己则退居二线，我的父母亲就是这样。所以，自从我嫁入之后，父亲就有意识地培养我的酿酒工艺，自然而然家传的重担就落在了我们夫妇俩身上。整个酿酒程序是非常复杂的，先要把上百斤的青稞用水浸泡至软，然后反复蒸煮，直到八成青稞开花，将其摊在竹簸箕里晾凉，同时撒上酒曲拌匀。晾到手摸上去感觉到凉，但贴在脸上仍感觉温时，就倒进糖化箱中捂上两天，出来之后就是新鲜酒胚。然后再把酒胚转移到一格格的‘窖’中，发酵十二天到十五天，这样就产出了成熟的酒胚，可以上锅蒸了。大概蒸两个多小时以后，利用蒸馏冷凝的原理，清冽的青稞酒形成一股细流，从铜制‘天锅’下面接的管子里流进大桶。桶口和管子口上，包着十几层白布，用以过滤。两天后，当酒完全冷却下来再过滤一次，此时的酒，才是成品，清澈无杂质。酿酒还是一项精密的操作，稍有失误，就会影响出酒量和酒的品质。热腾腾的酒酿出来以后，我们会马上用温度计和酒精测量计仔细度量，以判断酒的度数和品质。在夏天，酒胚两夜之后就发酵，而冬天则三天以后才能发酵。如果温度适宜，一般只过一夜就会闻到酒味儿。假如一天后还没有闻到酒味儿，就说明发酵时温度不够，应在一个瓶子中装上开水，增加发酵的温度，这样才能使青稞酒更甜，更香。然后把它装入过滤青稞酒的陶制容器中，如果要马上用酒，就要加水，等泡四个小时后就可以过滤。如果不急用，就把锅口和滤嘴封起来，需要时随即可以加水。头一锅水应加到比发酵青稞高两寸，第二、第三锅水应加到和发酵青稞一样高。封上锅口的酒，劲儿大，口感更好。”100% 纯正的青稞酒，由于萃取了青稞之谷物精华，融于雪域纯净圣水，古法精制，宛若天成。色泽黄润，酒感醇厚，口味爽净。因此，它是藏族人民最喜欢喝的酒，逢年过节、结婚、生孩子、迎送亲友，必不可少。

关于青稞酒的来历，2010 年在西藏调研时曾经听过这样一个传说：在很久很久以前，西藏遭遇了百年未逾的干旱，刚刚长出穗子的青稞慢慢枯黄，原本漫山遍野、郁郁葱葱的牧草全部蔫伏在地。因此，处于雅砻河谷的游牧部落，面对干旱的灾难，无以为生的牧民整日以泪洗面，部落主忧心忡忡，从此一病不起。部落主的儿子叫干布，是一个英勇不犯的年轻人，他听说圣水可以拯救草原和田园，决定置身前往神女峰求取圣水。临行前，他的母亲煮熟家中仅剩的一把青稞，放在陶罐中给他作为干粮，于是，干布带上陶罐与部族的期盼踏上了求取圣水的征程。神女峰陡峭崎岖、终年积雪，山上空气稀薄、气候恶劣，干布渴了喝一口雪水，饿了嚼几颗青稞，历经艰难险阻，终于到达神女峰顶。干布虔诚地跪在雪地中，祈求着神女的赐见，三天三夜之后，神女终于出现，感其苦心，赐予圣水，干布捧起陶罐，清冽的圣水滴在一颗颗饱满的青稞上，干布用衣服紧紧包住陶罐放在怀中，不眠不休，日夜兼程带回。虚弱的牧民互相搀扶着前来迎接，干布打开陶罐，一股异香袭来，众人为之惊叹，原来圣水已经渗透入陶罐中的青稞，呈现出清冽的金色。干布捧着陶罐，将珍贵的圣水洒在草原和田园中，转眼间，大地重生绿意，再现勃勃生机。干布再将剩下的圣水送到父亲面前，部落主喝了一口圣水，顿感口齿间一种异香久久萦绕，立即精神一振，病痛全消，牧民分食圣水，整日整夜载歌载舞。这就是西藏人民世世代代珍爱不已的青稞酒的原型。当我向央宗阿姨叙述起这段感人的故事时，她说："原来青稞酒的来历还有这么一段感人的故事，我上学不多，长期从事酿酒但对于这些历史却不太了解。今天，听你这么一说真是让我长了大见识。"

研究表明，长期饮用青稞酒对人体的骨骼、心血管、神经系统等具有较好保健作用，同时能有效改善睡眠质量、降解胆固醇、预防结肠癌和糖尿病。其主要功效来源于其主要原料：高原青稞和当地矿泉水。青稞多产于高寒地区，具有丰富的营养价值和突出的医药保健作用。据《本草拾遗》记载，青稞入药"味咸性平凉"，其主要功能是下气宽中，壮精益力，除湿发汗、止泻。现代医学研究表明，青稞富含多种人体必需的微量元素，同时青稞是世界上麦类作物中β－葡聚糖最高的作物，而β－葡聚糖能有效降解胆固醇、预防结肠癌和糖尿病。青稞酒酿酒所取之水，水源地附近不存在任何工业污染，同时泉水中的锂、锶、偏硅酸等含量远优于其他地区天然泉水，其含有的锌、溴、碘、溶解性总固体、游离二氧化碳等多种微量元素组分对人体非常有益。因此，在高寒缺氧的高原地区，不乏有许多百岁老人，这与常食青稞，长饮青稞酒，与青稞突出的医疗保健功能作用是分不开的。

央宗有一个富有的家庭。从2010年的家庭经济收入情况来看，主要来自四个方面即家庭手工业、本乡镇就业工资，政府补贴和社会救济以及出租草场耕地和房屋。家庭手工业收入共72000元，主要来自家庭酿酒作坊。央宗家每天酿150斤的青稞酒，酿制好之后并不自己直接出售，而是送给与之合作的商店出售。此外，剩下来的酒糟除了自家用来作为猪的饲料外，还以不同的市场价格出售。本乡镇就业工资主要来自女儿的工资，每个月为2000元，一年下来总共240000元。儿子由于自己一个人在重庆生活，他的收入主要由他自己支配，因此并没有纳入家庭的经济收入之中。政府补贴和社会救济主要来自老人的养老保险金，一年共3000元。此外，央宗家原先住在古城的老房子里，地方比较拥挤。后来，在有经济条件之后，盖了传统与现代相结合的藏房，他们一家也从老房子搬入到新房居住。因此，便把古城中的老房子出租给别人，一年的租金为 10000 元。一年算下来，央宗家总共收入大约 109000 元。这个收入不仅在建塘，在一般的农村都算得上是有钱的大户。

从家庭经济支出情况来看，生产性支出、食品支出、教育支出是央宗家最重要的三项支出。生产性支出主要用于购买酿制青稞酒的原料，如青稞、柴薪、酒曲等的支出。青稞的市场价格大约为每斤 2 元，一年下来酿制青稞酒的原料支出大约为20000 元。食品支出为 10000 元，主要用来购买生活必需品。教育费用主要是儿子和女儿上大学的费用，2010 年共 30000 元，这是一笔大支出。不过，她的两个孩子今年已经都毕业，因此从今年开始这笔大支出就不复存在了。此外，还有人情往来、衣服、交通、通信等方面的费用支出，但在家庭经济支出中所占的比例相对比较，分别为人情往来 5000 元、交通费用 2000 元、通信费用 1000 元、衣服 2000 元，共计 10000 元。因此，从央宗阿姨的家庭经济收入和支出来看，每一年虽然支出比较大，但还是会有大量的盈余。从家庭财产来看，共有 3 台电视，1 台电冰箱，1 台洗衣机，1 个照相机，1 台影碟机，1 辆电动车，1 部电话，1 套组合音响，4 部手机，1 辆自行车，1 辆机动三轮车，除此之外，家中还配有电脑，以便满足女儿工作的需要。从这些家庭耐用消费品的情况来看，他们家的生活充满了现代化的气息，而且一点都不逊于城里人。儿子和女儿多年在外求学，见识和经历比较丰富，对生活中现代化设备的需求很高，这也间接使央宗一家的生活逐渐脱离传统的生活方式，而日益向现代化迈进。

当我们问到现在农村发展特色产业面临的最大困难是什么的时候，央宗阿姨语重心长的告诉我们，农民队伍素质的提高还是最关键的，科学文化是农民最缺乏的，村里的老一辈人很多都吃了没有文化的苦头。现在，通过报纸、电视，他们也逐渐意识到了只有知识进步了，经济才能得到发展；只有农民的文化素质提高了，所谓的“三农问题”“新农村建设”才会得到根本的解决。

对于未来的生活，央宗充满了乐观。她说：“这些年，国家和政府给予了我们臧民很多的惠民政策，在政府的大力支持下，我们的生活水平有了很大的改进。目前，家里唯一的负担就是孩子们的婚姻问题，等他们都结婚成家，我们就没有什么负担了，孩子们现在都有了属于自己的事业，我们没有什么担心的了，只希望一家人能平安健康的生活。对于酿酒的手工艺，孩子们都没有学到，不过这是一项累人的工作，不学也无所谓了，在我们有生之年能做多久就做多久吧，只能顺其自然了。”我们也希望央宗阿姨一家人一直过着健康安逸的生活，酿酒生意也来越好，越来越多的人能品尝到她家的酒香。

（五）多种经营户——陈志萍家

陈志萍从小就显得非常聪明、伶俐，深受长辈们的喜爱。陈志萍，女，45岁，藏族，初中文化程度。由于长期做生意的缘故，她能说一口流利的汉语，完全不需要翻译的帮忙。陈志萍的娘家在北门街，家中有6个兄弟姐妹，是一个传统的藏族大家庭。由于兄弟姐妹众多，从小陈志萍就特别懂事，帮助自己的父母做些力所能及的小事，也养成了爱动脑、勤思考的好习惯。虽然家中条件不是特别好，但是父母还是供她上完了初中，初中毕业之后，她没有继续读书，而是回家帮助父母务农。她回忆道：“像我这个年纪的女孩，在那个年代能读到初中毕业的没有几个。我们班上当时只有少数的几个女生，其余的都是男生。一方面是由于当地人传统的重男轻女思想在作祟，认为女孩子迟早是别人家的人，读那么多书没有什么用处；另一方面则由于家庭经济状况不好或者是家中兄弟姐妹众多，女孩子从小就肩负着帮忙照顾自己的弟妹和做家务的重任，没有读书上学的条件。”值得庆幸的是，父母让她接受了很好的教育，掌握了一定的知识水平，这些文化知识在她人生的每一个重要阶段都发挥了重要的作用。

父亲是一个手工艺人，会制作如花圈、摇钱树等传统的丧葬用品。陈志萍从小就是个好学的孩子，加上从小耳濡目染父亲的手艺，也学到了父亲的一身绝活。父亲也觉得这个孩子在这方面很有天赋，就时常加以指导，把一生的好手艺逐渐传给了她。之后几年，她从一开始给父亲搭把手逐渐变成能独当一面，她的手艺越来越好，真正达到了炉火纯青的境界。在她的记忆中，整个少年时代，只要有闲暇时间她都在跟父亲学习剪纸、花样以及黏合技术，她从父亲那里学到了最传统最基本的制作方法。后来，随着社会的不断发展，人民生活的不断提高，对丧葬用品的花样要求也变得多元化和丰富化，她紧跟时代的潮流，在保持传统技艺的基础上融入了一些现代化的元素，如以前的材料主要为各种颜色的纸张和糨糊，现在的材料除了纸张外，还有各种装饰性的材料，糨糊也被订书针代替。陈志萍阿姨的这种做法正是对“名师出高徒”“青出于蓝而胜于蓝”这两句话做出了很好的诠释。

陈志萍15岁的时候，正好赶上华平驻中甸的商场招聘员工，需要既懂藏语又有一定知识水平的营业员。讲到这段经历，她告诉我们当时参加面试的人很多，她去的时候也就是抱着试试的心态参加了面试。参加面试的人都是和她有差不多条件的女孩，最后在那么多人当中胜出，她认为有两个因素起到了重要的作用，一是她的热情活泼，二是她的自信和耐心，因为营业员的工作就是要为顾客服务，每天要面对各种各样形形色色的人，热情和耐心成为衡量一个优质营业员的重要条件。这份工作她一直做了三年，三年的营业员生涯让她在经营方面学到了许多经验，也积累了一定的人脉。当时的工资并不高，一个月也就十几元。但是，在那个物质匮乏、金钱短缺的年代，这可是一笔不小的收入，很多和她年龄相仿的女孩在家里帮忙做农活一年也挣不了几个钱。因此，当她领到第一个月的工资时，心情特别激动，从小到大那么多年自己身上从没有装过那么多的钱。她回忆道：“我一拿到这笔钱，就在琢磨要怎么花，当时那个激动真是无以言表，只觉得自己一夜之间变成了一个小富婆。虽然后来我自己赚了不少钱，但心情再也没有那么激动过。我拿着这笔钱给家里人的每个人买了一件小礼物，本希望能得到父母的赞扬，谁知被父亲批评了一顿。父亲认为他们还很年轻，不需要我表孝心，等以后他们老了，干不动活计的时候，等我有足够的能力再照顾他们也不迟。当时家里的经济足够一家人的生活，不用拿我的钱补贴家用。他不希望我拿自己的血汗钱奢侈、浪费在毫无用处的地方，而应该把这些钱攒起来用在更有用的地方，比如作为投资小生意或者是作为自己以后出嫁的嫁妆。正是父亲的这番话，让我受益匪浅。由此，我养成了勤俭节约的生活习惯，三年下来，我攒下了一笔不小的费用，为以后自己做生意奠定了基本的资金基础。”

18岁的时候，陈志萍辞去了商场的工作，开始自己下海经商。当时，头脑活络的她发现，随着改革开放的思潮涌入，村里的经济状况发生了明显的好转，百姓的生活好了，对生活必需品的需求也逐渐上升。但是，当时建塘的杂货商店还很少，很多人购买生活必需品还不是特别方便。于是，陈志萍就开始在心里琢磨起来，如果自己家开一个杂货店出售各种日用品，那么不仅能为村民提供方便，也能使家里的经济更上一层楼。然而，经商意味着要投入一大笔资金，当时她自己只有500元的本金，远远不够前期的投入。于是，她跟父母商量希望能将家里的积蓄拿出来投资经营小卖铺。父母一开始不同意，觉得她一个姑娘家可能做不好，而且风险比较大，是个不靠谱的营生，希望她能安分守已的在商场上班。但是，陈志萍是个倔强的女孩，她做了决定就九头牛都拉不回来。她极力的说服父母，并一再保证一定会成功，最后父母终于同意了她的想法，从家里拿出1500元的积蓄 ，加上她自己攒下的500元，凑足了2000元作为启动资金，开始了自己的从商之路。那个时候，改革开放才刚刚起步，县里面对个体工商经营管制极为严格，她花了将近半个月的时间才把工商许可证和卫生许可证成功的办下来。杂货店开张后，主要负责经营烟酒糖茶、油盐酱醋等日常生活用品，此外还把父亲做的丧葬用品纳入到经营范围中，店里的商品种类比较单一，没有现在那么丰富，不过能基本满足人们的生活需要，生意也还不错。当时，交通条件还不是很发达，厂商也不提供送货上门服务，所以每次进货都颇费周折，要花费大半天的时间骑车到县上的批发公司。由于经营有方，待人热情，许多村民都愿意去她那里买东西，因此半年之后，她就还清了家里提供的资金，开始赚到真正属于自己的第一桶金。

陈志萍拥有一个幸福富有的小家庭，家中共有四个人。丈夫马京生，因为出生于中国首都北京而得名，53岁，以前在武装部工作，现在已经退休。他是军人出身，年轻时参加过越战自卫反击战，在战斗中立了三等功，当时他们队里和他一起参加这次战斗的还有三个战友，在战争中他的一个战友牺牲了，战争结束后只回来他们三个。陈志萍21岁的时候经人介绍与马京生结婚，他们俩一生共育有一个儿子和一个女儿两个孩子。儿子继承了丈夫的道路，也在部队当兵，女儿就读于西南民族大学，是一名大二的学生。陈志萍阿姨说："在我的一生中，深受文化知识带来的益处，因此，我知道知识对于一个人的发展有多么的重要。因此，我和丈夫两个人都非常重视教育，只要有能力就希望孩子们能接受较好的教育。孩子们也很争气，儿子在部队表现很好，正在为考军校做准备，女儿成绩也不错，每年都能拿奖学金。"虽然每年的教育经费投入很大，但他们认为这是一项很值得投资的事情，可能短期内看不出明显的经济效益，但却是影响家庭发展好坏的一个重要因素。因为未来社会的发展是一个知识经济的年代，没有文化水平不仅在社会上很难立足，而且会影响到一代人的未来发展。

从家庭经济收入来看，陈志萍一家在建塘算得上是富裕户。2010年全家共收入15万~20万元，主要来自家庭手工业、本乡镇就业工资、以及杂货店的经营收入。家庭手工业的收入主要来自酿制青稞酒，每年45000元。丈夫马京生的祖辈并不是当地人，而是由于抓壮丁来到香格里拉，后来由于与当地藏民通婚定居了下来。当时，建塘当地的藏民是不会酿酒的，他们的祖辈来到香格里拉的同时带来了酿酒技术，因此，他们家算起来是建塘最早的酿制青稞酒的农户。后来，酿酒技术和酿酒产业才在香格里拉逐渐发展并壮大起来。陈志萍最初不会酿酒，嫁入夫家之后，由于家里一直从事酿酒行业，所以，这项产业也一直被传承下来。他们家里现在有一个酿酒作坊，共有两个灶，每天酿制300斤的青稞，按2∶1的比例出酒，每天共产150斤的青稞酒。共请了四个工人负责家里的作坊每人每月的工资为1600元。陈志萍说："我现在基本不管酿酒的具体操作，完全交给这几个工人全权处理。因为我们一起共事已经很多年了，他们从我父亲时代就一直在给我们家酿酒，所以，对于他们我很放心。他们负责具体的酿制，我负责提供原料和出售。"长期多年的感情，使他们与这些工人的关系不像雇主与雇工之间的关系，而是更像其乐融融的家人关系。每一斤青稞酒的市场价是5~6元，除去原料费用，工人的工资，每一年他家的酿酒作坊共收入25000元。本乡镇的就业工资主要来自丈夫的退休工资，每一个月丈夫的退休工资差不多为3200元，一年总计约为38400元。最后一项经济来源就是便利店的收入，大约为每年30000元。现在她的小卖铺已经搬到建塘的主街道上，规模也比以前的大，不仅出售自家酿制的青稞酒，还出售各种各样的百货商品，算得上是一个小型超市了。此外，丧葬用品也还在其经营范围之内，但是她自己已经不亲自制作了，主要是靠专门的匠人提供货源，她主要负责出售。他告诉我们，一方面这是一个精细活，需要耐心仔细，另一方面还要花费大量的时间，她自己一个人几头跑，忙都忙不过来，根本没有时间能够静下心来好好做这项手工艺。

从家庭经济支出情况来看，生产性支出、食品支出和教育支出这三项是陈志萍家支出最多的三项。生产性支出主要用于酿酒各种原材料的购买和各种设备的置办，　年将近10000元；教育费用的支出则是女儿上大学所需的学费、住宿费和生活费，一年下来也要花30000元，这是他们家目前最大的一项支出，占了总支出的1/3；食品也是一项大的家庭支出，由于他们的土地已经被国家征用，粮食、蔬菜等完全从市场上购买，由于家里开便利店的缘故，在基本生活用品上价格可能比一般的家庭支出少一点，但一年下来怎么也得有15000元才能满足家庭的基本生活。除此之外，2010年家中支出最多的还有医疗费用的支出，因为这一年丈夫生了一场大病，做了一台大手术，虽然医疗保险报销了大部分，但是还是花了大约 11000 元。不过，对于这一项支出，陈志萍认为花得很值得。她说："我赚那么多钱就是为了给家人提供更好的生活，如果连人都没有了，我赚那么多钱都有什么用呢？钱一辈子都赚不完，我只希望家里每个人的身体都健健康康。幸福的生活不是单单从前的多少来衡量，而是一家人快乐开心地一起生活。"当然，还有人情往来、交通和通信费用的支出，但是在家庭的总支出中所占的比例相对较少。虽然支出比较多，但是从家庭总的收支情况看，一年下来他们家还是能有一大部分富余。从家庭耐用消费品情况来看，陈志萍阿姨家是一个现代化气息浓厚的家庭，家中共有 2 台彩电、1 台冰箱、2 台洗衣机、1 个数码相机、1 部电话、2 台组合音响、4 部手机、1 辆本田轿车，还有 1 辆微型车，主要用来运送货物。

陈志萍不仅懂得做生意，而且心地特别善良，关心公益事业。她看到孤儿院的孩子很可怜，每年都给他们送一些钱、生活用品之类的东西。儿子上学时有一个很要好的朋友就是孤儿，学习成绩很好，但是视力不好，有一天儿子放学回来跟她小心翼翼地商量，希望陈志萍给他朋友配副眼镜。她了解了事情的来龙去脉之后，当即就向儿子表态给他的这个朋友配眼镜，同时表扬了儿子的做法。她帮助过的孩子们现在都长大了，有一个被一对美国夫妇领养去了美国，有几个都找到了适合自己的营生，有时他们会给她打来问候电话，她觉得很欣慰。这种言传身教的家庭教育，深深地影响了她的儿子和女儿，使他们从小就养成了乐于助人的好品质。

她说："也许我小小的一个善意的举动，能帮到处在困难中的人们，那么我的这个举动是值得的，送人玫瑰，手留余香，何乐而不为呢！我想，正是陈志萍阿姨的热情、自信、善良、真诚这些优良品德，使她的家庭生活幸福美满，生意红火吧。我们也在此深深地感谢她对我们调研工作的支持和帮助，并衷心地祝愿他们一家人好人一生平安。

（六）家庭客栈经营户——刘文光家

刘文光拥有一个团结和睦的家庭。刘文光，男，藏族，小学文化程度。今年 53 岁的刘文光，中等个头，说话率真，脸上那双刚毅、敏锐的眼睛透着朴实与倔强。刘文光拥有一个幸福的家庭，他和妻子是家里的主要劳动力。妻子小学文化程度，主要在家帮助他经营客栈和务农。有一个老母亲已经80多岁，但是身体还算硬朗，完全能够自理，也不需要他们太费心照料，老人的生活过的安详而闲适。

他们夫妇一生共生育了3个孩子，都为男孩，孩子们都接受了高等教育，很有出息。大儿子以前当兵，后考入军校，毕业之后最先在昆明装甲团工作，目前调回德钦工作。说到大儿子，夫妻俩一脸自豪，他们说："大儿子从小懂事，我们没怎么为他操过心。在2008年的四川"5·12"汶川大地震中，儿子奋战在抗震救灾的第一线，荣获二等功。那段时间，我们家人每天都守在电视机前，紧张的关注着抗震救灾的情况，希望儿子注意身体。比起那些家中没有军人的家庭，抗震救灾那段日子，我们的感触比任何人都深。不过，既然儿子选择了军人这个职业，服从国家的命令是他工作最基本的职责，作为父母也不能拖儿子的后腿，只能默默站在儿子的身后给予支持。"二儿子和小儿子先后大学毕业，目前都在香格里拉的政府部门工作，平时工作比较忙，周末有时间都会回家看望他们，一起吃顿团圆饭。

已经不惑之年的刘文光，谈起过去仍然很动情："我的祖籍是陕西，先辈是随军来到了迪庆的汉族人，之后与当地的藏民通婚并融入这个民族，由此成为臧民之后。我从小是吃苦长大的，可我心中渴望致富的梦想始终没有停止过，这是我一生的追求。"当时，他家中共有7个兄弟姐妹，由于家庭清贫，加上父母也不重视教育，因此刘文光仅读了几年小学，就被迫弃学务农。小学毕业后刘文光就回家帮助父母做农活，但是仅靠种地只能勉强维持一家人的生活，若遇上年成不好，一家人连维持基本生活都很困难。他虽然读书不多，但他明白仅靠单一的农业种植是不可能改变家中的经济情况。于是，每到农闲时间，心灵手巧的他就会跟着大人出去给别人盖房，当时每天的工资收入约为8元，做临时工的生活他断断续续一直做到结婚。

由于家里的兄弟姐妹较多，经济条件不是特别好，所以结婚时刘文光入赘到妻子家。结婚后，由于妻子家中的劳动力较少，他担负起了养家糊口的重担。刘文光是一个思路活络、不安于现状的农民，他没有被束缚在"一亩三分地"上，早年他就开始从事建筑，家庭加工业，运输业等副业，来改善家庭的经济状况，凭着他和妻子勤劳的双手支撑起了整个家庭的经济，并逐渐让全家人过上了好日子。

1980年，改革开放的春风吹进香格里拉，人们的思想开始变得活络起来。头脑灵活的刘文光发现，随着各种企业的建成，杂货店也多起来，村里的经济状况有了明显的好转，百姓的生活好了，对于生活必需品的需求也逐渐多了起来。他觉得这是一个好机会，就开始在心里琢磨：如果自己搞运输，运送生活用品、建材和化肥等物品，那么不仅能为村民提供方便，还能改善家里的经济情况。于是他和父母、妻子商量，希望能将家里这几年的积蓄拿出来投资运输业。父母一开始不同意，觉得风险太大，而且家里的资金不足以购买大货车，还得需要贷款，是个不靠谱的事情，但是刘文光已经下定了决心，看他这么坚定，妻子给予了他特别的支持。妻子帮助他极力说服父母，最后家人终于同意了他的想法。当时开货车的人还比较少，因此他的生意很不错，常年都有活计，很少有休息的时间。虽然常年处于辛苦繁忙的状况，但是繁忙的生活也给他带来了较好的经济效益。他说："风险的另一面就是利润，如果没有大胆的投资，也就没有任何的利润而言。"于是，妻子主内在家务农，他则主外跑运输。几年之后，他终于还清了贷款，真正赚到了属于自家的第一桶金。他深情地说："我的妻子虽然是个农村妇女，但也是个明事理的人。对我来说，不仅是一个好妻子，还是一个好朋友。这一生，她都默默地站在身后支持着我的事业，家里的所有大小事她都处理得井井有条。由于我常年在外，孩子们的生活教育问题也一直由她亲自过问，相对的我管得比较少，孩子们也没让我们失望，各个都找到了一个好归宿。因此，虽然我们结婚时才见面认识，但结婚之后感情一直很好，一生都没有红过几次脸。"这种伉俪情深着实让我们几个小青年羡慕，也让我觉得一个家庭的经营需要每一个成员的真诚付出。

运输业不仅改善了刘文光家的经济情况，而且也为孩子们的教育经费提供了保障。他说："当时三个小孩都在读书，是最花钱的时候，所以家庭的开支也很大，但是花钱供孩子们上学是非常值得的一件事情，我们辛苦一辈子也就是为了孩子们以后能够有个好前程。由于我和妻子所处的那个年代条件不允许，没有机会读多少书，虽然通过自己以后的不断自学，能够基本读书看报，但是没有科学文化知识，我们的发展还是受到了很多的限制。虽然，读书上大学不是唯一的出路，但是多学点知识总没有坏处。"正是基于这种理念，刘文光家很重视教育问题，只要孩子们学习上需要的费用，宁可大人们节省一点也要给孩子们提供学习上所需的经费。因此，虽然从事运输业挣的钱不少，但是大部分都投资在了孩子们的教育上。值得庆幸的是，孩子们都很争气，家里出了三个大学生，这是一件很值得骄傲的事情，他的教育投资也很成功。

2005 年，刘文光家的十几亩土地被政府征用，当时的赔偿价格为每亩 7 万～8 万元，其中 20% 的资金提交给村委会用于当地基础设施的建设与发展，这些资金在村里都是透明公开的使用，并不存在着任何的问题。由于家中的土地已经被征用，妻子的闲暇时间变得多了起来，加上自己的年龄也不再适合长期跑运输，孩子们也不再需要他们的供养，他们两口子琢磨着找个既能照顾家里又能赚钱的营生方式。由于香格里拉不仅自然风光优美，而且还拥有独特民族风情和神秘的宗教文化，在旅游还没有开发之前，就不时有游客来到这里观光，当然也有不少游客到他家借宿。精明的刘文光马上察觉到了这一商机，他便用征地所得的钱盖了一栋三层藏式民居。他家的房子从 2006 年开始建，当时各种材料的价格普遍还没有上涨，建房包括装修在内共花费 7 万～8 万元。如果按现在的市场价格来算的话，现在如果要盖像他们家一样的房子，可能得到花 40 万～50 万元。刘文光家的楼房建构非常醒目，楼前宽敞的小院更是规划得赏心悦目。在庭院里，独具匠心的搭建了一个约 10 平方米的钢架，种植了观赏性的藤蔓植物，每到春夏郁郁葱葱的枝蔓和鲜艳的花朵就形成了天然的凉棚，游客可以在下面饮茶吃饭、下棋打牌，凉爽惬意。他家的房子一层主要是自己家人生活，主要是方便老母亲的走动，二层和三层则主要用来出租和接待游客住宿。这样他们两口子也算有了属于自己的营生，他管理客栈的具体运营，妻子则为游客提供餐饮。我们去他家采访的时候，他们正热火朝天的做最后的装修准备正式开始投入经营。

刘文光对经营自家的客栈充满期待。决定要开办客栈，他感到底气不足。原因如下：一是建塘现在开办家庭客栈的家庭已经比较多，竞争压力比较大；二是对于客栈如何更好地经营发展，他一无所知；三是客源问题，香格里拉的旅游开发这几年才逐渐发展起来，夏天由于气候比较好游客相对较多，生意可能会比较好，但一到冬天气候条件较为恶劣，游客就会明显地减少，加上他家的地理位置比较偏僻，很多游客不知道，考虑到这些因素的影响，经营客栈到底能不能赚得到钱成了一个必须要考虑的重要因素。虽然有这么多的疑惑，但并没有动摇刘文光创办属于自己家庭客栈的决心。他利用一切可能利用的条件，让孩子们发挥他们的智慧给他出谋划策。在他眼里，建塘的客栈是民俗旅游与生态旅游相结合的产物。它以城郊农民家庭为依托，以古城风光与别有情趣的藏家生活为特色，吸引城市居民来此休闲度假、观光娱乐、体验藏族农家生活，回归自然的一种新型旅游活动，同时也是一种休闲娱乐、放松身心、回归大自然的方式。建塘作为“茶马古道重镇”“中国少数民族风情名镇”，从古至今孕育了丰富的宗教文化和丰厚的民族风情，具有发展农家客栈的广阔空间。此外，建塘与独克宗古城连在一起，与香格里拉县城相邻，与其他周边的风景区毗邻，交通十分发达，具有发展农家客栈旅游的广阔市场。刘文光说：“随着政府的大力支持，以及已经打响的民族文化特色旅游品牌，来这里旅游的人会愈来愈多，农家客栈依然有光明的发展前景。因此，我想只要对家庭客栈的经营模式定位准确，找出自家客栈的特色应该会获得巨大的成功。”

刘文光家的经济在村中处于中上层，主要电器和耐用消费品情况为：1台大彩电、1台电冰箱、1台洗衣机、1台影碟机、1部电话、4部手机，以及一些现代化的炊具，包括电饭煲2个，电磁炉1个，煤气灶1个。家庭经济收入主要来自土地的征用，孩子们的就业工资，老母亲的养老金这三个方面。目前，他家的客栈还处于开始起步阶段，还没有具体的收入。家庭经济支出方面，从调查问卷来看食品和人情往来的支出占的比重最多。他说：“一方面，家中的田地几乎全被征用，我们已经脱离了自给自足的传统农业生活方式，基本的生活必需品完全靠购买，同时这几年的物价在不断的上涨，这些直接导致了我们家在食品方面的支出占据着家庭总支出的大部分。另一方面，随着人们生活水平地不断提高，人情往来的次数和费用也在不断的提高，每年算下来这一项的支出也不少。”他接着调侃道：“以我们家现在的生活状况看，支出的比收入的多，而且是以卖地为生，在吃老本呢！”在访谈中关于农民征地这一问题，我们了解到存在着一些问题。首先，土地被征用之后，许多人无所事事，于是沉迷于打麻将、赌博等活动；其次，被征地农民的就业问题没有及时解决，特别是农村年轻人就业问题矛盾突出；最后，城市化进程的加快，使这些农村人口处在了一个尴尬的境地，非农非城的身份使他们处于“几不管”的处境之下，因此使很多国家的惠民政策无法得到较好的贯彻落实。

谈到香格里拉旅游开发以来的变化，他认为有以下一些变化：一是旅游的兴起与开发，促进了城乡居民的社会文化交流，转变了民族地区农民的小农意识，带动了乡村社会的文明进步。二是带动了各种行业的发展，为乡村经济发展提供了新的增长点，同时为农村剩余劳动力的转移和农民的增收提供了新渠道。三是促进了民间艺术的传承和发扬。的确，这几年国家的政策非常好，很有利于民族地区农村经济的发展，富起来的家庭也越来越多。人们应该趁着这个大好时机行动起来，在政府的大力扶持下，逐步提高自己的思想意识和觉悟，更快更好的参与到旅游业中，共同分享旅游开发带来的经济发展成果。同时，不仅要依靠农家乐、农家客栈等形式发家致富，更要鼓励多种经营模式的发展，这样才能使建塘的旅游业得到全面和谐的发展。刘文光正在积极地和家人规划着客栈的未来，他们想到要和旅行社联系，想到要到互联网上发布信息，想到……他正在以自己的热情，真诚和努力，在孩子们的帮助下，带领着自己的客栈走向光明的未来，我们在这里也衷心地希望到刘文光大叔家的农家客栈歇脚的游客越来越多，生意越来越红火！

（七）特色饮食经营户——独基卓玛家

独基卓玛，女，藏族，51岁，小学文化程度。独基卓玛出生在一个四世同堂的大家庭，由于家中兄弟姐妹众多，以及当时生活条件艰苦，因此她接受教育的机会较少，小学也是断断续续的读完。在她的记忆中童年的生活充满了艰辛，父母常年的辛苦劳作还不能满足家人的物质生活要求，但物质生活的匮乏并没有影响到她无忧无虑地度过童年时期。卓玛出生在一个传统的藏族家庭，从小就是一个心灵手巧的女孩，不仅是母亲心里的贴心小棉袄，还是一个帮助母亲做家务的好帮手。由于长期生活在这样的环境中，从小耳濡目染了藏族的基本手工业如藏毯的制作，以及饮食如青稞酒、酸奶、奶渣和糌粑等的具体制作工序。

独基卓玛有一个四口之家。丈夫年轻时在运输公司上班负责客运，现在已经退休在家，每个月的退休金大约为1000多元。他们一生共育有两个儿子，2个儿子前两年都在部队上当兵，现在已经复员，转业之后都在不同的单位上班。孩子们都还没有成家，看着与自家孩子同龄的年轻人各个都成家立业，他们老两口很心急。因为孩子们没有结婚，他们身上的担子还没有完成，还不能把家庭的重担交接给两个儿子。她说："都说心急吃不了热豆腐，何况是人生中的婚姻大事呢！我们也不希望儿子随随便便就找个女孩结婚，这关系到他们一辈子的幸福。现在只能随缘了，希望儿子能尽快找到合适的对象，我们也好放下心中的惦念。”平时，家中就剩下丈夫和卓玛生活，家中的家务主要由她一个人来做。

独基卓玛平时都在建塘龟山公园做生意，在家里见不到人，因此我们的访谈也在龟山公园中她做生意的小摊点上进行。她的小摊点上主要出售有青稞酒、酥油茶、酸奶、奶渣和热牛奶等特色食品。由于长时间在旅游景点做生意的缘故，卓玛阿姨待人十分热情，但面对我们一伙人还是觉得很害羞。在村官帮我们说明具体来意之后，她觉得自己口才不好，不会说话怕没说到我们需要的东西，从而耽误了我们的时间，不愿意接受我们的访谈。在我们一再说明我们的具体来意和诚恳请求下，她最后很乐意地接受了我们的访谈。我们每个人就在她的小摊子上品尝了各种原汁原味的特色小吃，现在回想起来，那醇香的味道不仅似乎还留在唇齿之间，而且还一直萦绕在心间。

对于这些食品，我们充满了好奇，在我们的央求下，卓玛阿姨给我们一一详细的介绍起这些特色食品。在她的娓娓叙述中，我们仿佛在藏家的厨房中跟着她一起亲自经历了这些食品的整个制作过程。首先，她给我们介绍的是最出名的青稞酒。她说：“青稞酒是香格里拉藏族人民喜爱的酒，又是待客的见面礼物。青稞酒用香格里拉迪庆高原特有的青稞酿制而成，已有千年的历史。我们这里的青稞酒酒色淳净，清香扑鼻，酒味绵软柔长，烈而不醉人。每逢客人来临，主人必先捧出青稞酒。因为青稞酒夏能提神，冬能驱寒，因此让人久久难忘，在婚宴或喜庆宴会上，主人高唱一曲‘祝酒歌’，客人答唱一调‘赞酒歌’，热烈而又温馨。”因此，比起市场上高度包装的青稞酒，人们更喜欢购买他们当地人自己家的酿制的青稞酒。一些来香格里拉旅游的游客也喜欢在她的小摊上买一些来尝一尝，顺便稍作休息。

其次，她给我们介绍的是酥油茶和奶渣。她说：“打酥油的工具是一人一米多高、20厘米粗的木桶，将加热到一定温度的牛奶倒进桶里，用一根奶杵伸进桶里做上下活塞运动。这项工作因为是很累人的工作，因此一般由家中的男人们来做，但有时藏族妇女也会去做这些重活的。在我们打酥油的时候，外人看着会觉得很享受，因为我们会一边低吟着小曲，一边有节奏地上下抽动奶杵，奶杵和桶中的奶发出的声音悦耳动听。打酥油的小曲，其实就是在数数，要数到180下，酥油才能从奶中打散分离出来。之后，我们会把桶里的牛奶倒在一个大铜盆里，又在旁边放上一个盛满清水的铝锅，洗净双手，将铜盆里漂浮的酥油小心翼翼地捧起，攥成一团，放进铝锅中的清水中漂洗几遍，将上面的牛奶洗净，再捞出来用力拍打，挤掉水分，一块2斤7两的原白色的酥油饼就制成了。这时，我们要从酥油饼上捏下指头肚大小的一块酥油，扔进火塘，先敬火神，又捏下一小块扔上空中敬菩萨，再捏下一小块粘到房梁上，祈祝自己家的生活富足。”

奶渣，在藏语中也叫曲拉。奶渣与酥油相伴而生，从牛奶奶中提制而成。把牛奶打制分离出酥油以后，将剩下的溶液用微火加温，水乳分离时离火，待凉后就成了奶渣水；把它倒入竹制斗形滤水，留在竹斗滤器中的就是奶渣。奶渣白色，味酸，味郁味久，滋味醇厚，色香味俱，是天然不可多得的食品，它含有多种维生素及人体必需元素，长期食用健胃助消化清肝明胆，生津止渴，养颜延益寿，具有较高的营养价值，是藏民族过年过节以及平常生活中必食的吉祥食品。另外，奶渣具有极强的助消作用，外出藏民常带奶渣以防水土不适。新鲜的奶渣酸酸的，白白的。奶渣晒干以后，藏族人习惯把它当零食吃，也放在粥或者汤里面做佐料。奶渣可以做成奶饼、奶块，用酥油煎奶渣加红糖而成的煎奶渣是藏家人待客常用的一道菜。另外，将煮熟的人参果、酥油、细奶渣、红糖、红枣、葡萄干等用力反复搅拌，装入盘内，冷却成糕，就做成了人参果奶渣糕。到藏族人家家里做客，经常会尝到藏家人油煎奶渣这道传统待客的最高待遇的菜。卓玛教了我们具体的做法，她说：“首先，在锅里面放上酥油炼，其次准备好制作好的奶渣，最后待油开后把奶渣掰成小块放进去煎。不一会，酥油和奶渣的香味就弥漫了整个房间。”这样在油中煎过之后，奶渣的表面变得黄灿灿的，并且外酥内嫩，口感非常好。牛奶提炼了酥油和奶渣之后剩下的叫作酸奶水，也叫“齐酷”。这种酸奶水不仅是天然的酵母，可以用来发酵馒头，而且还是一种味道不错的饮料，在乡下，打一次酥油所剩下的最后奶水，会饮用数月，作饭后作劳时的解渴饮料。

不论是西藏、青海还是香格里拉，藏族家庭都非常好客，按传统礼俗，客人一进门都要打酥油茶招待。藏族人以茶当饭，问“有没有喝茶了”就像我们问“吃没吃饭”一样。对于这一点，我们在香格里拉调研期间深有感触。卓玛阿姨告诉我们：“藏民的茶桶、茶杵和茶滤子都是特制的。茶桶叫‘索拉’，一尺多长，手腕粗，茶杵叫‘徐列’，比茶桶稍长，插入茶桶的那端有一个小圆木片，开两个齿孔，方便茶液流动。茶桶和茶杵就如同缩小了的打酥油的工具。将煮沸的茶液、盐巴和酥油倒进茶桶，茶杵伸进茶桶里上下做活塞运动，茶液上下翻动，不一会茶液与酥油就水乳交融了。往碗里倒酥油茶时，用茶滤子（藏语叫‘者擦’）滤掉茶渣。”整个制作工序就是一场视觉的盛宴，还没从表演中回过神，一碗香浓滚烫的酥油茶就放在客人面前了。在我们刚到建塘时，村官杨德芳就向我们介绍了和酥油茶的一些基本知识。她说：“在我们这边到藏族人家家里做客喝酥油茶是很有讲究的。如果你要喝第二碗，就不要把碗里的茶喝光，应该在碗底剩一小截，否则主人就不再给你添了，相反，如果你不想喝了，就赶紧把碗里的茶一饮而尽，一点不剩，不然主人就会不停地给你添加。以前很多内地人初到我们这里不懂这些规矩，喝完一碗还想喝的人喝光了，主人不给倒了，实在喝不完的人呢，主人却又在不停地添加。”幸亏杨德芳提前给我们做了说明，要不然我们也会像别的人一样一定会闹不少笑话。

说完这些特色食品，卓玛开始给我们说起家庭的情况。从居住条件来看，卓玛家有250平方米的建筑面积，是土木结构的传统藏式民居。她说：“现在很多家庭都喜欢盖混凝土的小洋房，我们从小在这种传统民居中长大生活习惯了，新式的洋房我们住不习惯。洋房外表很好看，但是住起来没那么舒服，冬天冷夏天热，而传统的藏式土木结构表面看起来没那么好看，但却很适宜于香格里拉的气候条件，不仅冬暖夏凉，而且对于农村家庭更实用。”从家庭收入来看，主要来自丈夫的退休金，自己做生意的收入以及儿子们的工资。丈夫每个月的退休金大约为1000多元，一年下来共计大约18000元；卓玛主要是夏天的时候做生意，这个季节不仅游客比较多，而且气候比较暖和，每天有100~300元的收入，一年下来大约共计40000元。儿子们的工资主要是他们自己花，并没有纳入到家庭的收入开支中。卓玛每天的生活都很充实，早上6点钟就要起床，开始挤牛奶，早上挤的牛奶，经过加热之后除了自家喝一部分之外，其余的灌入暖瓶拿到小摊上去出售。然后开始做酥油茶，奶渣等，分别在背篓里装好。接着把家里的一切安置好，吃过早饭，卓玛就背上这些东西到龟山公园开始做生意。有时候客人比较多，她的东西一个上午就能卖完，有时候遇上天气不好或者是客人较少的时候，至少得需要一天的时间，甚至还有卖不完的时候。每当这个时候，她就得把这些东西重新背回家去，有些不能吃的只能用来喂猪、牛等牲畜。因此，她跟我们说：“我的这些食品都是纯天然的，没有添加任何的东西，你们完全可以放心的品尝。有时，东西没有卖完，我们就自己吃，所以根本不存在现在社会上突出的食品安全问题。”卓玛家中共有三头牛，一头猪，因此闲暇时间，她要去割一些青草来喂养这些牲畜。特别是在夏天的时候，她一有时间就要去做这一项工作，夏天草料比较丰富，她要把整个冬天需要的量备足，因为冬天大雪封山之后，只能靠夏天的储存了。卓玛家前几年大部分的土地被国家征用了，但还有一小部分由于地势偏僻没有被征用，因此，她还要打理农活，主要种植一些土豆或者是玉米。从家庭支出情况来看，食品的支出相对于没有田地的农户支出要少一些，大约为5000元，食品、肉类都是自给自足，只购买一些家中没有的部分。娱乐和人情往来是卓玛家庭的两项主要经济支出，他们老两口都分别参加了当地的“姐妹会”和“兄弟会”。平时，不论谁家有什么事情，大家都相互帮忙，每年还组织一些活动，因此，他们家的娱乐费用支出主要用于和这些兄弟姐妹一起旅游，参加活动等的费用。娱乐和人情往来这两项一年共支出大约20000元。加上别的方面的少量支出，2010年卓玛家一共支出30000元。

说到未来的发展，卓玛说：“我现在做的小生意没有稳定性，而且还有季节性，收入也不高。现在我和老伴年纪也大了，重体力活干不动了。我想把我家剩下了1亩5分地用来种花，据我的了解，现在市场上的花卉生意大多是外地人在做，还没有农户从事这方面的生意。主要原因是大家都没有田地了，我们家刚好有这个优势，如果合理利用与经营，我认为这个行业是很有发展前景的。此外，旅游业的大力开发，很多店铺都需要鲜花，有很好的经济市场。但是，现在我也面临着一些困难，譬如没有足够的资金投入到这项产业，以及缺乏花卉种植技术。这些问题一下子是解决不了的，我只能先一个一个解决。”我们也希望卓玛能获得各个方面的支持与帮助，尽快实现自己的花卉种植梦想，并通过这个契机走出一条适合自己家庭发展的致富之路。

（八）小本经营户——尼玛拉错家

尼玛拉措，女，23岁，大专文化程度。家中共有4口人，分别是父亲单增，母亲拉茸卓玛，弟弟扎巴，还有她自己，全家都是藏族人。父亲单增今年50岁，在家种两亩地，顺带做家务；母亲拉茸卓玛今年46岁，在独克宗古城的月光广场做小生意，出租藏服，为前来古镇游玩的游客拍照；尼玛拉措本人大专毕业后，在乡下尼史完小当体育教师，弟弟扎巴中专毕业，现在在邮政物流部门做临时工。

尼玛拉措家一直以来就以做小本买卖为生，现在全家的收入来源主要是靠母亲的这个小摊位的收入。尼玛拉措和弟弟扎巴的工资每个月加起来只有2000元，因为他们两个都是临时工，不是正式的职工，所以工资都不高。

半年前，古城兴起了一项新的小本买卖，即为前来香格里拉旅游的游客提供藏服，让游客穿着藏服拍照。他们家也买来各式各样的藏服，照相机，在月光广场上租了一个小摊位，做起了这个生意。我们采访尼玛拉措时，她正在广场上招揽客人，她能够讲一口流利的汉语，通常是她在广场周围招揽客人，母亲为前来照相的客人穿衣拍照，洗照片。因为正值香格里拉的旅游旺季，天气不太寒冷，前来游玩的人多，所以生意还比较好。他们给游人拍一张照片，收取10元，一分钟取照片，如果还要加洗的话，也是10元一份。趁着中间休息的时间，尼玛拉措向我们讲述了她家的情况。

早些年前，他们家还有土地时，父亲便在家种地，母亲开了一家小卖部，卖些凉粉、包子、馒头等熟食。那时，家中的日子过得比较紧张，幸亏吃的粮食全部是自己家生产的，生活成本小，所以妈妈做生意赚来的钱就供他们姐弟俩人读书。后来，因为城镇建设的需要，他们家的土地被政府征收了，失去了土地之后，父亲没有了工作，于是便学习驾驶技术，学会之后，就在当地的出租车公司开出租车，在旺季的时候，一天能收入100元到200元不等。“那是我们家经济条件最好的时候，”尼玛拉措回忆说道，“我还在上中学，我们一家人经常上街买好吃的，我和弟弟也经常有新衣服穿。”后来，开出租车的人越来越多，竞争也更激烈了，父亲的生意也不好做，于是便辞职在家。

她和弟弟的学习成绩都不是很好，高中毕业后，她考上了红河学院，学习体育教育专业，弟弟初中毕业后，到州的民族中专学习采矿专业。虽然那时家中的经济并不好，他们姐弟俩考的学校也不是很好，但是父母仍然坚持让他们去读书。尼玛拉措告诉我们，当时父母的想法就是让他们去学习知识，即使考的学校不好，也要去读，因为多读些书总是有益的，为了以后更好的生活，为了以后的发展，多读些书是有必要的。尼玛拉措说，她非常的感谢父母能够给他们这么多学习的机会，现在从学校毕业了，虽没有找到特别好的工作，但是在学校学到了知识，认识了朋友，而且自己的眼界也提高了，这些对以后的生活都是有用的。

2009年，尼玛拉措从学校毕业后，回到了家乡。因为没有教师资格证，她只能在尼史完小找到了一份代课老师的工作。她教的是体育课程，每个星期一到星期五，她就在学校工作，双休日回家后，便帮助母亲照看摊位或是招揽生意。尼史完小离她家有十几公里远，走路去学校要半个小时，每天早上八点，她就准时出门，每天有3到4节课程。尼玛拉措说，她本人非常喜欢教师这份工作，她教孩子们体育课程，教他们打篮球，踢足球，跳绳，打羽毛球，学跳健美操等。在教书的过程中，她感受到了孩子们学习的快乐，和学生们在一起，她觉得很轻松，“我觉得体育课程非常重要，因为身体是革命的本钱，体育能够强身健体，所以我经常要求我的学生们加强体育锻炼。更何况，因为香格里拉地势高，气候条件比较恶劣，所以加强体育锻炼就更有必要了。”尼玛拉措认真地说道。

尼玛拉措说，她自己很喜欢吃冷饮，以前在红河上大学时，她经常和同学们相约着一起出去吃冰激凌，喝奶茶的。毕业回家后，她特别想开一家奶茶店，但是因为家中气候太冷，再加上经济不太宽裕，所以就放弃了这个想法。现在，当上了老师，她又喜欢上了教师这个行业。前不久，她刚考完教师资格的考试，她说，她非常希望这次考试能够通过，这样的话她就可以成为转正教师，便可以拿多一点的工资，可以缓解家中的经济压力。

去年，他们家的新藏房终于竣工了，全家人都很开心。搬到新藏房后，家中添置冰箱、洗衣机、大的彩色电视机。尼玛拉措说，盖一座漂亮的藏房，是爸爸妈妈多年的心愿，以前他们姐弟两个要读书，家中经济压力大，就一直没有盖房子，当时，村里很多人都住上了新藏房，只有她家还住在旧的藏房里，她和弟弟一直都觉得很内疚。如今，他们两个能够自力更生了，不用再找父母要钱了，父母便拿出了家中的积蓄，盖了房子。虽然花费了很多钱，但是全家人都感到非常高兴，因为他们终于可以住在宽敞明亮的大藏房里了，不用再和牲畜一起，挤在黑暗狭小的老式藏房里。新藏房有300多平方米，是土木结构的。还装了自来水，他们再也不用每天从井中压水了，用起来很方便。院子里还修建了卫生间，里面有浴霸，随时可以洗淋浴；厨房里也装上了液化气，做起饭来既快捷又干净。说道这些，尼姆拉措非常兴奋，她说，因为有了新房子住，她现在每天下班之后就待在房子里面，也不经常出去玩了。

2010年，他们家经济收入总共有56440元，分别由以下几个部分构成：

一是从事种植业所得的收入。他们家现在还有两亩田地，2010 年父亲在家，将两亩地全都种上了青稞。因为有很多人家都在酿酒，所以青稞在香格里拉很有市场，于是他们就将青稞卖掉了一些，共计收入有 1000 元。因为都是卖给周围的邻居了，价格卖的不是太高。还剩下些青稞，就拿去和别人换酒了。

二是从事旅游业的收入。2010 年，母亲在古城里摆了一个小摊位，卖些纪念品，旺季时，每个月有 4000 到 5000 元不等的收入，有时候也要看运气，淡季时，就只有 1000 多元，所以，加起来 2010 年在旅游业上的收入有 30000 余元。

三是本乡就业工资所得，尼玛拉措和扎巴每个月各有 1000 元的工资收入，加起来每年的收入是 24000 元。

四是政府的补贴。他们一家四口，每个月每人有 30 元的低保钱，一年有 1440 元。

尼玛拉措说，2010 年家中的经济收入不是很好，主要是因为她和弟弟的拿的工资太低。今年如果能够顺利转正的话，工资收入这一块会比去年拿的要多。而且今年新开了这个照相买卖，自从开张以来，生意一直不错，一是因为她家的藏服款式多，又干净，再加上妈妈和她的辛苦努力，所以虽然一个广场上有接近 10 家照相的，但是他们每个月也能挣个 5000 多元。

2010 年，他们家的经济支出共 30000 元，主要分为以下几个部分：

一是生产性的支出，2010 年买青稞种子、化肥共花费了有 500 元。

二是衣服上的支出，2010 年共花了 4000 元。家里逢年过节时，家人都会买一些新衣服庆祝一下。2010 年，他们一家 4 口，每人都定做了一套新的藏服。

三是食品的支出，每个月基本上全家人的食物支出要 1500 元。家中还有 2 亩田地，父亲会种些蔬菜，但是米、肉、食用油、酥油茶等这些还是要到市场上去购买。有时候，她和母亲因为生意太忙，顾不上回家吃饭时，就在外面买吃的，一顿饭要花掉 7 到 8 元不等。过春节时，在食物上的花费要更多了，因为很多亲戚都会来串门，所以要多买些食品，一般春节要花掉 3000 元的食品钱。

四是娱乐费用的支出。尼玛拉措家每年春夏的时候，都会和邻居家结伴出去春游，有时候会到湖边去烧烤，或是到附近的一个风景区去游玩，两三家人一起，既热闹，又节省成本。2010 年他们家就和邻居一起去烧烤，花掉了 200 元。

五是红白喜事上的花费。家中亲戚较多，2010 年有很多人操办红白喜事，每年他们家在红白喜事上要花费 3000 元左右。一次送几十元、几百元的情况都有。相比较于别的家庭，他们在这方面的花费较少，尼玛拉措说，是因为 2010 年家中亲戚没有人过大喜事，比如生孩子、结婚。

六是交通费用。2010 年，尼玛拉措去了一趟昆明，来回花掉了 600 多元。

七是通信费用，一家人有四部手机，每人每月平均下来要 50 元的。

八是住房费用，水电费一年得需要 500 元。因为家中就父亲常在家，他们三个都是晚上才回去，所以水电费花得少。

2010 年一年下来，他们家还能积蓄 2 万多元，尼玛拉措说，主要是因为家人平时都很节约，去年家人都很健康，没有生大病，所以去年还有些积蓄。去年，他们还花一万多元买了一个单反相机，本来是想自己家里用的，2011 年正好开了照相买卖，相机也派上用场了。

现在，正是暑假期间，她不用去学校上课，就天天来帮母亲照顾生意。每天早上八点，她们就来到月光广场上，一直到晚上七点才收摊回家。下雨天时天太冷，所以要早早收摊，冬天这里就更摆不了摊了。

尼玛拉措说，现在父母生活得还很艰辛，所以她一定会好好努力，不要让母亲在这里起早贪黑的摆摊了，让他们早日过上好生活。

（九）运输户——卓玛拉措家

卓玛拉措，女，28 岁，小学文化程度，藏族。

她的家中共有 6 口人，分别是父亲罗提，妈妈卓玛，丈夫杜机，妹妹刘梅，儿子扎西，女儿卓玛初；爸爸罗提是一位老木匠，今年 54 岁，妈妈卓玛是一位退休的民办老师，今年 53 岁，丈夫杜机是一位卡车司机，今年 29 岁，卓玛拉措现在在香格里拉县的主街上经营着一个烟酒小卖部，妹妹刘梅 24 岁，一年前从云南师范大学毕业后，现在在香格里拉机场工作，是一名安检员，儿子扎西今年 9 岁，在上小学一年级，女儿卓玛初现在 7 岁，还没上学。

我们是在她临街的小卖部里采访卓玛拉措的，她的小卖部位于临近独宗克古城的一条主干道上，经营的商品不多，主要是香烟、打火机。卓玛拉措是一位美丽的藏族女子，身材高挑，长相甜美，待人热情大方。卓玛拉措是家中的长女，因为她们家，她和妹妹刘梅都是女儿，所以按照藏族人的习俗，身为长女的拉措婚后要留在娘家，把娘家当作自己一辈子的家，丈夫也要跟随女方，在女方的家庭生活。16 岁那年，卓玛的父母就替她找好了丈夫，她便早早地嫁人了。

16 岁便成家立业的卓玛拉措，和长她一岁的丈夫杜机一起担起了养家糊口的重任。十七八岁，对很多生活在大城市的男孩女孩来讲，正是他们的花季雨季，正是年轻自由的好时候，他们正在某个城市的某座大学里念书，享受着家人的呵护，依靠着父母而生活，他们还不知道什么叫责任，更体会不到什么是艰辛。而此时的卓玛和杜机，他们已经组建了一个家庭，家中的老老少少，都靠着他们而生活。生活，过早地将责任给了他们。

卓玛告诉我们，她和丈夫刚成家那会儿，家中什么也没有，住的房子也是狭小拥挤的旧土房，更别说现代化的家具和房屋装饰了。一结完婚，他们就担负起了整个家庭的经济负担；要养活父母，还要供妹妹上学念书。刚开始，他们只知道去田间拼命劳动，没有什么经济头脑，可是一年 365 天地早出晚归，还是只能让一家人解决温饱问题。后来，他们看到邻居们养牛还很赚钱，于是就拿出当初两人结婚时，双方父母给的结婚钱，在家附近的草地上圈了一个小农场，从此他们便开始起早贪黑的养牛，几年下来，他们的付出终于有了回报，他们将养大的牛卖了，不仅积攒了不少钱，还将他们的牛场扩大到了 4 个。他们就用积攒的钱，再找亲戚们借了些钱，盖了一栋两层楼的藏房，将父母接到新房住。随着时间的推移，卓玛和杜机的孩子也长大了，该到县城里来上学了，卓玛不能再将全部的精力都投入到养牛中，所以她便把牛场交给父母来看管，自己和丈夫来到县城，一边照顾儿子上学，一边寻思着去做点别的生意。最后，经过观察，他们两人决定在县城里开一个小卖部，经营点零售商品，这样就既可以照顾孩子们的上学，还能赚点生活费。他们用养牛赚的钱在县中心租了个小门面，进了些烟酒，开始做起了烟酒生意。

开了这个小店后，卓玛就更加忙了，但是她更加勤劳了，她的店铺，总是开门最早，关门最晚的一个，所以她的生意比别人的要好，几年下来，她经营的小卖部也赢利不少。他们拿这些钱，将家里好好装修了一番。父母也在她和丈夫的照料下，身体很健康，妹妹也顺利地大学毕业了，她自己的一双儿女也都健健康康、快快乐乐地成长着。父母常常在邻居面前夸卓玛和杜机勤劳善良。虽然他们没有念多少书，但是都却很能吃苦，很有经济头脑，将日子过得红红火火的。

2008 年，她和丈夫杜机看好了香格里拉县的运输业前景，不甘落后的他们也想要买一辆汽车跑运输业，可是当时的卡车要三十几万元，他们的积蓄根本就不够，一下拿不出这么多钱的他们，于是，他们便鼓起勇气，找银行贷款几十万元，买下了一辆大卡车。

买下大卡车之后，丈夫杜机就当起了运输司机，跑丽江、德钦、尼西专线，为建筑工地拉水泥、矿石。每次外出跑运输，少则一个星期，多则十天半个月，每趟下来，基本上可以赚上 5000 多元。到今年上半年，他们已经将买车的贷款还上了。

卓玛说，现在的生活很安定，就希望父母能够健康长寿，儿女学习成绩好，健康快乐，妹妹刘梅早日找到心上人，丈夫杜机平平安安。

2010 年，卓玛拉措家的收入共有 245200 元，主要收入来源有以下几个：

一是从事畜牧业，2010 年的收入是 60000 元。现在卓玛拉措要看管烟酒店，丈夫要跑运输，没有时间去经营牛场，本来 2010 年他们就打算停止经营牛场了，可是父母不同意，说他们也退休了，两位老人可以帮他们看管着家里的小牛场，拉措怕父母太辛苦了，去年就只养了 15 头牛。

二是从事养殖业，他们家中还养了 3 头猪，去年的收入是 2000 元。

三是从事运输业，2010 年他们在运输业上共收入有 100000 元，还掉余下的贷款，他们还赚了不少钱。

四是本乡镇就业工资，妹妹刘梅在机场工作，一个月有 3000 元的收入，妈妈卓玛退休后，每个月还有 600 元的退休工资。

五是卓玛拉措的小卖部的经营收入了，去年除去成本，共赢利 40000 元。

卓玛拉措说，她觉得现在生活得很幸福，因为她和丈夫的努力，让家里人过上好日子了。现在家里不仅修建了新房子，还用上了自来水，家中烧饭用的也是液化气，过去那种苦日子已经结束了，以后的日子肯定是会越来越好的。唯一遗憾的是，现在她和丈夫因为要忙着做生意，只能每隔半个月回家一趟去看望父母。为了多赚些钱，平时，卓玛拉措就在店铺里吃住，儿子女儿也跟着她住在店铺。“家里虽然盖了新房，买了新家具，可是我们却没有太多的时间去享受，不过留着给父母享受也好。”卓玛拉措笑着说道。

如今，儿子尼西上了小学一年级，卓玛拉措说，她希望儿子能好好学习，多学些知识，她自己因为没有多念书，现在很是后悔，特别羡慕妹妹，能上大学，能找一份稳定的工作。“但是那个时候条件不允许，我是家里的老大，我得承担养家糊口的重任，所以也是没有办法。”拉措无奈的说道。

2010 年，他们全家的支出为 91400 元，主要包含以下几个方面：

一是生产性的支出，大概花了 5000 元，主要是用来给猪、牛买草料了。虽然大多数时候，猪和牛是放在自然草地上吃草，但是遇上冬天，还是要买些草料预防着过冬。

二是衣服上的支出，2010 年的花费是 10000 元。现在，拉措自己，丈夫，还有妹妹都是在外面做生意、工作，所以对服装业要穿的讲究些。而且儿子、女儿都大了，也要时不时地添置衣物，家中的父母因为长时间不能见面，不能照顾他们，卓玛拉措每次回家都会给老人买些衣物、营养品来尽孝心。

三是食物上的支出，2010 年共花费了 20000 元。由于她的妹妹有时在单位吃饭，丈夫也经常不在家，按他们家的人口数量与社区里别的人家来比较，他们的食物支出要相对少一些。“今年的生活质量高了很多，孩子们也正是长身体的时候，父母也老了，更是要注意营养，所以我们家的伙食费今年提高了不少。今年肯定就不只是 20000 元了。”卓玛拉措笑着讲道。

四是娱乐支出，去年共花了 5000 元，主要是父母年前去大理“洗澡”时花的钱。他们一年四季都很忙，根本就没有时间和机会出去玩，所以用于娱乐的钱没有多少。

五是红白喜事上的支出，去年只有 5000 元，因为去年家中没有特别亲的亲戚办大事，所以去年一年，他们家在人情上的花费也很少。

六是交通费用的支出，大概有 20000 元，包括父母去大理的钱，还包括他们平时回家花费的车费。还有他们的大卡车的维修费用，油钱等开支。

七是通讯费，去年共花费了 2400 元，现在家中共有 4 个手机，每个手机每个月平均得花费 50 元。

八是住房费用，共花费了 24000 元。首先是自家房子的煤气费、水电费、柴火费要花掉七八千，再加上她租的这个门面，每个月一千元的房租费，包括水电、煤气费。

除去开支，算下来，卓玛拉措他们家去年的年纯收入大概有 150000 元。这在整个社区算得上是中上水平的收入了。

卓玛拉措说，虽然现在一家人的收入在社区里算是高的了，但这些主要是靠自己和丈夫杜机的辛苦劳动所得，一旦家里缺少劳动力，收入就不能保障，而且儿子女儿都还小，他们未来的教育也是一笔很大的开支，所以，他们肩上的担子还很重。她和丈夫杜机都没有多少文化，想趁着现在年轻力壮，思路还比较灵活，多赚些钱，为以后打好基础。

对于未来，卓玛拉措说，希望一家人健康平安就好了。离开卓玛的小店面，我很感慨，卓玛和杜机是一对吃苦的年轻人，正是因为有了这样的精神，他们的日子才会这样的红火。希望他们的日子会越来越红火。

（十）木匠之家——陈桂华家

来香格里拉县的沿途中，汽车窗外不时地出现一栋栋藏房，这些藏房高大、宽阔，与雪域高原壮丽的自然景观浑然一体，给人一种古朴、神奇而又粗犷之美感。藏房一般都建在平坦的草原之中，靠近公路；房子周围是随意开垦的几块农田，用篱笆围着；农田边上，搭有高高的木架子，专门用来晾晒青稞等粮食作物；牛群、马群、羊群悠闲自得徘徊在草地上，或是三五成群的嬉闹，或是专心致志的啃着青草；草原与远处的高山相连着，在这么一片空域中，一座座藏房安静的坐落着，“啊，世外桃源到了！”我们都忍不住欢呼起来。

下了车，来到建塘村，我们有机会仔细观察这些藏房了。原来，从远处看，这些藏房外形粗犷，古朴自然，可走进仔细一瞧，原来粗中有细，粗犷中藏有精美啊！

藏房前廊都是由 4 根大柱子支撑着，整个房屋只有左右和后面的三面外墙是砖石结构的，余下的框架结构都是木制的。正面的木板墙上雕有盘龙卧凤，里墙雕有花草鸟兽，房顶五彩斑斓，画有蕴涵宗教意义的图画。这么美的图案，这些精细的雕刻，非得鬼斧神工才能雕得出来吧？那又是谁，有这么一双巧手，能将自然之物这么浑然天成的雕刻在墙上呢？当然是这里的老木匠们！

因为历史沿留下来的居住习惯，这里的藏族人民喜欢住木制的房屋，一是能够就地取材（在过去，国家没有实施退耕还林计划前，山区居民可以任意伐木），二是木制的藏房冬暖夏凉，居住十分舒适。随着生活水平的提高，人们对藏房的要求不再是几块木板搭成几间大房就行了，在建塘村，家家户户都对自己的房屋要求很高，有的人家甚至是花掉毕生的积蓄，来盖一座藏房。这些高要求主要表现在对藏房的外观装饰上，房屋里面的装修，以及融合现代与传统工艺的家具上。在香格里拉县，木匠是十分吃香的一门手艺活，很多年轻人都愿意学习做木工，也有很多人靠着当木匠而发家致富。

听说在建塘村，资格最老的木匠之一名叫陈桂华，他是木匠世家的传人。这么一位资深的雕刻家，当然值得我们去拜访了。

陈桂华，男，61 岁，藏族，小学文化程度。全家共有 4 口人，分别是他本人、妻子杨六妹，儿子陈志，以及孙子。儿子与儿媳妇已离婚，现在孙子与陈桂华夫妇同吃住。

来到陈桂华家，我们首先有点小“震惊”，因为在我们的想象中，木匠在建塘村应该是比较有钱的，住的也是相当的豪华才对啊！但是陈桂华家是个小庭院，门口堆有很多圆柱木材，走进院子，才发现他和妻子杨六妹正在专心致志的酿青稞酒呢。他的房子并不大，只有 200 平方米，相对于社区的其他人家，他的这个房子可以算得上是很小的一座了。虽然房子是老式的藏房，但是并没有像别家雕刻的那么豪华，仅仅是几块木板墙而已。院子里满是木材，这些木材好像是在告诉我们他家的主人是木匠。院子中央还有块小地，种了些青菜和花草。见我们来到他家，他和妻子都很高兴，忙端了一碗青稞酒给我们喝，再三推辞不下，我们接过来了，一喝，味道果然不浓烈，有股淡淡的幽香。陈桂华说，这是他用新机器过滤出来的白酒，建塘村就没有几家有这个机器的，过滤后的青稞酒，白净，口感更好。我们疑惑地问道：“大叔，您不是做木匠的吗？怎么酿起酒来了？”陈大叔也不做解释，请我们到屋里坐。坐下之后，才慢慢地给我们讲起了他的故事。

新中国成立前，陈桂华的爸爸生活在丽江，他是丽江当地有名的木匠，做出的木器耐用又美观，很多人都请他做家什。有一天，他正在村民家做活，做的正专心的时候，有位喇嘛打扮的僧人路过，他看了陈桂华父亲的做工足足有半个小时后问道：“你愿不愿意随我去中甸，为我们中甸的人们打制木器？我是诚心诚意请你过去，你要是愿意，明天就跟我回中甸，带上你的家人。”后来，陈桂华的父亲一打听，原来这个喇嘛是中甸的松木活佛。信奉佛教的陈桂华一家，立马就跟着松木活佛来到了中甸，并在中甸安了家。

随后，陈桂华也来到中甸上学读书了。从小到大，陈桂华就在父亲的叮叮当当地敲打声中长大了。

1968年，陈桂华的父亲在当地政府的鼓励下，办起了木器厂。陈桂华也来到父亲的厂房中学做木匠活。就是在那座厂房里，陈桂华对做木器产生了极大的兴趣，他天资聪颖，一看就会，还善于创新，父亲对他做出的木工赞叹有加。兄弟三人，父亲独爱和他交流心得。他们当时做的龙椅、家具等许多都销售到昆明、广东的外貌公司去了。陈桂华还创新发明了藏式的茶几，他做的这种的茶几可以折叠的桌子，或是装衣服的箱子，一物三用，深受当地藏民的喜爱。

他的父亲做活，从来都不画图纸，打底稿；全是信手拈来，随心所欲，经过他的手雕刻出来的龙凤戏珠图，栩栩如生，惟妙惟肖，就是凭着过硬的功底，陈桂华的父亲成了迪庆州的木匠第一人。父亲的行为深深地影响着陈桂华，使得他也形成了大气、随性的性格特征。

在父亲的带领与传授下，陈桂华在中甸做起了木匠，并以此养家糊口。随着时代的发展，很多的现代化的机械设备逐渐取代了过去的传统工具，陈桂华也跟着时代的步伐，买了很多的机械设备，这些设备花掉了他很多的积蓄，但是因为这是他喜爱的行当，他也乐意花钱。

原本以为自己的木匠生涯就会一直持续下去，但是几年前的一场大病，不仅毁掉了他的健康，也断送了他的木匠生涯。由于一场中毒事件，陈桂华的脑袋受了很大的影响，一动脑筋就头疼，而对于这么一个喜欢动脑，发明新花样的人来说，不能动脑，简直就是让他活受罪；在没有办法的情况下，他只好放弃了做木工活，而儿子陈志也不愿再继承父业。

放弃了做木匠的陈桂华，和退休的妻子杨六妹一起酿起了青稞酒。由于之前做木匠时，他们家积攒下了很多的木材，为酿酒提供了一定的物质基础；再者，酿酒在当时的建塘村是最流行的活，很多人家酿制的青稞酒不仅在整个州内销售，还卖到了丽江、昆明等地。酿酒热的兴起，陈桂华也随着大流，专心致志的做起了一个快乐的酿酒师。

虽然再也不能做木匠了，儿子也不愿意继承祖业，陈桂华的父亲辛辛苦苦打造的事业很有可能就要中断在自己手中，陈桂华表示很遗憾，但是这又是没有办法改变的事，“也许这就是天意，我们只能顺从天意，”陈桂华如是说道，“只要家人健健康康，我们生活的幸福，日子能够持续下去，也没有什么好遗憾的。”而对自己这么好的木匠手艺，陈桂华说，只要自己曾经创造过辉煌，也就没有遗憾了。

2010 年陈桂华全家的收入大约共有 152000 元。收入来源主要是本乡镇就业工资，养殖业以及酿酒所得。

儿子陈志从昆明医学院毕业之后，在县的肝胆医院工作，一个月有 3000 的工资收入。

妻子杨六妹从县农机公司退休后，每个月有 1500 元的退休工资。

陈桂华本人一个月可以领取 1500 元的养老保险，这是因为他前几年交了 5 万元的社会保险，所以在近几年里，每个月可以领取一些。

去年妻子杨六妹还养了 50 头猪，借助自己家酿酒生产的酒糟来提供饲料，因为价钱卖得不是特别高，共计收入有 6 万元。

去年他们家的酿酒收入是 20000 元，由于买了新的过滤器，给他们家酒厂的生意增色了不少。

2010 年，他们家的总支出是 100000 元。主要分为以下几个部分：

一是生产性的支出，共花出 60000 元；首先是买猪仔花了有 30000 元的本钱，然后是买青稞、小麦，还有过滤器花了将近 30000 元。

二是买衣服的钱，共花掉 4000 元。这些钱主要是儿子、孙子买衣服所花掉的。

三是买食物的支出，一共花掉了 18000 元，他们家的生活水准较高，因为家中男人较多，加上孙子现在正是长身体的时候，所以对肉类食品的消费需求大，这也是导致他们家生活费用偏高的原因。

四是娱乐性的支出，共花掉 3000 元，陈桂华是社区“兄弟会”的成员之一，每年兄弟会的都会组织成员出去旅游，热爱旅游的陈桂华当然不会错过了。

五是通讯支出，只要是家里的两部手机和一个座机，一年大概要花掉 2000 元。

六是红白喜事的花销，陈桂华在社区里有很多的亲戚朋友，谁家有个大小事的，他们都要送 200 元到 1500 元不等的人情钱。2010 年一年大概花掉了 10000 元。

七是水电费之类的花费，一年大概要花掉 5000 元。

扣除所有开支，陈桂华一家 2010 年赢利 52000 元。

对 2010 年一年的生活，他们表示很满意，虽然儿子的婚姻不是很顺畅，但是两位老人看得很开，他们说年轻人现在的观点跟他们那个时代是大不一样了，所以他们自己的事情就自己操心，他们帮着照顾好孙子，就行了。

对自己家的房子，陈桂华说也不想翻修了，虽然与别人的相比，他们家的房子显得有些破旧，但是屋内的门窗、桌椅、神龛等都是自己亲手打造的，还有他父亲打制的一些家具，都是很有纪念意义的，舍不得丢弃，也不愿意丢弃。

离开陈桂华大叔家时，夜幕已经降临了。看着他家周围那一栋栋的小洋房，想着他曾经的辉煌和现在安逸的生活，心中的感受难于用文字表述；人生或许就应该这样：保证内心的平静与幸福感，坚守自己的价值观，不受外界纷纷扰扰的影响，顺应发展，不要强求，经得起大起大落，过得了平淡如水的生活，也许这就是人类发展的永恒模式。

愿陈大叔的一家幸福快乐，万事如意。

十二、贫困户

（一）贫困户——雪花家

雪花，女，藏族，40岁，小学文化程度。

选择雪花作为贫困家庭的代表是大家的一致意愿。在我们刚到建塘，与村委会确定农户访谈样本的时候，村里的村官认为应当采访雪花的家庭，这引起了我们的注意。白天在村里做访谈时，每次经过他们家门前，总是看到铁将军把门。因此，在村官的积极联系下，经过事先预约，我们在香格里拉夏天的夜晚，伴着点点星光走进了这个家庭。我们到达她家时，她们做活回来刚吃完晚饭，还没来得及洗漱。接下来四十多分钟的交谈，我们从她口中揭开了这个家庭的辛酸与不幸。

雪花是一个被岁月打磨得没有棱角的藏族中年妇女，长期的艰苦生活，使才四十岁的雪花看起来比实际年龄老许多，脸上满是疲惫和倦态。生活的重压似乎磨尽了她所有的精力，使她丧失了中年妇女原本应有的风韵。在整个采访过程中，雪花始终用一种无助的眼神看着我们，对生活的苦痛也没有太多的语言，甚至在我们聊到一些比较敏感的话题时，她也不愿意表达自己的真实看法，这也让我们的采访变得异常艰难。值得庆幸的是，我们还是从她的只字片语中看到了这个家庭的基本轮廓。

雪花家中共有7口人。雪花有过一次失败的婚姻，现在的大家庭是与现任丈夫结合而成。丈夫是四川人，由于长期在香格里拉做工，后经人介绍结婚，重新组成了一个新家庭。别看雪花阿姨的年纪不大，但却已经有两个孙子。由于年轻时，家境困难，劳动力缺乏，她结婚得比同龄人要早。因此，雪花阿姨年纪轻轻就已经拥有了一个三代同堂的大家庭。夫妇俩一生共育有两女一男三个孩子，大女儿是与前夫所生，儿子和小女儿则是她和现任丈夫结婚之后所生。儿子目前正上初中，小女儿由于家境困难辍学，初中毕业之后在外打工。几年前，大女儿结婚时找了个上门女婿，小两口一开始感情还不错，前两年两人的之间的感情出现了问题，而且多方调解没有任何作用，于是协议离婚结束了他们之间的感情。小两口育有一男一女两个孩子，都还没到上学的年龄，小孙子离婚时原本判给了男方，但是由于年纪较小一直跟着他们一家人生活。本来想，女儿结婚成家，有了自己的小家庭可以逐渐减轻他们的负担，谁知道现在的家庭负担比起以前更重，除了女儿之外，还有嗷嗷待哺的两个小孙子需要他们的抚养。7个人的大家庭只有3个人的劳动力，主要是夫妇俩和大女儿。大女儿由于要带两个孩子，也做不了什么活计，主要在家做做家务，带带孩子，小女儿自己出去打工，但工资也就够她一个人的花销，补贴不了家用。

雪花一家以前主要从事传统的农业生产。在以经营传统农业为主的农耕社会，土地的重要性是不言而喻的。对于从事传统农业生产的农户，土地就是他们最主要的生产资料，被人们视为生命的一部分。雪花嫁到建塘时，家里主要以种植青稞、小麦等农作物为家庭的主要产业，那时候家里的土地也比较多，每年的收成足够家人的开销。那时，虽然生活也艰苦，但是她的日子过得很幸福。由于她不是建塘人，后来与前夫离婚之后，分得了几分土地和现在居住的房子，土地几年前被国家征用，获得了一些补贴，但也没能缓解家庭的经济困难。因此，雪花一家的粮食生产不能自给自足，每年用于购买粮食的开销都很大。拮据的生活让这个家庭的积累能力偏低，对行业的投资严重不足，这种状况进一步遏制了家庭的发展，陷入低水平恶性循环。

雪花家的生活水平十分拮据。(1) 从家庭住房条件来看，雪花现有传统的三间居室一栋，分上下两层，整体为早期的土木砖瓦混合结构。一层中间为堂屋主要用于待客和祭祀，两头为厢房和厨房。二层为卧室和储藏室。房子已经有些年头，显得非常陈旧，没有院子，只有大门进来的一条窄过道。与我们之前采访过的农户所拥有的家庭居住条件和环境来看，雪花家的居住条件是十分紧张和恶劣的。与门外平整的水泥路面和周边鳞次栉比的新式楼房和传统的新建藏房相比，雪花家的住宅显得有点扎眼。（2）从家庭的主要财产来看，雪花一家的家庭电器和耐用消费品主要是女儿结婚时配备的一些家用电器，除了生活必需品如电饭煲和电磁炉各一个之外，还有电视机2台，其中一台是政府救助补贴发放的，另一台是女儿结婚时购买的；此外电冰箱、洗衣机、电动车、组合音响各一台，这些都是女儿结婚时购买的嫁妆。以前，他们家做饭都是用柴火，所以电饭煲和电磁炉等家用电器也没有配备，后来由于林改政策的实施，政府禁止砍伐，他们家才改用这些电器设备做饭。（3）是从家庭的收入结构来看，该家庭的主要收入来源有两个方面，一方面来自本乡镇就业工资，另一方面则是政府补贴和社会救助。以2010年为例，家庭全年总收入为22160元。其中，本乡镇就业工资总收入为2000元，主要来自夫妻俩夏天的时候在镇上做些建筑方面的临时工的收入；政府救助款为2160元，主要来自城镇户口低保生活补贴每人每月60元。由于丈夫和两个孩子都是城镇户口，他们每一个人可以享受国家提供的低保生活补助，每人每月60元，一年算下来总共为2160元。除了这两项收入之外，她家再没有任何经济收入来源。（4）从家庭的支出情况看，由于家庭贫困，该家庭的支出结构相对较为简单。主要为生产性支出、日常消费支出、人情往来支出、医疗费用和教育费用的支出等，总计约为20000元。其中，生产性支出约为500元/年，主要用于购买一些建筑行业的工具。日常消费支出总计约为11000元/年，分别为食品消费支出为10000元，主要用来够买各种生活必需品，比如水电、柴薪（用来取暖）、香油、面粉、肉菜等；衣服支出为1000元。人情往来支出总计约为5000元，标准视关系的亲疏从50~100元不等，血缘关系较近的亲属可能会达到200~300元。医疗支出占家庭总支出的比重较低，仅为500元，由于参加了新型农村合作医疗制度，其中很大一部分已经报销，所以这部分的费用支出相对较少。教育费用的支出为每年1500元，主要是儿子上学的费用，儿子现在正处于九年义务教育阶段，享受“两免一补”政策，学费和书费等都不用交纳，但是平时还是需要支出一些必要的学习费用，这一项在家庭总支出中所占的比例也较少。除此之外，还有交通和通讯方面的支出，雪花家中共有2部手机，每月按30～40元的标准来计算，一年2部手机的通信费用大约为800元，交通费用差不多为500元。因此，一年下来，雪花家并没有多少盈余可以投资到其他的行业，生活负担的日益加重，让这个本就困苦不堪的家庭捉襟见肘，难以维系。

从家庭收支水平来看，扣除政府救助资金，该家庭是可以算是一个中等收入的家庭。但是从该家庭的实际生活水平来看，该家庭却是一个贫困家庭。其原因有以下几个方面：一是当地的生活水平较高，虽然总收入不少，但是脱离了自给自足的农业生产模式，导致生活费用也在上涨，因此可供家庭全体成员支配的资金却寥寥无几。二是土地的丧失。一开始由于家庭人多地少，粮食生产长期不能自给自足，农业收入过低与传统农业家庭身份不相称，之后随着城市化进程的加快，土地也被征用，更是丧失了最基本的生活保障。三是打工收入较低，在调研中我们发现，在建塘没有固定的营生方式或者是没有参与到旅游业的家庭，如果打工收入不能成为维持家庭日常消费开支和家庭增收的主要来源，那么这种家庭的经济发展就处于比较劣势的状态。

雪花一家渴望明天的生活更美好。随着云南省大力开发香格里拉的旅游，建塘的乡村旅游经济也红火起来。村里的人通过开办家庭客栈、出售特色饮食，以及开办民族饰品商店等先后富裕起来。雪花一家也感受到了这可喜的变化，也希望能参与到建塘的乡村旅游中去，大显一番身手。但是对于自家的经济发展，她认为目前还面临着很多困难，主要表现为：一是劳动力不足。她说："如果要走旅游的线路，无论是搞家庭客栈，还是经营烧烤摊点，都需要几个帮手。我们家就三个劳动力，若三个人都投入到这一项事业中，但没有能够赚到钱的话，家庭的开支就没办法解决。"二是没有资金。发展乡村旅游业需要大笔的前期投资，他们家目前只能刚好解决温饱问题，根本没有多余的钱来投资其他副业。她说："我女儿本来想自己开个服装店或者是小吃店，这些行业都需要前期的大量投入，但是我们家里现在无法拿出那么一大笔资金来从事这些事情。我们也想到了贷款这一条路，但是贷款也没有那么容易，不仅需要有人脉和有人为你担保，还得要肩负高额的利息。我们家以前没怎么做过生意，一直是本本分分的庄稼人，不知道是否能把生意做好，因此，到目前为止这些事情一件也没有办成。"三是没有合适的行业。现在的建塘的旅游业已经初具规模，基本形成了以农家客栈、家庭旅社、烧烤、服饰、手工业等为支柱的产业结构。但对于雪花来说，这些都不是他们所能做的，也不是她有能力做的。四是文化程度低。由于家里的经济困难，不仅他们老两口的知识文化水平低，她们的两个女儿都没有接受高等教育的机会，因此他们家人在做起事情来没有自信，畏首畏尾，总是不断的错失良机。视野的狭窄，使他们在考虑事情的时候只顾眼前的短期利益，而对长远全局的利益却缺乏深刻的考虑。雪花说："我和丈夫目前主要从事建筑业，随着这两年我们这边旅游业的大力开发，建筑行业也比以前紧俏。不过由于气候的原因，这个行业也有淡季和旺季，夏天气候比较暖和舒服活计比较多，冬天气候寒冷恶劣就基本没有什么活计。我们俩现在也正在准备组建属于自己的工程队，开始进行一些投资，目前已经购买了搅拌机、模板等工具，趁我们俩还年轻先慢慢积累一些资金，为孩子们发展事业做好前期的工作，以便他们的事业能尽快发展起来。"在访谈中，雪花讲了不下几十次的感谢政府，感谢国家的话语。这也许是我们听到的最简短的致谢词，却是我们听到的最朴实真诚的感谢语。但是，这简单的话语却真实的拨动了我们每一个人的心弦，也给我们带来了一种普通却不平凡的感动。确实，这几年国家的惠农政策如新型农村合作医疗制度、新农村建设、养老保险等政策都给他们的生活带来了很大的改变。

对于未来的生活，雪花阿姨希望家人和睦相处，身体健康。而对于家庭未来的发展，希望目前还是小打小闹的建筑业，在建塘旅游得到大力开发之后，能成为自家的主产业，成为一个指引他们家摆脱目前的贫困处境和带领他们走向富裕道路的风向标。我们在此也感谢雪花一家人在采访中给予我们的支持与帮助，也衷心希望雪花阿姨家的生活"芝麻开花节节高"！

（二）贫困户——吴凤英家

吴凤英，女，69 岁，藏族，文盲。

家中共有 4 口人。分别是她本人、儿子、儿媳、孙女。全家都是藏族。她本人养有 4 个儿子，现在与小儿子一起居住。

小儿子带着媳妇、女儿在迪庆藏族自治州驻昆的餐厅——玛吉阿米餐厅做文艺演出，一年四季很少回家，平时家中就只有老人一人。现在老人在家经营着一个小卖部，以此来维持生活。

在去吴凤英老人家的前一天，我们一行人在迪庆红军长征博物馆里参观，在博物馆的墙上，我们看到贴有一位藏族老人和一个外国女孩的照片，照片的标题是“中外友谊长存”，直觉告诉我，这位老人肯定是一个有故事的人。当时我们就问随行的向导，这位老奶奶是谁？能不能采访？第二天，向导杨德芳就带我们来到了吴凤英老人的家。

她的家位于一条小偏街里，在临街的一面墙上，开有一个小窗户，是老人经营的小卖部的窗口。进入她家的院子，院子很小，堆放的有些杂乱，但还是种有花草，房屋是砖瓦房与老式藏房的合体。一层是砖瓦结构的，二层是木制的藏房，整个一层就三小间，2 间卧室，1 间堆放杂物的小过厅。二层是儿子与媳妇的卧室，在这 2 层建筑外，还有 1 间小平房，平房是一家人的火屋，摆放着神龛、火炉以及电视，小卖部就设在这间火屋的一头。

吴凤英老人的身体很健康，胖胖的脸庞，洁白的牙齿，红润的双颊，写满了慈祥与快乐。虽然普通话讲的不是很好，但是老人总是竭力一遍又一遍的纠正自己的语言，好让我们听得更懂。

老人命很苦，年轻时她的丈夫就因为高血压去世了。当时老人的丈夫在中甸县当兵，后来分到信用社工作，由于丈夫在县里做事，他的户口和所生的 3 个儿子的户口都成了城市户口，只有老人一人是农村户口。丈夫去世时，他们最大的孩子还只有 10 岁，由于家中农村户口少，他们只分到了 3 亩地，地少人多，劳动力又少，再加上土地的粮食产量低，一家人是吃了上顿没下顿，挨饿受冻是家常便饭。或许读者在这里要提问了，前文不是说老人养有 4 个儿子吗，怎么到现在又只有 3 个了呢，另外一个儿子去哪儿呢？在这里，我要讲老人的一个善举的故事。

当时，老人的丈夫去世了，家中已经很穷困潦倒了，可不幸的是，他们的邻居两口子也因意外去世了，留下一个没爹没娘的儿子在世。吴凤英老人见他可怜，就将他收养过来了，并给他取了个名字叫吴文森，这让原本贫寒的家，更是雪上加霜了。我们问老人，自己那么困难，还要多一张嘴吃饭，日子怎么过得去？老人回答我们说：“没办法啊，他是我们邻居的孩子，那个时候大家的日子都不好过，我不管他，谁又来管他呢？一个没爹没娘的孩子，孤苦伶仃的，我的孩子虽然没爹了，但至少还有我关心他们。孩子太小了，没人管怎么活的下来呢？”就这样，老人一直收养着这个男孩，直到他长大成人，结婚生子。如今，老人收养的这个儿子已经 45 岁了，他的女儿也有 20 岁了，虽然他现在的经济条件也不是很好，但是对老人却是十分的孝顺，平时嘘寒问暖，还经常给老人买食物、生活用品等。老人说："现在文森家也不好过，我也不求他回报我什么，只要他日子过得好我就满足了。"

前几年，政府将他们家的土地征收了，家里没地了，几个儿子都出去打工去了。相对于别人家几十亩地，她家的3亩地是非常的少，拿到的田地补贴也不多。失去了田地的吴凤英老人，只好开了一个小卖部，一是赚点微薄的利润来补贴家用，二是好打发下时光。小卖部里也就买些小东西，比如火柴，便宜的烟等，老人说，因为没有本钱，开不起大的商店。

现在，老人的大儿子买了一辆客车，专跑丽江与香格里拉之间的客运，大儿媳妇开了一家客栈，两个人生有一个孩子，日子还过得很红火。当年老人的丈夫去世后，大儿子就接了父亲的班去信用社工作，但是由于读书不多，无法胜任工作，只好回家帮助母亲做活。后来自己积攒了些钱，买了辆手扶拖拉机开着，挣钱养活三个弟弟。现在，在大哥的帮扶下，几个弟弟都成家立业了，他们都特别的感谢大哥对他们的养育之恩，虽然很小就没有了父亲，但是大哥却如父亲般的照顾他们，也为母亲分忧解困，让他们几个小的没受什么苦。

二儿子朱庆华在2000年前，一直在电焊厂做电焊工，后来由于工厂倒闭，只好出门打工。现在，朱庆华在德钦打工来养家糊口。二儿媳妇王秀萍现在在县城的新华书店打工。他们两个生有一个女儿。虽然经济条件不是很好，但是也过得很幸福。

小儿子朱卫华当年初中毕业之后，考到了当地的印刷厂去工作，后来由于印刷厂倒闭了，就只好回家了。回家之后，朱卫华就专门学习了架子鼓、唱歌等文艺知识。现在，他在迪庆驻昆办事处的餐厅—玛吉阿米餐厅里做文艺演员。很巧的是，在我们来建塘村之前，就去了昆明玛吉阿米餐厅，而且也看到了他的表演，当老人拿出他儿子的照片时，我们一眼就认出了朱卫华。朱卫华在玛吉阿米餐厅已经唱了10年的歌了，在昆明，他认识了妻子李婷婷，因为两人都在昆明工作，所以就在昆明租了房子，每年就只有过年的时候才能回一趟家。我们去他们家采访时，老人说小儿子昨天刚离开家回昆明了，原来他这次回家，主要是协助一位大明星来香格里拉为其新出版的专辑采景来了。小儿媳妇李婷婷现在在一家药材公司做出纳。他们两个生有一个女儿。

由于小儿子一家不在家，老人就搬过来住在了小儿子家，可以为他们照顾房子。

当我们问到在红军长征博物馆的照片是怎么回事时，老人告诉我们她与一个美国女孩的故事。

2008 年冬天，快要过春节了，老人就到松赞林寺去拜佛。在回来的路上，她碰到了一个外国女孩子坐在路边，就上去和她聊了几句。没想到，这外国女孩子就一直跟着老人走，老人问她要干吗？她用普通话说想要跟老人回家。老人见她很可怜，于是大发善心，将她带回家。本想她住一晚上就会回寺庙里去，但是外国女孩说她不想回去，因为她在寺庙的宿舍下面养的是猪与牛，她害怕，晚上睡不着觉。吴凤英老人觉得她可怜，一个人在国外生活也很不容易的，就将她收留了，于是外国女孩就与老人同吃住。原来这个女孩来自美国，刚满 21 岁，之前在哈尔滨学习汉语，这次来香格里拉是想来学习藏文的。老人给她取了个名字叫德旺卓玛，并在平时教她说藏语，学跳藏族的锅庄舞，德旺卓玛也亲切地称呼老人为妈妈。

有时，老人带着德旺卓玛去邻居家串门，德旺卓玛不懂当地的习俗，老是说些不该说的话，问些不该问的问题，弄的场面很尴尬，邻居们很生气，就怪她没有教养好。老人觉得很丢颜面，回家之后就批评了德旺卓玛，说再要说些不能说的话就不收养她了，从此，德旺卓玛就乖乖地听老人的话了，出门也不乱讲话了。邻居们于是笑着问老人，收了美国女孩多少钱的学费和生活费啊？老人说她一分钱都没找德旺卓玛要，吃饭穿衣都是老人供养的。我们问老人哪来的这么多钱养她，因为自己也不富裕，老人说：“平时我吃什么，她就吃什么，不给她弄特殊的，她在这里一般穿藏衣，我就把我的衣服给她穿，她也很乐意穿。”

住了一年后，德旺卓玛要回美国了，她提出要将吴凤英老人带到美国去，带给她自己的爸爸妈妈看，要老人晚年跟她一起在美国生活，老人怕去国外了生活不习惯，就拒绝了。德旺卓玛于是就带着老人去哈尔滨旅游了一趟。

后来，德旺卓玛要带她的父母来香格里拉看望老人，但是由于一系列的原因，没有来到中国。现在，德旺卓玛的数码相机，衣服，鞋子什么的都还留在吴凤英老人家，她说她还会回来的，这是她在中国的家。

老人总是这么热心，不管自己有多大的困难，都是以帮助别人为先。这是左邻右舍对她的评价。

2010 年，他们家的经济收入总共有 48000 元，分别由以下几部分构成：

一是小儿子在驻昆办工作的工资，一个月是1600元，儿媳妇的工资是一个月2000元。

二是政府的补贴与救济，一个月有300元。

三是老人经营小卖部的收入，一个月大概赢利100元。

可以看到，老人家在整个社区里是属于贫困的家庭。老人认为致使她家贫困的主要原因是失去土地，文化水平低。因为没有土地，所有食物都要买，现在物价很高，政府当年给的补贴完全不能与现在的物价相抗衡，导致家中大部分的收入都要用来买吃的。由于家里穷，几个孩子都没受过高等教育，很多事情因为没有文化而不能做，只好凭体力吃饭。

2010年，吴凤英老人家的支出总共为41400元，主要用于以下几个方面：

一是食物支出，大概花了有25000元，她一个人在家花不了多少，关键是儿子媳妇都在外生活，什么都要买，而且还带着孩子。

二是衣服上的支出，因为儿子是做表演的，对穿的也有要求，即使这样，他们家去年一年在衣服上的花费是2000元。

三是教育费用，相对于别家，他们家花费的教育费用要高很多。因为孙女是在昆明读书，是借读，无法享受9年义务教育。一年的教育费用要花3000元。

四是娱乐，由于受经济条件的制约，他们家很少在娱乐上花钱，这方面的支出去年大概要了500元。

五是红白喜事的费用，去年大概花了有5000元。

六是交通费用，儿子媳妇每年回一趟家，一个往返要花掉500元。

七是通信费用，一般是儿子往家里给老人打电话，一年需要1000元。

八是住房费用，因为儿子媳妇在昆明做事，需要在外租房子住，他们现在租的房子一个月要200元，已经是最便宜的了。还有老人在家的要用的水电费，柴火费，需要2000元。

通过以上数据，可以看出，吴凤英老人家在2010年仅盈余6600元，这还是在全家人不生病的情况下才行。在建塘村，大多数农户凭靠当年卖地的钱都过上了富裕的日子，基本上每家每户都住的是洋楼，买有小汽车，然后在县里有个稳定的工作。但是吴凤英老人一家，却还在贫困线上挣扎。

我们临走时，要与老人合影，老人十分激动，到房里去整理了一番出来，她说，现在的生活很幸福的，虽然没有太多钱，但是生活很稳定，儿子媳妇都孝顺她，家人健康，这就是最大的财富。老人的一番话，说的在场的每位都赞叹不已，在现代物质社会，有多少人成了金钱的奴隶，又有谁能有老人这样的高度，看开钱财，幸福地生活着。愿好人一生平安！

（三）贫困户——尼布家

尼布，男，48 岁，初中文化程度，是建塘村一组的村民。

家中现有 5 口人，分别是尼布和妻子七林卓玛，大儿子孙诺勒杰，二儿子格桑西罗，小女儿卓玛拉初。

尼布家现在有 4 个人在工作，一个人在读书。大儿子今年 24 岁，在香格里拉县土地局的下属公司上班，小女儿今年 20 岁，在香格里拉县的人民医院做护士，尼布在家做藏刀，妻子在家养猪、酿酒。二儿子格桑西罗今年 21 岁，在昆明冶金工校念书。

尼布是个很热情好客的藏族大叔，隔着远远的，就看见尼布大叔已经在门前等候了，看着我们过来了，他立马就满脸笑容得出来迎接我们一行人，并热情地拉着我们去看他们家新建的藏房。

尼布的新房子是一座新型的藏式民房，上下两层结构，每层各有四大间，他的房子还没有装修完毕，现在还处在修建阶段；整栋房子是砖木混合材料，木质的部分涂上桐油，亮晶晶的，砖墙上刷上白白的石灰粉，白净白净的，朱红色的大门，再在门梁上雕刻成凹凸有致的图案，绘上五颜六色的色彩，整个房子看上去色彩鲜明，大气宏博，十分的抢眼。

我们不禁由衷地赞叹道："尼布大叔，您家的房子盖得可真漂亮！"尼布开心的介绍说，他家的房子是去年才开始翻修的，到目前为止共花了好几万元。买圆木，请雕匠，买石料……，本来是想一口气将房子修好的，可是谁知天有不测风雨，人有旦夕祸福，去年他们一家有 2 个人突然生病了，就只好将钱拿去看病了，所以到目前为止房子才修到一半。

"大叔，我们一路来就发现了一个问题，香格里拉县的民房修建的真的可以堪称中国最美的民居了，每家每户的房子都盖得特别大，特别的豪华；这么漂亮、宽大的房子，在大城市就要叫'别墅'了，一般的人是住不起的啊，你们这里的人是不是特别有钱啊？"尼布大叔哈哈大笑道："不是我们有钱，是我们这里的藏民特别的重视房子，我们的藏房修建工程是一个很大的工程，不是像大城市里盖楼房，几个月就可以盖好一座楼房的，我们的藏房的修建有很多地方时很讲究的，要花很大的工夫，有很多的藏民一辈子努力劳作，唯一的奋斗目标就是要修一座很好的藏房，他们愿意花光所有的积蓄，甚至是几代人的积蓄来盖一座新房，你也看到了，我们社区很多人家的房子都很大、很漂亮，很多都是近几年才修起来的，现在香格里拉县的旅游业很发达，外地人多了，为我们普通的农户也带来了不少的收入，我们修建好漂亮的藏房，也是为我们的旅游业做贡献啊！”

尼布和妻子七里卓玛带着我们走向他们家的后院，尼布大叔指着后院的那几间房子说，那就是他们一家人现在居住的地方，也是以前的老房子，大约只有八十多平方米。后院的中间有一块大约五十几平方米的小土地，他们在小土地上修建了一条十字架形的水泥路，将它分隔成四块土地，一块土地种的是许多的花花草草，一块土地上是二儿子专门的健身用地，上面支着沙袋，剩下的两块土地就是卓玛大婶种的些蔬菜。

在后院和新房之间，还有一排小屋，尼布大叔介绍说，这排小屋是专门用来出租的，现在香格里拉县有很多人前来打工，所以他们家的房子很多人都来租。现在他们有20间出租房，每间房子150元一个月。

“在后院的最后面”，尼布大叔向我们介绍道：“是养猪的地方，今年我们一共养了10头猪，妻子卓玛比较辛苦，为了养这些猪总是要起早贪黑的。”

尼布大叔招呼我们到他们的客厅里坐下，这时，卓玛大婶已经将洗好的水果摆放在桌子上了，她还专门切了一大盘刚酿好的奶酪给我们吃，细心的卓玛大婶怕我们吃不惯酸酸的奶酪，还端出白糖让我们蘸着糖吃。

吃着酸酸甜甜的奶酪，我们开始采访尼布大叔。尼布大叔对我们说，前些年，他们家的经济条件非常的好，因为自己身体好，不仅见多识广，还特别的能干，肯吃苦，朋友又多，人缘好；他做过很多生意，还在县里开了家藏刀店，家中不仅有大房子住，他还买了辆越野小汽车，经常带着孩子妻子出去兜风、游玩，日子过得是相当的潇洒；挣了钱的他，还带着妻子卓玛去香港、澳门玩过很多次，北京、上海这样的大城市他们也都去过了。年轻的他没有什么积蓄意识，花钱也很大方，因为总想着没有了钱可以再去挣，所以也没想着要为以后攒钱。没想到几年前，尼布大叔突然感觉身体很不舒服，经常呼吸不畅，原本以为是自己只是有点缺氧，去医院一检查，才发现自己不仅有高血压，还有心肌梗死。生了病的尼布大叔，再也不能像以前那样拼命地干活了，只能在家休养身体。好在那个时候，儿女们都快长大成人了，尼布身上的担子没有以前那么大了。

看着儿女们一天天地长大，家里的房子不仅不够住了，而且老式的藏房已经跟不上时代的发展了，看着周围邻居们一个个都修建了漂亮的藏房，想着两个儿子都大了，也快要到了成家立业的年龄了，尼布和妻子商量着，想要趁自己现在还能发挥些作用，将家里的旧房子翻修，为了修房，尼布几乎拿出了家里所有的积蓄。

2010 年，他们家的总收入是 85200 元，主要包括以下几个方面。

一是从事养殖业的收入所得，去年妻子卓玛在家养了 6 头猪，每头以 1600 元的价格出售，共计收入 9600 元。卓玛七林大婶告诉我们，她现在在家的主要任务有两个，一是养猪，二是要照顾尼布大叔，同时给一家人做饭，收拾屋子。现在的生活虽然不能跟以前比了，但是儿女们都懂事了，有了自己的工作，不需要他们操太多的心，自己还能赚点小钱来过生活，只要家里人都健康，她就很满意了。

二是本乡就业工资所得。一年共计有 45600 元。大儿子孙诺勒杰每个月有 2000 元的工资收入。虽然去尼布大叔家时，他正在公司上班，不在家，但是他还是叫来了好几个他的朋友，让他们给我们充当翻译。尼布大叔说，大儿子为人善良正直，虽然他现在赚的钱不是很多，但是还年轻，还有发展的空间，只要身体好，什么都不成问题。小女儿卓玛拉初每个月有 1800 元的工资收入，她告诉我们，因为爸爸病了，所以她就改行学习护理专业，这样就可以照顾到爸爸了，而且回到家工作，离家近，可以帮妈妈分担些家务。以前卓玛在丽江的一所广播现实学校学习新闻，后来得知父亲病得很严重，就在学校又报了一个护理的学习班，这个班每 2 年集中上一次课，每次上一个月的课。因为自己不是科班出身的，所以她现在在县医院还是处于学习阶段，“如果我真正的掌握了护理的本领，拿到了证书，我的工资待遇就会有所提高的。”卓玛告诉我们。

三是出租房屋所得的收入，大概有 30000 元的收入。现在，他们家共有 20 间出租的房。有时候生意好时，能全部都租出去，有时候生意不好，就要剩几间租不出去了。“现在，社区里有很多人家都有房子出租，竞争也很激烈。”尼布大叔告诉我们，由于外来打工的人很多，开店铺的，做小生意的，开出租车的……所以才后有现在的市场。

相比于社区其他人家的收入，他们家2010年的收入不算很多，尼布大叔说："现在大家都很有钱，也没必要攀比，只要我的身体能够维持现状，二儿子从学校毕业后，我们以后家里的前景还是很光明的。不愧是见过世面的尼布大叔，从来都对生活充满着希望，从来不被眼前的困难所打倒。

2010年，他们家的支出共有147000元。主要包括以下几个方面：

一是生产性的支出，共花掉2000元，主要是花在买猪仔，猪饲料上了。

二是衣服上的支出，去年共花了有3000元，家中有3个年轻人，他们这个年龄正是讲究穿的时候，所以孩子们喜欢买些衣服。

三是食品的支出，去年共花掉10000元。因为尼布大叔有病在身，吃不得大鱼大肉，所以他们家的生活费用花的相对来说较少。

四是看病支出，2010年共花了有30000元。因为尼布大叔常年要吃药，一年至少要花掉10000元的药费。可是去年二儿子格桑西罗在学校时，有一天晚上，他从外面回学校时，被一群喝醉酒的人打成了颅内出血，由于当时是天黑，周围人又不多，没有办法找到那些打人的青年，再加上这件事不是在学校发生的，校方也不给赔偿，急于给儿子疗伤的尼布大叔只好将盖房子的钱拿出来给儿子看病，去年，给格桑西罗看病共花掉了20000元。

五是教育费用的支出，2010年共花掉26000元。主要是格桑西罗每个学期要交5000元的学费，还加上生活费，每年需要20000元。女儿卓玛拉初去学习护理，学费和生活费加起来要6000元。

六是红白喜事上的支出，花费了10000元。因为近几年盖新房的人很多，所以每次谁家的新房盖好了，村里的人都要去给喜钱。去年，尼布大叔的一个叔叔过80岁大寿，他们家送了3000元的人情钱。

七是交通费用，共花掉6000元。主要是二儿子去昆明上学的费用，2010年他住院时，他们一家去昆明去看他所花费的路费。

八是住房费用，共花掉60000元。因为2010年翻修房子花了不少钱，还加上水电费，煤气费等费用。

2010年一年，家里突发事件很多，入不敷出，不过幸亏还有前几年卖地的一些积蓄，帮他们渡过了难关。

就像尼布大叔所说的，阴雨天总会过去的，希望就在前方，他们的生活也会越来越好的。我们也深深的感谢尼布大叔和卓玛大婶的热情，也祝福他们生活越来越顺利。

（四）贫困户——王光月家

王光月，女，28岁，建塘镇建塘村3组村民。

家中共有5口人，分别是公公，婆婆孙诺初姆，丈夫格桑彭措，女儿格桑曲珍，以及她本人，全家除她外，都是藏族。公公今年60岁，因病在家，婆婆今年56岁，在家主要做做家务，并管理三亩田地；丈夫格桑彭措今年岁，在古城的甸腊卡风味餐厅里当员工；女儿格桑曲珍今年3岁，在镇上一家幼儿园里上学。

王光月的老家在丽江，几年前，她陪朋友到香格里拉游玩时，认识了现在的丈夫格桑彭措，两个人恋爱一年后，王光月便嫁到了香格里拉。现在，王光月在独克宗古城的四方街租了一个小摊位，卖一些首饰、挂坠等装饰品给前来观光旅游的游客。

我们采访王光月时，她正在四方街的摊位上摆放她的商品，早上7点她就来到了这里，因为商品很多也很杂乱，所以她每天要花一个小时的时间来摆放这些商品，因为要专心摆放商品，没有时间来接受我们的采访，所以她建议我们先去她家参观一下。

王光月的家位于在古城的一条巷子里，她家的房屋是2层土木结构的藏房，房子的外观看上去有些旧，但是走进院子里，就发现她家的小院落虽然不大，但也收拾的整整齐齐，里面种了些花草，堆了些木材，院子里还设有厨房和卫生间，厨房里用的是液化气，卫生间里放有一台洗衣机，还装有沐浴设施；除了外墙是砂石料做的，整栋房屋的内墙全部是木制的。一层设有客厅，还有一间杂物间，客厅的正面是神龛，神龛前面摆放着一个大火炉，在火炉四周摆放的是长条的木制沙发椅。楼梯就设在厅内，在楼梯下，摆放着一个电冰箱；爬上楼梯，二楼有4间房屋，是他们全家人的卧室。木制的地板和墙，刷上了黄澄澄的桐油后，泛着柔和的光，使得整个房间显得很亮堂，虽然整个房屋的空间不是很大，但是经过他们的收拾之后，显得并不是很拥挤。

王光月在四方街已经摆了2年的小摊了，这个摊位每个月的租金是150元。在王光月摆好的摊位上，我们发现有手镯、项链、耳环、戒指、发卡等一些装饰品，王光月告诉我们，她的这些饰品的价格有5元、10元、15元不等，生意好时，小摊一个月可以盈利 2000 多元。现在，周围的摊位逐年增多，竞争也更加激烈了，但好在游客也越来越多，虽然竞争激烈了些，但是对收入的影响并不大。现在是旅游的旺季，一天可以卖一百多元，所以为了多赚些钱，她要早早地起来摆好摊子。现在，她的这个小摊位是全家收入来源的一个很重要的部分，所以她必须维护好生意。

除了在这里摆摊外，王光月还有一份工作，就是在四方街的环卫站当清洁工人，因为环卫站实行的是轮班制度，所以她可以隔一天来摆一次摊；这份工作是政府相关部门为照顾家庭经济困难的人而给安排的，去年，她家的经济收入不好，家中又有人患重大疾病，所以今年年初相关部门给她安排了这样一份工作。她主要负责四方街这一块的清洁卫生工作，四方街是独克宗古城的代表性的街道，每天有很多的游客来参观游览，街上也有很多做生意的小商小贩，有像她一样卖饰品的，也有卖小吃的；该她值班的时候，她每天 5 点钟就要起来，要在所有的摊贩摆摊之前将清洁卫生打扫好。值班的当天她也无法摆摊，因为要随时拿着扫帚四处转悠，哪里有垃圾，就要立刻清扫，在四方街当环卫工人，一个月的工资是 1400 元。所以在她值班的当天，她的摊位就由婆婆来照看。因为冬天的时候，香格里拉的气候非常的恶劣，游客也很少，她没法在这里摆摊，因而，只能争取在旺季这半年的时间，多赚些钱。

她的丈夫格桑彭措现在在古城的甸腊卡风味餐厅担任经理。甸腊卡风味餐厅是古城里最具特色的一家餐厅之一，不仅是因为餐厅里推出了好几款特色菜，而且它是香格里拉古城里唯一一家没有菜谱的菜单。虽然没有菜谱，但是客人只要说点一桌价值多少钱的菜，厨师就能按店里的标准做出一桌子菜来，每道菜都很经典。靠着这些特色，甸腊卡餐厅在古城非常有名气，很多明星来香格里拉之后，都会点名来这里就餐。

格桑彭措以前是开长途汽车的，他做得很成功，后来因为一场出了车祸，他落下来经常性头痛的毛病，不能做重活，也不能经常性的思考。但是他能做的一手的好菜，所以，当他的表哥开了甸腊卡餐厅后，就让他过来当经理，专门管理这个饭店。格桑彭措也十分乐意来这里工作，这份工作压力不算大，正好适合他现在的身体状况。二是这也是他所擅长的，做起来也得心应手。现在，格桑彭措每个月有 2000 元的工资收入。他也经常参加省里的厨艺大赛，他做的牛肉青稞，还有奶渣丸子这两道菜，在厨艺大赛中获得了一等奖。

婆婆孙诺初姆现在在家主要是管理三亩多田地，做家务，接送孙女放学、上学，有时候来替媳妇照顾生意。去年，婆婆在地里种上了油菜、土豆，时令蔬菜等一些农产品，这些产品主要是用来自己消费，2010 年收获的油菜籽，可以满足一家人一年的食用油的需求，还有土豆、蔬菜等，减少了一家人在食物上的花费。现在，婆婆年龄也大了，而且视力也有些模糊，王光月很担心婆婆的健康问题，因为一家人四个劳动力里，就只有她和婆婆的身体稍微好一些，如果婆婆也倒下了，她的压力就更大了。

公公以前是一位铁匠，但是 2010 年，公公的健康状况变得很差，为了给公公治病，他们花掉了 6 万元的医疗费，这些医疗费用几乎花掉了他们两人的全部积蓄。现在，公公身体状况稳定下来了，但是仍然不能劳动，只能在家休息。

2010 年，王光月家的总共收入 43440 元，主要来源有以下几个部分：

一是本乡就业工资所得，丈夫格桑彭措一个月 2000 元。一年总的收入是 24000 元。

二是从事旅游业所得，2010 年，王光月摆摊的收入月平均有 1500 元，一年共有 18000 元。

三是政府补贴和救济，他们家是低保，每人每月有 30 元，一年加起来总共有 1440 元。

除此之外，他们再没有别的收入来源了。

2010 年，他们家的总支出为 83800 元，分为以下几个部分：

一是生产性的支出，去年花在买种子、化肥上的钱有 1000 元。婆婆的精耕细作，用肥料种子都很省，所以虽然有三亩多地，花费的成本并不多。

二是衣服上的支出，总共花了 500 元。去年除了给女儿买了些衣服外，他们四个大人没有添置新衣服。

三是食品的支出，一家人每个月的生活费大概需要 1000 元。主要是用来买肉、鸡蛋、大米、酥油茶，还有给女儿买些零食。因为家中有地，夏天时蔬菜不用买，而且丈夫工作的酒店管吃，所以他们家的在食品上的支出每年大概需要 12000 元。

四是教育支出，女儿现在在镇上的一个私人开的幼儿园上学，每年需要缴纳 2000 元的学费，再加上平时给她买一些文具用品，一年算下来要花掉

2500 元。

五是看病的费用，2010 年他们家共花费了有 60000 元，主要是公公住院、动手术所花掉的。这些钱一大部分是他们自己出的，还有些钱是找亲戚朋友借的，还有亲戚来看望公公时给的钱。

六是红白喜事上的花费，2010 年，家里在红白喜事上的花费大概有 2000 元。因为公公去年在医院住院了一段时间，后来又在家休养，很多红白喜事他们一家人都没有时间参加，所以送的人情钱比较少。

七是交通费用，他们陪同去年公公去昆明看病，来回的车费共花掉 2000 元。

八是通信费用，家中有两部手机，她和丈夫每个月的话费合起来有 100 元，一年要花掉 1200 元。

九是住房费用，水电费一个月平均要 50 元，一年要花掉 600 元。还有取暖用的木材费，2010 年他们花掉了有 2000 元。

2010 年，他们一家人没有任何娱乐费用。他们一家人去年几乎都没有闲暇时间，大家因为各种各样的事，都很忙碌。

2010 年，他们家的支出要远远大于收入，多亏家中还有些积蓄，日子才过得下去；2010 年很大一部分钱是用在看病了，除去看病的钱，他们一家人的花费真的很少。

王光月说，今年的收入要比 2010 年好多了，不仅是她的生意好了很多，每个月赚的钱多了些，而且在环卫站的这份工作，也增加了家中的经济收入。今年，家中没有大的花销，公公的病情稳定了，只需要在家好好调养就够了。婆婆的身体也还好，女儿也一天天长大了，丈夫管理的餐厅生意也很好，年底也许会有奖金，这些都是让她感到高兴的事。

对未来的生活，王光月依然充满了希望，虽然相比较与社区的其他人家，他们的日子过得清贫了些，但是一家人在一起，其乐融融的，虽然有困难，但是大家一起努力去克服，家庭和睦，女儿聪明伶俐，现在也知道心疼妈妈了，这些都让她觉得生活的特别快乐。“只要家人不生病，生活还是很好的。”王光月笑着说道。

2010 年一年，虽然他们一家经历了很多的困难，但是现在一切都过去了，他们的生活又步入了正规，而且越来越好了。

十三、工薪户

（一）工薪户——陈桂枝家

迪庆州生物分布的多样性和民族的多样性融为一体。北与西藏自治区昌都地区相连，东与四川省甘孜藏族自治州和凉山彝族自治州毗邻，南和西与云南省丽江市和怒江傈僳族自治州相接。因此，迪庆从最低点海拔1300米到最高海拔6700米的梅里雪山的主峰之间，形成立体形的气候分布，也形成了立体形的民族分布。这里居住着勤劳、淳朴、好客的藏、傈僳、纳西、白、彝、回、苗、怒、普米、汉等25个民族，各民族之间长期以来形成了相互依存、相互理解、共同发展、融和着亲情的民族关系。比如一股水，它从雪山往下走，山上的人就要尽可能地把水源管护好，除了自己用于生产、生活以外，还要保证几个水源的清洁度，使山下的其他几个民族还能饮用、灌溉，而山下民族生产的粮食通过交换，对山上的民族有所补充。

香格里拉不仅具备人间仙境般的自然风光，更具备世界任何地方都没有的多民族特色。长期以来，各民族还形成了独特的饮食文化、服饰文化、生态文化、建筑文化等各种类型的文化，因此，香格里拉的民族文化十分丰富多彩。藏、纳西、傈僳、白、彝、汉等民族各有语言、风俗而又相互交融。各民族都有各自不同的歌舞与生活表现形式，并被其他周边民族所熟知与模仿。在香格里拉，26个民族世代杂居，他们虽语言不同、信仰各异，但都相互通婚、相容共处，甚至在同一个家庭中也有不同的民族存在，有些家庭里就可以看到藏族的阿妈、纳西族的阿爸、白族的亲家这样一种多民族的婚姻家庭关系，这种亲情关系促进了民族之间的相互理解、相互包容。各民族共同繁荣发展、多种宗教和谐共存，保证了香格里拉藏区的和谐稳定。

在香格里拉，这样多民族的家庭非常普遍，有的家庭民族甚至多达四五种，但他们都互相包容、相亲相爱。陈桂枝的家庭是一个非常典型的多民族融和之家，她家共有5口人，共有三个民族，丈夫和儿子都是藏族，儿媳是普米族，陈桂枝是白族。她的丈夫以前是一名光荣的教师，现在已经退休在家；儿子继承了父亲的衣钵，在建塘红旗小学教书，儿媳妇在电台上班。平时孩子们都忙于上班，没有时间带孩子、做家务，因此陈桂枝现在的主要生活就是在家里做做家务，照顾小孙女，为孩子们解除后顾之忧，让他们安心工作。闲暇之余，才拿起自己的老本行，做些藏族服饰。陈桂枝的父亲是大理剑川人，都说剑川木匠甲天下，她的父亲是个木匠，年轻的时候就到了香格里拉做木头雕刻，之后认识了同样在香格里拉做糕点生意的陈桂枝的母亲，两个人一见钟情并结为夫妻，于是他们一家人就在香格里拉居住并生活了下来。陈桂枝在家中排行第五，当时家中人口众多，因此，只上到小学三年级就结束了自己的读书生涯。

说到各民族之间的通婚，她儿媳妇说道："家里面公公婆婆都很关心我们，我老公也疼我。我觉得藏族人很善良，白族人勤快，又孝顺老人。虽然我们刚开始习俗有点不一样，但还是能相互理解的。我们结婚的当天，婚礼伊始，我作为普米族新娘穿的却是藏族盛装。行过藏家的礼仪，拜过长辈接受亲朋的祝福之后，我们就可以换装了。这时候我便可以换上本民族的服装，穿上自己民族的服装让我更添了一份普米族姑娘特有的柔美。之后，我们要答谢前来祝福的亲朋好友。四年过去了，我们一家人过着和谐幸福的日子，家里还新添了一个可爱的宝宝。"香格里拉的宗教文化，以藏传佛教为主，多种宗教并存，其奇特之处不仅在于其多元性，更在于它的包容性和交融性。在香格里拉，你一天之中可以感受不同的宗教文化：去藏传佛教寺庙中点酥油灯，去清真寺中祈祷，到天主教堂听唱赞美诗，到龙王庙祈风求雨，还可以朝圣神山。当然，在这种兼容并包的多元化宗教的长期影响之下，当地人们的精神世界得到充分的洗礼与净化。

陈桂枝 55 岁，从事民族服装、服饰已有 40 年。15 岁那年，香格里拉的服装厂招工，她开始进工厂学习缝纫技术。在开始进工厂的四年间，她一直跟着师傅重复学习制作传统纽扣的技术，因为这是一个精细活，只要学会了这个最基本的技艺，就拥有了扎实的基本功。等学会了这个基本的技艺之后，师傅就只负责具体的裁剪，她们则要负责缝制。当时的藏服价格为 15 元，后面涨到 24 元。她在这个服装厂一直做到 1985 年，后来由于效益不好，厂里实行自主择业，她就属于半下岗状态，没有再继续到厂里上班。从那以后，她就在家里自己开了一个小作坊，主要为一些服装公司加工藏族服饰。这样不仅在下岗之后她还能有一份经济收入，而且缝制藏族服饰对她来说是一个强项，没有哪一项营生比这个更适合她了。虽然，她觉得制作民族服饰是一项比较有意思的事情，但是最近这几年以来，她做藏族服饰的时间与机会却越来越少了。究其原因，她认为一方面，藏族服饰的制作比起一般的服饰所需时间多，而且比较累，另一方面，价钱不是特别高，利润比较低。因此，很多年轻人不愿意学，她也没有专门的收徒弟。但是，有人来向她请教一些手艺的时候，她会感到很高兴而且不由自主的耐心细致的一步步教授直到他们完全学会。由于孩子们都有固定的工作，没有继承她的衣钵，以及她没有收徒弟，因此，她的这项手艺失传是迟早的一件事情了。

由于多年从事藏族服饰的制作，因此陈桂枝对于香格里拉当地的民族服饰十分了解。在我们的强烈要求下，她认真地给我们介绍起来。对于藏民而言，服饰不仅是一种需求，一种装饰，也是一种财富的延续和积累。服装的配饰随着生产力发展，其制作的原材料也呈现出多样化的特性。此外，香格里拉是西南“茶马古道”的要冲，是东部藏区重要的物资集散地和中转站。通过这条古老的商道，高原各民族间加快了经济文化的交流，同时藏族服饰与滇西北各民族间在服饰上又相互影响。因此，香格里拉藏族服饰，既保留着藏区服饰的共同风格，又体现着鲜明的地方特色，不难看出多民族服饰元素的组合。

她说：“藏族男子服饰，讲究层次重叠，衣料色泽醒目，内穿棉布或白茧绸缎镶锦缎齐腰短衬衫，外穿用布、毛呢、氆氇、绸缎等制作的‘楚巴’，下身穿白藏绸宽裆裤，腰带‘加差尕拉’（七彩大花带子，用红、蓝、绿、青、紫等七色条纹装饰毛料长带，长约 2 米，宽约 20 厘米）。头戴闪光的金边帽或高耸的狐狸帽；掺红丝线的发辫套着玉环、象牙箍和镶珠宝的银饰；‘楚巴’都镶有珍稀动物（水獭、豹子、老虎皮等）的皮毛；手戴象牙圆镯，肩挎雕有吉祥八瑞的银护身符（嘎乌），腰插雕龙银鞘宝刀。而藏族女子服饰，大概可分为大小中甸藏族女饰，东旺、浪都、尼汝藏族女饰和五境、尼西藏族女饰等。生活在气候寒冷高原坝区的大小中甸妇女一般都身着毛呢或各种面料的大襟长衣，外罩呢子或绸缎坎肩。妇女都戴白羊皮的‘纳果帽’，已婚妇女多以红绸布包头，有的戴金边帽。香格里拉藏族妇女发饰中，常缠入鲜红和翠绿、粉红和天蓝等对比色丝线、毛线，相互映衬。妇女围裙以一个色相为基调组成紫红、赭褐、青灰等色彩；有的是一组递增配置；为适应高原昼夜温差较大、阴晴无常的自然环境，衣服上外加披羊皮。妇女服饰缝制最讲究的是连衣裙的后摆，需将其缝制成 10 层或 18 层皱褶。服饰特色是鲜艳华丽，从整体上看，上、下身服装色彩对比十分鲜明。受邻近牧区和坝区藏装影响，选料粗细兼容，风格阴柔与阳刚并蓄，色泽冷暖对比突出。香格里拉藏民认为，色彩是藏袍点缀的灵魂。在藏袍的缝制过程中，十分注重色彩的搭配使用，突出色块与整体的相衬与和谐。镶边装饰多以红、黄、蓝、绿、白、黑等色彩调配运用，每一个色彩都有其象征意义。除此之外，藏族妇女还喜欢佩戴一些饰品，如耳环有嵌珊瑚、吊红玛瑙、系金银链的鳌形环，有嵌绿松石的金银环；项链用璁玉、玛瑙、珊瑚、琥珀、绿松石、银链珠和猫眼石串成，用时多达五六串；还有镶金嵌玉的项饰、护身符、珠宝琳琅的腰饰。”

陈桂枝的家庭在建塘算得上是一户殷实富有的农户。家中劳动力充足，五个人的家庭总共有四个人的劳动力。从问卷调查来看，她家 2010 年家庭经济收入总计约为 91300 元。主要来自三个方面：首先，家庭手工业每年收入大约为 8000 元，主要来自陈桂枝制作藏族服饰的小作坊，她自己不做成套的藏族服饰，主要是为服装公司成批的加工藏族服饰的其中一些部分。其次，本乡镇就业工工资一年的收入大约为 80000 元，主要来自丈夫的退休工资、以及儿子和儿媳妇的工资。第三，来自出租草场耕地房屋的收入。陈桂枝家刚好就在大路边，因此她们家一层靠路边一面的屋子出租给外地人做生意，开了一家小卖铺出售日常生活用品。由于位置相对偏僻，比起那些地段比较好的铺子她们家的房屋出租价钱比较便宜，一年也就 3300 元的收入。从家庭的居住环境来看，陈桂枝家共有 400 平方米的建筑面积。家中有一栋三层的小洋房，外带一个大院子，环境很优美。家中现代化的设备齐全，分别有 2 台电视，2 台电冰箱，3 台洗衣机，2 个照相机，2 台影碟机，一辆小轿车，1 部固定电话，一套组合音响，3 部手机。陈桂枝告诉我们，这些家用设施一部分是原先配备的，另一部分是儿子结婚的时候添置的。此外，现在生活水平不断提高，人们对生活质量的要求也越来越高，特别是年轻人比较喜欢购买这些新产品，因此，据陈桂枝介绍，家里的现代化设备大多都是儿子买的。从家庭消费品情况来看，陈桂枝家的生活充满了现代化气息，丝毫不亚于城里人的生活。从家庭支出情况来看，食品和娱乐是最大的两项支出。其中食品支出为 10000 元，主要用来购买基本的生活用品；娱乐支出费用为每年 10000 元，由于家中儿子和儿媳妇都很年轻，他们闲暇时间喜欢到各个地方去旅游，因此，他们家的娱乐支出费用要高于一般的家庭。此外，交通、服装、看病各支出5000元，由于家人都参加了新型农村合作医疗制度，因此，看病的花销相对较少。交通费用除了平时的车费之外，由于家中有小轿车，因此大部分交通费用的花销用于购买汽油。目前，家中没有人在上学或者读书，因此他们家的教育支出费用为0元。人情往来共计10000元，通信费用2500元。2010年陈桂枝全家的经济支出共计大约为37500元。

保护和传承传统藏族服饰的制作技艺已经迫在眉睫。在建塘只有像陈桂枝这样年纪的人会这些手艺，但由于各方面的原因，这些手艺正面临着失传的危险。陈桂枝说："目前藏族服饰手工艺传承遇到的问题，主要是由于现代机器大工业生产，布料在质地、花样方面都有了极大的改进，传统的手工艺制作的服饰已经不能满足人们的审美需要。加上穿民族服饰的人越来越少，没有太多的经济利益和市场，年轻人不愿意花时间去学习，于是这种技艺才面临着失传的风险。"我们也希望在各级政府的大力倡导和民众的支持之下，越来越多的人从事藏族服饰的制作，使民族服饰这一最明显的民族特征很好的传承保护下去。

（二）多民族工薪户——拉姆央宗家

拉姆央宗，女，藏族，45岁，小学文化程度，家中共有四口人。

拉姆央宗有一个幸福美满的小家庭，丈夫在单位上班，女儿在外地上大学，儿子在香格里拉读高三。平时，丈夫应酬多，孩子们都在上学，因此，大多数时间都是拉姆一个人在家，家中比较冷清。只有等到假期，孩子们都放假回来，家里才会比较有生气，显得其乐融融。

把拉姆央宗作为我的一个采访农户，完全出于偶然。一开始与村官交接工作，确定采访农户样本的时候并没有把拉姆央宗的家庭纳入我们的访谈范围之内。听说，建塘还有一个养老院的时候，我们决定去那里看望一下在那生活的孤寡老人，于是在养老院遇见了拉姆央宗，跟她拉过家常之后，我决定把她的家庭纳入我的访谈范围。拉姆央宗虽然只有小学毕业，但后来受到丈夫的影响，参加了夜校的学习，知识文化水平也有了一定的提高。拉姆是个利索的中年妇女，里里外外都是一把干活的好手，丈夫的工作比较忙，她就一直在背后给予默默地支持，家里的所有事情几乎都由拉姆处理。正是她的积极配合与支持，丈夫的工作顺利、事业也蒸蒸日上。拉姆以前在自来水厂上班，每天过着朝九晚五的上班族生活，那时候的她对工作没有特别大的要求，加上孩子们当时年纪都还小，因此她的重心主要放在了家庭上。

拉姆2008年开始进入养老院工作。目前养老院共有十几个老人，多为孤寡老人，整个养老院的工作由她一个人负责。因此，她既是管理人员，也是具体的工作人员。据拉姆的介绍，该养老院是在镇党委、镇政府的正确领导和高度重视下，在市民政局和镇民政办的大力支持和关心下，以邓小平理论和“三个代表”重要思想为指导，深入贯彻落实“十七大”和十七届三中、四中全会精神，深入学习实践科学发展观，践行以民为本，为民解困，为民服务的宗旨，紧紧围绕镇人代会确定的奋斗目标，围绕五大工作任务，特别是构建和谐社会工程，本着“推进规范服务，创建文明”的服务宗旨，维护好老人权益，进一步巩固和完善五保工作健康发展，使各项工作走上规范化、正常化而设立的组织。其主要目标是使全镇五保老人的衣、食、住、医、葬得到全面贯彻落实。拉姆的工作主要有以下几个方面：（1）每一个月到民政所领取老人们1000元的生活费，每人60元的酥油茶费。（2）负责为老人们提供一天两顿的饮食。（3）陪老人们聊聊天，拉拉家常，帮助购买老人需要的物件，换洗被褥等。拉姆说：“一开始我来养老院的时候，除了我之外，还有一个人，因此所有工作由我们两个人共同分担，相对比较轻松一些。后来，我的同事不做了，就只剩下我一个人，因此所有的工作都落在了我一个人的身上。虽然说没有什么特别重大的事情，但是工作比较烦琐细微，数量也不少。因此，这份工作表面看似轻松，但事实上却没有那么轻松。”每一个月2000元的工资，自由的工作环境当然在外人看来是一项肥差，殊不知，每一份工作都有外人所不知的困难存在。

拉姆一天的工作从早上去菜市场购买各式菜样开始。每一天，从菜市场回来，她就要详细的记录当天的各种花销，以便有人来查看检查。当我们问每一个月1000元的生活费是否够老人们的生活时，她说：“1000元是从民政所领的生活费，主要用于购买新鲜蔬菜，而像面粉、大米、油盐酱醋等是不用购买的，基本都来自社会的捐赠，这部分足够老人们的生活。因此，1000元的生活费在以前是足够的，有时还会有少量的剩余。但是，这两年随着物价不断的上涨，1000元的生活费在目前的市场上消费是有一些紧张的，我也希望随着物价的不断上涨，政府适当的增加生活费，但目前还没有得到回应。”老人中午饭主要习惯喝酥油茶和吃馒头，晚饭则吃米饭和炒菜，菜谱为一菜一汤。我们在厨房看见了堆成小山似的面粉和大米，拉姆告诉我们这些东西都是过节的时候，武警、边防的战士来慰问老人们带来的礼物。每个来养老院看望老人们的人带来的礼物都会记录在册，同时也会留下一段祝福，而捐赠的每一分钱都用在正当的地方。

拉姆接手养老院的工作时，虽然面对着重重困难，但是仍然怀着一颗不服输的心毅然挑起了这个担子。她抱着与年轻人一样毫不示弱的工作干劲，抱着全心全意为人民服务的理念，认真务实的开展各项工作。养老院的工作很烦琐，要让老人们方方面面感到满意，还真不是件轻松的事情。都说人老了之后就像孩子，凡事不能跟他们较劲，只能顺着他们。为了使老人们的生活过得更加丰富多彩、舒适安逸，她的生活除了在家操持家务之外，其余的空闲时间都用在了工作上面。养老院的工作虽然烦琐，但特别受人们的尊重。大家都知道照顾老人不容易，对于她的工作也比较支持。和老人们在一起的时间长了之后，彼此之间的感情也逐渐加深。有时候，她生病了，就请别人过来帮忙照顾这些老人，或者是民政所和居委会会派人过来照顾。这期间，如果老人们几天不见她，就会心里念叨她忙什么去了，都不见她的身影，感觉心里很空虚。我们问老人们在养老院的生活过得舒不舒心时，他们一直在说："感谢政府，感谢国家给我们这些孤寡老人提供这样一个安逸的生活环境，让他们不再感到生活的孤苦无依。"对于拉姆的工作，他们一致给予了高度的赞扬。他们说："她就像对待自己的父母一样在尽心尽力地照顾着我们的生活，每一笔钱都实实在在的告诉我们用在了什么地方，每个月的养老补助都按时发放给我们，还不时的帮我们改善生活。因此，我们也把她当作是自己的女儿一样看待，也希望尽量地给她带去很少的麻烦。"说到工作中遇到的最大困难，拉姆告诉我们不仅是老人自己，还是她都比较担心老人们生病。因为这些老人大多数都是孤寡老人，虽然他们的医疗费用不需要自己出钱，都由政府来埋单，但是住院治疗需要人来专门的看护和照顾，所以每每遇到这种情况，她的工作就会变得更加繁忙。这个时候，她更加觉得人手不够，特别需要有几个工作人员来共同负责养老院的工作。老人们在一起生活，难免会发生一些小摩擦，这时拉姆就在中间调解，缓解他们之间的紧张气氛，分别做老人们的思想工作，使他们解除隔阂并和好如初。

为改善五保老人生活环境，提高生活质量，拉姆把服务工作放在了首位。主要体现在以下方面：一是做好环境卫生保洁和美化，通过强化灭蝇为重点的除“四害”和栽花种草，打整卫生死角，每周一上午、星期五下午进行卫生大扫除，院内环境得到进一步整洁和美化。二是竭力服务老人们的生活起居。千方百计满足老人的愿望，全力做好老人们的服务工作。根据老人生活的特点，在食谱方面做到荤素搭配，定期买给老人洗漱用品和为他们理发，对患有疾病的老人，专门单独照顾。每逢中国传统佳节，都为老人准备丰盛的菜饭；在老人生日之日专门准备一份（鸡蛋、糖果）生日礼品送上等等，这些生活细事就是要让每位老人都能过得称心、舒心，安享晚年。三是注重老人健康工作。专门建立了老人健康档案，详细记录老人的身体状况、病史，亲属情况、联系方式等基本情况。养老院目前老人有 9 人，平均年龄已达到 71 岁，最大年纪有 83 岁，院内已建立五保老人个人资料档案和健康档案，以便做好五保老人跟踪服务。

拉姆一家的生活在建塘可能算不上最富有，但绝对可以算得上殷实的家庭。(1) 居住条件。拉姆家现有一栋大约 300 平方米的钢筋水泥房，这样的居住条件对于四个人的小家庭而言，算得上是十分不错的居住环境。房屋分上下两层，一层中间为客厅，主要用来待客，一头为卧室，一头为厨房。二层为套间，主要是客房、卧室以及储藏室。(2) 家庭的主要财产。从问卷调查的家庭耐用消费品一项来看，拉姆一家的家具齐全，各种现代化设备应有尽有，和城里人家没有丝毫差别。(3) 家庭收入。从家庭收入情况来看，主要来自丈夫和拉姆的就业工资。(4) 家庭支出。家庭日常支出范围为水电费、燃料费、通讯费、保险费、医疗费等，合计开支约为 6000 元。水电费共 1500 元，其中水费约 500 元，电费 1000 元。燃料费约为 1500 元，主要用于做饭和家人冬季取暖。通讯费共 2000 元，其中手机费 1500 元，固定电话费 500 元。教育开支每年约 40000 元，主要是儿子和女儿读书的开支，其中女儿读大学一年的学费和生活费大约为 30000 元，儿子读高中一年的费用大约 10000 元。这也是目前拉姆一家最大的一项支出。人情往来支出大约为每年 6000 元。综上所述，拉姆一家的家庭消费支出总额约为 55500 元。

拉姆说：“现在政府大力开发旅游，许多家庭通过多种经营模式走上了致富之路。大家相互传播致富新观念，帮扶周边困难群众，希望携手共同走上致富之路。我们这些工薪家庭比不上那些做生意或是有手艺的人家，他们由于沾了旅游开发的光，每年挣的钱都比我们这些拿死工资的人要多许多。不过，我们也不羡慕人家，我一直认为赚多少就用多少，每一个家庭都有属于自己的生活。”现在，拉姆家的两个孩子都在读书，是花钱最多的时候，所以家庭开支比较大，但是花钱供孩子们读书是非常值得的一件事情。由于她自己没有读多少书，虽然后来通过不断自学、参加夜校等方法，能够读书看报记账，但是没有系统的科学文化知识，在职业发展上还是受到了很多的限制。因此，她希望孩子们都能珍惜现在难得的学习机会，好好学习。在她眼中，虽然读书不是唯一的出路，但是只有掌握了足够的知识文化，加上活学活用，以后不论到哪里才都会有发展的舞台。

在访谈的最后，拉姆希望全社会能形成关心支持养老院工作的良好局面，促进养老院健康发展，通过各个部门的积极配合与争取，努力实现养老院与社会的互动。在有关单位、部门的协助下，充分利用各种形式大力宣传尊老爱幼美德，营造共助氛围。希望老人们不仅能得到来自她的温暖与帮助，而且还能得到社会上更多人的关爱，使他们开心快乐地度过晚年生活。

第三部分　村民

十四、村中俊杰

（一）松茸企业家——汪建忠

香格里拉盛夏和煦的阳光透过玻璃使室内显得更加宽敞明亮，办公室的环境和他的主人一样大气而考究。与汪先生的会晤很是轻松，虽然从商多年，他的乡土气息依然浓厚，儒雅幽默的言谈，加上脸上那双充满睿智的眼睛，自然成就了一种大家风范。对话汪建忠，翻阅他丰富的人生经历，很容易被他那种饱含爱国情结和极富社会责任感的精神所感动。

与汪总的会晤颇费了一番周折，被我的同伴们调侃为“三顾茅庐”。最先与村官杨德芳接洽时，并没有考虑到要采访关于松茸方面的农户。谁知到达香格里拉之后，我发现这个地方不仅风景优美，而且还盛产松茸。于是，我跟她及时沟通希望能采访一户从事松茸生意或者是采摘松茸的农户。这么一说，还真提醒了她。之后，她就给我联系了具体与农户见面的时间。但是，好事多磨，第一天准备去碰面时，由于天公不作美，下了一场大暴雨，加上上午的采访超出了预定时间，等我们到那里时，早已过了约定的时间，而汪总因为还有重要的事情，我们最终没见上面，只在工厂里参观了一圈，就无功而返。不过，他的公司和厂房还是大大地震惊了我，一方面，面积很大；另一方面，工厂的环境特别好，在外面根本看不出来是工厂，倒像花园式的住宅区。最后，经过一番周折，终于确定了第二次采访的时间。有了上次的意外，这次我们早早就出发，终于与汪总成功见面。说明我们的来意之后，汪总热情地接待了我，在询问我需要了解的内容之后，开始跟我侃侃而谈起来。

1958 年，随着一声洪亮的啼哭从一户藏式的民房中传出，汪总就这样在长辈的期盼中出生并加入了汪氏家族。“回想起少年时光，与我记忆相伴的似乎一直是饥饿。虽然父母亲一直尽力在给我们兄弟姐妹最好的生活，但是在那物资匮乏的年代，显然不能满足正处于长身体阶段的我们的需求。不过正是那段艰苦的岁月，让我学会了惜福，懂得珍惜拥有的一切，也为我后来生意的壮大奠定了基础”汪总说道。

1974 年，汪总初中毕业，响应党的号召，去农村锻炼一年。一年之后，正好赶上国家推荐工农兵上学的机会，他有幸被推荐到交通职业学校读书，经过一年的专业学习与培训，1976 年毕业的时候，他被分配到中甸运输总站工作，成为一名货车司机，开始端上了国家的铁饭碗。1981 年，他被调入交通运输公司客运段，负责中甸到丽江的客运，一干就是 9 年。如果没有后来运输行业的不景气，以及国家的停薪留职政策，他可能会一直做这份工作到退休。但是，上苍似乎要给予他一次机会，一次让他重新发现自我的机会。1995 年，由于运输行业的不景气，他不得不停薪留职，其实是失去了铁饭碗的工作。他不得不重新考虑生计问题，另谋出路。于是，经过与家人的商量，他决定下海经商，正是这次决定让他迈出了人生中最重要的一步。而在决定要从事哪一种生意时，他首先想到的就是松茸。因为香格里拉的环境和气候十分适合松茸的生长，因此，这里是云南松茸盛产地之一。从 1995 年到 1997 年，他开始负责为外地的老板提供松茸货源。每年夏天，他都要亲自去乡下，向当地的农民收购松茸，查看质量。两年的时间，让他与当地采摘松茸的农户建立了深厚的感情，同时也与松茸结下了不解之缘。此外，也让他具备了一定的资金与充足的人脉，为他创办中甸野生食品进出口有限公司奠定了坚实的基础。

提到松茸，汪总的喜悦之情溢于言表。他说：“松茸全身是宝啊！日本人待客的最高礼遇就是饭桌上的松茸，但是每人也只能品尝到 2 ~ 3 丝。此外，由于松茸特殊的生活环境，人工无法培植，只能靠天然获得。因此，松茸的地位也就无可替代，营养价值在所有食品中也首屈一指。”

汪总告诉我，要了解他的企业，首先得要了解企业的原料及产品——松茸。他说：“任何一种植物都是有感情的，如果你没有对它倾注任何的感情，那么，它对你也不会有任何的感情回馈。当然，松茸也是一样，你只有对它有完全的了解、熟悉和掌握，它才会把身上的宝都奉献给你。”于是，他开始认真地给我介绍起松茸的生长环境、营养价值和医疗保健功效。

（1）松茸的生长环境。松茸自然生长于海拔 2000～4000 米及以上的无任何污染的松树和栎树自然杂交林中，它与松树根具有共生关系，又需要有栎树等阔叶林的荫蔽条件。松茸的菌盖直径 5～20 厘米，表面呈淡黄色并有褐色纤维鳞片，菌柄高 10～20 厘米，柄粗 3～5 厘米，具有特殊的香味。松茸因富含多种营养成分和氨基酸而受到消费者的青睐，特别是在海外市场，人们更加注重生活保健，对健康有益的食品需求量大增。我国的松茸主要产区在滇、川交界一带海拔为 3000 米的森林里，以高海拔、无污染、香味浓、蘑菇核糖核酸成分充足享誉市场，是难得的保健绿色食品，同时它还能提高人体的自身免疫力，是食药兼用真菌中抗癌效果较好的一种。

（2）松茸的营养价值。松茸是一种名贵的食用菌，菌肉肥厚，除具有香气，味道鲜美外，还含有较高的营养价值和特殊的药用效果。据分析，松茸含有蛋白质、脂肪和多种氨基酸、不饱和脂肪酸。核酸衍生物，肽类物质等稀有元素，含人体必需的氨基酸 8 种。还含维生素 B_1、B_2、C、D 和钙、磷、镁、碳水化合物。干品除蛋白质含量为 17%、粗脂肪 5.8%，粗纤维 7.4%。鲜品每 100 克含维生素 $B_2$0.117 毫克，维生素 16、92 毫克，还含有 17 种氨基酸。维生素 D、松茸醇、麦角甾醇，松茸糖等成分。据称，松茸的鲜美味道主要来自含有甲基桂皮酸、甲基黑苔酚和鸟苷酸。更为重要的是松茸是唯一人工不能繁殖的蘑菇。松茸在日本走红的根本原因是发现其含人体所需的几十种生命能量因子，特别是对抗辐射有突出重要。科学家最先提出这个研究课题，是因为“二战”中广岛受到原子弹袭击后，他们看见唯一存活的植物只有松茸。所以，日本人对它有着近乎崇拜甚至迷信的态度。现代科学家研究表明，松茸所含的多糖，对治疗糖尿病、癌症等有一定的效用。经常食用，可调节人体的新陈代谢，降低血压和胆固醇。

（3）松茸的医疗保健功效。松茸还具有一定的药用价值，其含有松茸醇、异松茸醇等药用成分，有强身、益肠胃、止疼、理气化痰、驱虫以及治疗糖尿病等独特功效，可治疗手足麻木、腰腿疼痛等病症。近年来又发现松茸含有具备抗癌活性的“松茸多糖”，这是其他植物都没有的特殊双链生物活性物质，它具有超强抗基因突变能力和强抗癌作用，它能自动识别肿瘤细胞所分泌的毒素，靶向性的与肿瘤细胞靠近、结合，通过溶解肿瘤细胞膜和破坏脂质双层进入细胞内，封闭肿瘤细胞的转体蛋白受体，阻断肿瘤细胞的蛋白质合成，使肿瘤细胞不能分裂繁殖以致死亡，破坏肿瘤细胞遗传复制的 DNA 基因，从而达到抗基因突变，抑制肿瘤和控制肿瘤复发、转移的目的。

世界卫生组织的有关调查表明，日本肿瘤患者的复发和转移比例大大低于世界其他国家，肿瘤患者的生存率高达 80% 以上。经调查发现，是日本将松茸广泛应用于抗癌临床的结果，此消息引起世界各国的震动。目前，松茸已经成为在国际农产品市场上最富竞争优势的特殊产品。

接着，他给我详细的介绍起公司及他的创业路。1997 年，他通过国家贷款的方式获得了大量的资金，加上个人的积蓄以 400 万的注册资金成立了中甸野生食品进出口有限责任公司。公司从最初的以收购、加工原料为主的大作坊模式向收购、加工、生产和出口云南特有的野生食用菌——松茸为主的野生食品加工企业模式发展。这几年，公司以迪庆香格里拉天然食用菌为基础，加工生产各种清水松茸罐头，冷冻松茸及野生菌类系列食品，产品主要以出口日本、韩国的市场为主。2001 年 6 月，公司取得了出口经营资格，为云南松茸走向国际市场又迈出了重要的一步。

2005 年 5 月公司迁入位于香格里拉县城环东路的松茸园区，成为最早也是最大的松茸生产基地。目前，新工厂共占地 15 亩，总建筑面积 6450 平方米，生产区按国际食品加工要求设计建筑。公司现有固定职工 58 人，其中管理人员 8 人，高级技术人员 2 人，技师 6 人，已建成年产 100 吨食用菌罐头的生产线一条，年产 35 万吨的软包装生产线一条以及年产 150 吨的冷冻产品生产线一条。截至 2011 年，公司固定资产累计 2680 万元，已成为香格里拉地区最大的野生食用菌加工企业。

汪总说：“正如小平同志所说，发展才是硬道理。我一直坚信这一理念并把它应用于公司的管理与发展上。因此，我们公司充分利用香格里拉野生食用菌的资源优势，结合云南特有的风俗人情，大打文化特色，构建特色食品文化品牌，并努力创新，在农业产业化上面大做文章，以松茸为主，发展其他食用菌系列产品的同时，积极向高科技领域扩展，产业格局已基本形成。多年来，公司在上级各有关部门的大力支持下，从小到大，逐步发展壮大起来。到目前为止，公司每年出口各种松茸加工制品 125 吨，创汇 280 多万美元，年平均上缴税金 110 万元，松茸制品出口量位居全省的前列。如今，公司各项加工设施齐全，技术力量雄厚，企业管理制度完善，已获得 ISO 9001—2000 认证、HACCP 认证，产品质量达到国内先进水平，在国内外市场赢得了良好的信誉。”

此外，在公司的会议室里，让我印象深刻的还有一系列各级有关部门授予汪总及企业的荣誉表彰。例如，1999年至2001年先后被评为县级“纳税大户”，迪庆州先进企业“一等奖”，云南省省级“先进私营企业”，“县重合同，守信用”先进单位等光荣称号。2002年被评为“纳税先进个人”，被州人民政府授予“迪庆州十五期间优强企业”。2003年，国家质检局核准该公司使用国家地理标志保护产品专用标志。2004年，省外经贸厅根据全省出口松茸制品的情况，给予公司“松茸出口质量信得过企业”的荣誉称号及表彰。2005年认定为云南省省级重点龙头企业。2002—2007年，工商业联合会授予“非公有制经济先进企业”。2009年获“非公有制经济保护单位”和“食品生产先进单位”。

汪总告诉我，公司目前除了管理人员、技术人员之外，其他员工都是当地的农民工。他说：“我是藏族的农家孩子，我现在发达了，但我不能忘记我的乡亲们，我要带他们跟我一起走上致富之路，过上小康生活。此外，我要对为我的创业之路提供帮助和支持的国家和社会感恩。因此，我愿意给我的乡亲们提供工作机会，一方面既能帮助改善当地农民的经济收入，又能缓解政府的就业压力；另一方面对维护藏区的稳定，促进国家的和谐发展有重要作用。‘送人玫瑰，手留余香’这样的美事何乐而不为呢？”

当我问他在创业过程中是否遇到一些困境，是如何走出这些瓶颈时。他告诉我，像大多数创业者一样，他的创业路也并不一帆风顺。1998年的金融危机对于他的创业路无疑是一次最大的冲击。当时公司才刚走上运行正轨，需要大量出口产品，获得更多的资金来偿还贷款，以及发放员工的工资。可是，金融危机的冲击直接导致出口日本的产品无人问津，松茸的价格也从200~300元直接降到30~50元，连基本的成本都没有收回，更不用说利润了。此外，还有大量的产品积压在库。那一段时间，他的公司面临着破产倒闭，基本无法正常运转。幸好有国家的各项政策支持，以及家人、朋友的同舟共济，他才艰难而又顺利地度过那段艰辛的岁月，坚强自信地走到现在。10年就像一个轮回，2008年金融危机又一次席卷而来，而这次的危机对于日益完善的公司而言已经能够承受，而不再是不堪一击。十年，使得公司的机制日臻完善，管理规范，抗风险能力增强。因此，这一次的金融危机并没有对公司的发展产生较大的影响。现如今，随着国家的经济水平不断提高，人民对生活质量的高要求，公司在扩大产品出口市场的同时，积极地开发国内大市场，以便使企业向综合化、多元化发展。

目前，他认为公司发展中面临的巨大问题就是高级人才的难以引进。他说："虽然我的公司目前已经有了巨大的资金，但属于私营企业，而且还处在西部地区，因此，比起在东部发达地区的企业和国有企业，一没有地理优势，二没有资源优势。同时，食品加工这一行业还要求具有一定的专业性。因此，优秀人才的引进与培养成为目前企业发展的一个瓶颈，也是影响企业未来发展必须面对的重大问题。众所周知，二十一世纪企业之间的竞争不单单是资源的竞争，而是人力资源的争夺。因此，企业未来发展模式与潜力在很大程度上取决于优秀人才之间的团结合作。"

在采访结束时，他告诉我，在不久的将来，他将卸下身上的担子，让小女儿来接任自己的位置。小女儿大学毕业之后，自己在外打拼做生意。他知道女儿的知识水平已经足够，但是多年的学生生涯让她缺乏基本的社会经验。因此，他希望女儿趁年轻在社会上多历练一下，积累丰富的人生经历，懂得创业的艰难，在拥有足够的能力之后，能引领父辈的企业辉煌地走下去，走出一条适合企业未来发展的道路。他最后说："希望以后人们提到香格里拉的时候，他们醉心的不仅是香格里拉的美景，还有香格里拉大山深处的松茸。"

（二）张兆虎爷爷——传统的老人

张兆虎爷爷，藏名公处顿珠，他瘦瘦高高，带有云南口音的汉语说得十分流利，虽然已经七十来岁，可是精神十分健旺，谈起建塘村的历史来也是滔滔不绝。张兆虎爷爷告诉我们，建塘村所在的独克宗古城，有1300多年的历史，"独克宗"在藏语里的意思是白色石头城。"石头城为何会是白色的呢？因为月亮出来，照得大地一片银光。所以这个名字又有月光城的含义"，张兆虎爷爷说。独克宗古城位于茶马古道上，是云南、四川和西藏茶马互市的集散重镇。但尽管这样，新中国成立前的独克宗古城也仅有300余户居民。这些居民当中，汉人归"汉团"管，藏人归"藏团"管。张兆虎爷爷回忆说，那个时候交通不发达，人们的生活很艰苦，运输要靠人背马驮，饮食也只有酥油茶和糌粑。在新中国成立后的几十年里，这里才慢慢有了电话和电视。在2000年左右，原来的中甸县上报国务院，更名为香格里拉县。借着香格里拉在中外的名气，原来默默无闻的中甸县知名度大大提高。张兆虎爷爷同时骄傲地说："我们中甸县环境好、生态好、空气好，是个旅游的好地方，外地人来了都会喜欢。"

2003 年左右，独克宗古城作为重要的旅游景点开始恢复旧观。居民陆陆续续从古城搬出，古城里原来那些酿酒、磨豆腐的小店都迁出去了。古城的其他居民把自己原来住的房子或租或卖，用作旅游开发。可是张兆虎爷爷舍不得搬走，他指着这栋精美的藏式木楼说："这个房子，我们家十代人都住在这里，住了起码有三四百年了，我舍不得走。"张兆虎爷爷觉得，游客肯定对藏族的特色饮食感兴趣，自己家的饭菜在当地也算做得好的，于是他主张把老房子改建成了餐馆，由儿子和儿媳负责经营。

2005 年，家庭餐馆就在这栋古老的藏式木楼里开张了。餐馆开张到现在，一直生意兴隆，于是又请了自家的一些亲戚帮忙经营。餐馆的经营情况，张兆虎爷爷说自己不知道也不过问，那是小一辈负责的事情。"我主要负责这个餐馆的文化氛围"，张兆虎爷爷作为"文化总监"，希望让餐馆保留更多的传统文化气息。他给餐馆起名为"甸腊卡"，"甸腊卡"是这里的一个地名，"甸"在藏语里是草甸的意思，"腊卡"在藏语里的意思是坡上。张兆虎爷爷说，很久很久以前，这里的坡顶上下连成一片绿荫草坪，是藏家村寨聚居的地方，也是茶马古道上客商必经之路。张兆虎爷爷把家庭餐馆定位为茶马古道上的传统饭店，所以这里的点菜方式也非常特别：客人点菜不是用菜单，而是在大门外面的木架上，挂了许多木牌，木牌上是张兆虎爷爷用毛笔写上的菜名。张兆虎爷爷说，过去的饭店都是这个样子的。

张兆虎爷爷怕外地游客看了菜名也不知道是什么，他还专门写了一份介绍餐馆特色和藏式饮食的短文，用工整的毛笔小楷书写在木牌上，挂在餐馆进门处显眼的位置上。短文介绍了酥油茶能够去寒、解乏，高原牦牛肉富含蛋白质、钙等微量元素，能强身补血，增强免疫力。青稞糌粑面是将青稞洗净炒熟，磨细，筛滤具有"三高两低"（高蛋白、高纤维、高维生素、低脂肪、低糖）的最佳营养食品。以高原绿色特产青稞麦子酿制而成的白酒，味甘甜醇香，能够御寒、舒活筋络，因此盛销省内外，享有健康酒品之美誉。独具特色的藏式土火锅用尼西土陶手工制作，土火锅的造型别致。这道菜选用琵琶猪肉、腊猪排骨、野生竹叶菜、鲜猪肉豆腐丸子四大主料，副加黄豆芽、洋芋、野生山半夏叶、胡萝卜、松茸、粉丝、粉皮、树花叶等作为配料。

荤素搭配，营养丰富，是色、香、味俱全的藏家风味土火锅。另外还有藏餐小吃，如酥油煎奶渣、酥油烧青稞白酒、熟青稞炒鲜肉、酥油奶渣煎苦荞粑粑（藏名：徐鲁学洛）等，都是藏区寺院僧侣和藏家民居日常生活中的美味。

这篇小短文开头两句是张兆虎爷爷自己作的对联：新宇客冻歇小院，老宅深秋树藏楼。对联里的“树”就是院子中间那棵高大的柏树，那棵柏树现在枝叶繁茂，似乎整座木楼都藏在它的绿荫之下，其实刚种下的时候都只有一点点高，张兆虎爷爷拿手比画着说。在柏树的树杈上，斜放着一块木牌，木牌的正面刻着一首诗：盘枝虬龙拥翠妆，披珠滴露沫阳光。人情物理总相似，发心栽出满院香。木牌的背面则刻着一则文言短文：阳春三月，岁在丙午，文友兆龙、兆虎昆仲，偕游西山。偶现幼柏一株，高不盈尺，委于草丛，而怜其摧折，移回庭院护养，今已亭亭如盖矣。他说是1966年和弟弟兆虎一起出游的时候发现的柏树幼苗移植回家，到现在已有四十五年了。令人惊叹的是，诗和短文都是张兆虎爷爷自己写好，用毛笔誊清，再亲手刻在木板上。张兆虎爷爷的毛笔字非常工整清秀，诗文也是古意盎然。看到我们惊讶的表情，张兆虎爷爷谦虚地说，传统文化不管是藏族的还是汉族的，都应该得到保护，他为保护传统愿意出一份力。

张兆虎爷爷说自己小时候没念过书，到新中国成立以后，十七八岁才念小学。那时候是1952年，他在省立第一完小，也就是现在的红卫小学，念了三年书，学到了文化。后来一直在迪庆州机械厂当车工，工作了25年。后来又调到交通运输管理处，管车辆，1989年就退休了。他的爱人过去在企业里做缝纫，家里有两个女儿，一个儿子。过去孩子小的时候生活还是比较紧张，现在生活都很好了，每个月有两千元退休金，老伴也有养老保险，全家都有医保，看病也不是很贵。现在儿子在经营餐馆，每年的六、七、八月是旺季，生意不错。大女儿和小女儿都是中学教师，还有一个大孙子在外地读大学。虽然张兆虎爷爷早年参加工作，没有分到田，但是对生活的影响不是很大。

现在张兆虎爷爷在家安享晚年，每天傍晚会和老伴一起到古城的月光广场上跳广场舞。这里的广场舞也是藏族的传统舞蹈，州里文化局和宣传部派来老师免费教大家跳弦子和锅庄舞。每逢州庆或者州里的其他大型活动，比如康巴艺术节、庆奥运晚会、春节团拜会等，组织附近的老人在会上跳舞也是一个重要的节目。张兆虎爷爷觉得这样的活动很好，不仅大家都很快乐，顺便也锻炼了身体，每次跳舞州里都会把老人们安排的不错，要发盒饭，跳完每人还给几十元。

餐馆的正门上还挂着一副对联：先贤立德树人文宝地，我辈誓志振淳和家风。这不仅是张兆虎爷爷亲笔写下的对联，也是他的心愿。

（三）保护文化的商人——扎巴格丹

在建塘村，扎巴格丹是一位具有传奇色彩的人物。扎巴格丹出生在印度，1987 年回国。他不仅是一位成功的商人，同时还是香格里拉民族文化多样性传承与保护协会理事长。

在独克宗古城一座精美的传统藏式木楼里，我见到了扎巴格丹本人，他皮肤微黑、瘦削，留着长发，很有艺术家的气质。说起自己的传奇人生，扎巴格丹不禁笑了起来。他说自己出生在印度，曾在印度哲蚌寺出家，学习佛经以及英文、藏文。由于他的父亲是香格里拉县建塘镇人，1987 年随着父亲回到了家乡。刚回国的时候，他一句汉语都不懂，于是到建塘镇的小学里学习了两年汉语。1989 年，扎巴格丹进入迪庆州民族宗教委员会工作，成为一名公务员。工作几年后，扎巴格丹又得到单位的一次进修机会，进入迪庆州民族干部学校脱产学习两年。扎巴格丹认为这段学习经历，对他的发展具有非常重要的作用，在访谈中不断谈到“学好汉语，确实非常重要”。

也许是爱好自由的天性不太适合做公务员，扎巴格丹在 1996 年办理了停薪留职手续，成为香格里拉建塘宾馆旅游部的一名导游。建塘宾馆是一家中美合资的高档酒店，经常需要接待外国游客，扎巴格丹在这里接触到了来自世界各地的游客。由于兴趣所在，扎巴格丹工作如鱼得水，同时他也日益感到需要在专业知识上得到进一步提高。于是在朋友的帮助下，扎巴格丹争取了全额奖学金，和四十多位来自世界的同学在奥地利进修旅游管理。“在那段时间里，我学会了怎么和西方人打交道，又让我获得了在英语世界里的自信”，扎巴格丹说。2000 年，从奥地利归国的扎巴格丹在原单位办理了内退手续，并用单位买断工龄的那一笔钱去美国学习企业管理。回国后的扎巴格丹承包了一个旅行社，开始自己做起旅游生意。如今扎巴格丹的旅行社每年接待的团已到二三十个。

扎巴格丹对旅游业的发展有着自己独到的看法，他认为普通旅行社所提供的大众旅游服务，让游客到一个地方只是走马观花地拍照、购物，游客对当地的风土人情没有办法深入了解。同时，旅行社以较低的旅游费用吸引游客，导游工资不高，只有带客人购物提取回扣。这种商业旅游模式对增加当地居民收入的作用也较为有限。“比如到了香格里拉，旅行社的大车直接拉你去普达措。说到藏文化，游客的印象里就是藏民爱喝酒。来过一趟香格里拉除了拍几张照片，买回一堆纪念品以外，并没有更多了解”，扎巴格丹说。

扎巴格丹认为目前应该重视生态旅游的发展，他认为生态旅游的关键词是：和谐与文化。所谓和谐就是要在旅游中实现人与自然的和谐相处，实现游客与当地居民的和谐交流，所谓文化就是要通过与当地居民的交流，理解和体验当地文化的精髓所在。推广生态旅游的益处不言而喻。首先，生态旅游有利于保护旅游地的生态环境和传统文化。生态旅游接待的游客数量较少，对旅游景点的环境人口压力较小，有利于保护旅游地的生态环境；同时深度旅游使得当地传统文化有了展示的舞台，游客在了解当地文化后也会学习的兴趣，从而为传统文化的传承提供新的土壤。其次，生态旅游可以给当地居民带来更多收益。因为生态旅游会安排游客到当地居民家做客，了解当地居民的生活状况，体验原汁原味的藏民生活，游客的食宿能够给负责接待的当地居民带来大量收入。最后，生态旅游是可持续的，由于对自然环境和传统文化的保护，使得旅游资源得以可持续发展。

因此，扎巴格丹经营的康巴商道旅行社致力于经营高品质的生态旅游项目，这种旅行通常会在香格里拉停留一周，甚至一两个月。旅行社会通过电子邮件与客人沟通，确定详细的日程安排。生态旅游除了安排游客参观独克宗古城、松赞林寺、普达措森林公园等景点以外，比较独特的项目是安排游客在藏民家庭寄宿和在唐卡艺术教室学习绘画。在藏民家庭寄宿的项目需要游客徒步行走 3 ~ 4 小时到达建塘附近的草场，与当地的藏族牧民家庭一同吃、住，并参与干些农活，如收庄稼、挤牦牛奶、漆藏式家具等。扎巴格丹经常将游客安排在一些经济相对困难的家庭里，因为这样可以为不富裕的家庭增加一些收入。在唐卡学院学习绘画的项目则在古城独克宗的唐卡学院内进行，游客可以向藏族工匠学习绘画技法，同时可以听到喇嘛洛桑克珠关于佛教、幸福和人生的演讲。扎巴格丹的旅行社受到很多游客的欢迎，尤其受到许多外国游客的欢迎，接待过法国、瑞士、奥地利、美国、加拿大、荷兰、德国、英国等许多国家的游客。除了旅行社以外，扎巴格丹还有饭店、按摩店、宾馆等产业。

在经营旅行社的时候，扎巴格丹通过与各国游客的交流发现，香格里拉的少数民族传统文化对外国游客具有很强的吸引力，他们认为香格里拉丰富多彩的民族文化是珍贵的世界文化遗产。然而随着经济发展和旅游业的开发，外来强势文化对维护民族文化真实状态构成挑战，有可能冲击传统民族文化的传承。扎巴格丹说："如今已经有许多珍贵文化遗产正在逐渐消失，许多美丽的文化艺术只被简单的诠释或流行于华丽的形式，许多藏族青少年逐渐遗忘自己的民族文化。"因此在2008年，扎巴格丹在迪庆州注册成立了"香格里拉民族文化保护与传承协会"，并且将自己做生意的大部分赢利投入到该协会的运转当中。他希望通过成立这样一个非盈利组织，以实际行动来保护和传承香格里拉的民族文化财富，让这些宝贵的人类历史、文化财富代代薪火相传。

香格里拉民族文化保护与传承协会的主要项目是设立唐卡艺术教室。唐卡艺术教室的专职老师有两位。一位老师是喇嘛洛桑克珠，他十四岁时前往南印度佛教寺院，在唐卡大师桑耶益西的指导下学习唐卡，他同时还学习了油画、中国画和印度画的画法。另一位老师则是来自青海的唐卡画师班旦朗杰，他在青海日共已经研究唐卡五年。唐卡艺术教室是一栋命名为"唐卡学会"的传统藏式木楼，它坐落于古城独克宗金龙街上，一层的大厅里摆满了精美的唐卡画像，二层的则作为专门的学习室，来自各地的学生在喇嘛克珠和唐卡老师班旦朗杰的指导下学习绘画。同时，唐卡艺术教室里还有来自国内外的志愿者，他们在这里教授英文和汉语，同时也去周边村落支教。

根据扎巴格丹的助手斯纳次姆介绍，唐卡学会的学生主要分为两类。一类学生是周边康藏地区有绘画天赋的藏族青少年。这类学生一般是农牧民的孩子，家庭比较贫困，甚至还有几个孩子是残疾人。他们在完成九年义务教育后没有继续升学，暂时没有找到工作。目前唐卡学会招收了6个这样的学生，向他们提供免费食宿，让他们在学会中学习唐卡。这些学生除了需要在教师的指导下逐步学会制作画布、画框、采集颜料、素描、上色等唐卡绘画的基本技能，还需要学习佛经、藏文、英语。扎巴格丹说："唐卡需要画师根据自己对佛经的感悟进行创作，不能只知道临摹过去的唐卡画。因此学生必须不断提高自己的文化素养，才能创作出内涵丰富的唐卡。教育，我希望通过教育让他们开阔眼界，让民族文化走向世界。让这些孩子受教育学画唐卡，既给他们未来，又可以传承艺术。"但学习唐卡的过程是艰苦而漫长的，即使是很有天分的学生也需要四年左右的时间才能独立创作唐卡。在学习的过程中，尽管协会向学生提供免费食宿，但依然有部分学生半途而废，外出打工挣钱。另外，即使学生能够学成成为专门的唐卡画师，可以自己开唐卡店或者为寺庙绘制壁画，但这仍然不是一个非常赚钱的职业。唐卡艺术虽然引人入胜，但扎巴格丹惋惜地说："外面的诱惑太多了，年轻人更喜欢灯红酒绿的酒吧，很少有人能静下心来读佛经画唐卡。"尽管有各种困难，但斯纳次姆说，唐卡学会成立三年来，陆续招收过十多名学生，有几位比较优秀的学生在这里学成后，协会又资助他们去青海继续学习唐卡。

另一类学生则是对唐卡艺术感兴趣的社会人士，主要是参加扎巴格丹康巴商道旅行社生态旅游项目的国内外游客。他们来到香格里拉旅游的活动之一就是在唐卡艺术教室学习绘画。在唐卡艺术教室学习的游客，上午学习唐卡绘画的基本知识，下午学习藏文化课程，藏文化课程包含藏语、佛教、藏族民间文学作品三个部分，晚上则去广场和当地人一起跳舞。扎巴格丹认为，唐卡是藏族佛教艺术的瑰宝，创办唐卡艺术教室能够为国内外游客提供一个了解唐卡艺术的平台，同时也可以为唐卡艺术教室中的贫苦藏族学生获得部分学习的经济支持，这种活的文化传播远比建博物馆将唐卡展览出来更生动。

扎巴格丹还谈道，他将来打算要建立民间手工艺品作坊，请熟练的民间手工艺人做师傅，教学生制作传统手工艺品。还要拜访藏族老艺人，搜集即将消失的藏族民间故事、歌曲和舞蹈。他希望协会能够吸引到社会各界人士的广泛参与，将来把协会办成一个具有代表性的民间文化艺术中心，既能保护藏族传统文化，又能够领引潮流，在传统文化与现代文化的交流中激发创意。

目前，协会经费的主要来源是扎巴格丹及其朋友的捐款。同时，协会也在吸收一些大企业作为会员，比如当地的香格里拉酒店、喜来登酒店等。扎巴格丹虽然是商人，但对于积累财富却没有太大的兴趣。他说他有一个朋友，生意做得很大，来到唐卡艺术教室参观后，跟他说，当自己赚够一百万，就给这里捐十万。"我听他这么说，就知道他不可能捐款了，"扎巴格丹笑着说，"因为他有了追求钱财的执念，赚够一百万，他就会想着两百万、三百万。我从不想着一定要赚到多少钱，钱最终还是要用在自己喜欢的事情上。"

扎巴格丹也是一名虔诚的佛教徒，他认为祈祷应该是为了众生平安幸福，有的村民到庙里拜佛就是为了求财或者保佑自己，一旦出现了不如意的事情就污蔑佛祖，这样的行为不是信仰，是迷信。信仰应该是为了解救自己，每天做的事情都是在修行，要不断地自我完善。他说，把协会办好是他现在最大的愿望，因为这不光是自己的心愿，也是为后人、为民族造福。

（四）积极上进的青年党员——格桑彭措

藏族小伙子给人们的印象都是高大威猛、彪悍善战、能歌善舞，我采访的这位藏族大哥既有传统藏族人的味道，也有不少现代年轻人的活力和闯劲，最重要的是他思想非常积极向上。

谢新平，男，藏族，藏名格桑彭措，1982 年出生于一家贫困的藏族家庭。格桑彭措大哥是村官德芳的表哥，我们一到他家，翻译就走了，他那口普通话很标准，交流完全没有问题。虽然是在夏天，但是香格里拉温度偏低，大哥穿着一件短袖的黑色短袖，外套一件藏蓝色的夹克，下身是一件深色的牛仔裤，理的板寸头，整个人很精神。唯一不同的是他 1.75 米左右的个头，相对一般藏族小伙那么小了些，不过他浑身清爽，透着一股精灵劲，第一次见到他的时候就觉得他挺健谈。

大哥 18 岁之前的事情只能从亲人朋友口中得知，因为他一想过去的事情就会头疼，这是由 18 岁那年的车祸引起的。他家就他和姐姐两个孩子，爸爸靠给人打铁撑起家庭，妈妈身体不好，常年要吃药。因为贫困，祖孙三人在自家的小铺子里打铁为生，他一边上学一边学艺。15 岁时，他读完小学就辍学在家，那时家里穷，吃不好，缺营养，个子没同龄孩子高。十六七岁起，他就在父亲的店里掌钳子。干活之余，他的生活也很多彩。夏天时藏族都在草地上跑马，他怀念祖辈的马帮生活，认为那才能真正磨炼一个男子汉的气概。他爱扎堆堆，村里一有集体活动绝少不了他。他还特别爱车，包括牛车、马车、汽车、小货车、摩托车，一上车就起疯劲。他爱唱歌跳舞，看一遍就会。在这些日里，大哥在大集体里学会了赛马、飙车，并且在各类活动中开始挑大梁，慢慢得到了同龄人的推崇。1998 年的时候他还在社区老人的推荐下，作为同龄人中的第一个年轻人写了入党申请书，在即将考核过关的时候，上天开了个玩笑，他失掉了 18 岁之前完整清晰的记忆，但是他没有失去自己，一如既往的面对生活微笑。

2000 年是他人生的转折点。作为家中的男孩，为了改善生活，他考了驾照，专门跑从香格里拉到德钦的长途夜汽班车。前两年一直平安顺利，乘客也都喜欢坐他的车，生活开始有点起色，他想再跑几年自己就可以攒点钱做别的生意了。但是，某一天夜里，他因为太累就让同行的朋友开车。由于这个朋友家里有车，平时也经常自驾车外出游玩，他就没有问朋友是否有驾照。结果，那天夜里车翻了，造成 7 个人重伤，他自己、阿姨和奶奶 3 个轻伤的严重后果。2000 年出的事情，一直到 2004 年才下判决。在此期间，他受伤动手术，半边脑子受损，不能回忆以前的事情。而自己的爷爷奶奶都是本地人，好不容易向亲戚朋友借了六万给伤者，贫困的家里顿时背负了好几万的欠款，日子像蒙上了一层灰，黯淡无光。幸好乡亲们都知道他的为人，没有人因为这件事责怪他或者看不起他，大家反而经常来找他聊天。

2002 年后，大哥的表哥在新城开了家餐厅，因为实在太缺人手他就去帮忙了。在此期间，他还不断为翻车的事情不断跑公安局、法院。在餐厅的时候，他开始学做生意，最初从打杂做起，接着在火锅部配料，然后到服务部学上菜敬酒的礼仪，最后他进厨房跟着师傅学炒菜。因为接受能力强，他配菜几个月后，试着炒三个月就出师了，他刀工很了得，连师傅都夸他在行。大哥说，其实都是“活路教人”，只要用心，事情总会做得一天比一天好。在做厨师时，他出过一次错。那天翻炒荷包蛋，他在撒盐的时候手被热气熏到，手一抖盐放多了。在客人的反馈下，他重新做过一份，并端上去给客人道歉。

后来，这餐厅从新城迁到了古城里，起名“甸腊卡”。客人没有资格点菜，即使有西红柿和鸡蛋，你也吃不到西红柿炒鸡蛋。店内提供几种规格样式餐，价位分别是 100 元、200 元、300 元、400 元不等。客人一出价，他们就按这个价做出不完全相同的饭菜。甸腊卡的消费属于中档价位，客人多的话店内都推荐他们吃套菜，如土陶火锅、琵琶肉、藏香猪等，客人较少如情侣的话则介绍他们吃个火锅或者点两个炒菜。现在整个店的订餐来自朋友和烟草公司两个渠道。大哥本人配有两部手机，一部忙业务，一部私人联系用。他现在对市场和价位都比较敏感，除了管理店内的人员外就跑签单。一个月下来，他能有 3000 元左右的收入。一有时间，他就琢磨着怎么更好地经营这个饭店。这之前他到过德钦、四川、阿坝、西藏各类著名藏餐厅考察过，他最想超越的是向玛吉阿米这一类全国有名的藏族餐厅。现在饭店里多了唱歌敬酒节目，因为节目里有吉他伴唱，每天下午他都要教几个小徒弟弹唱。

自从结婚后，大哥就很少在店里下厨。他现在在店里面算个小经理，主要负责饭店的市场和管理。结婚那年是2002年，大哥说当初自己因为犯事，家里穷，没主动接触过女孩子。后来，经人介绍他认识了现在的妻子并成家了。虽然妻子是纳西族，但是这里的藏族人不排斥和外族人通婚，又不像70后的藏族包办婚姻的做法，他很满意自己找了一个这样的女子，理解他，支持他，也很能吃苦。现在他们俩的孩子已经四岁了，小女孩平时都在家跟着爸爸妈妈。自己经常家里和店里两边走，比较自由，妻子在四方街开个小铺子，挣点小钱。他们家的日子比起别人家谈不上兴旺，但是日子总算有个奔头。

结婚当年，他终于被党接纳了，成为一名正式党员。自从成了中国共产党党员后，他对自己相当的严格，时刻以党员的先锋成员身份要求自己，现在几个年轻的党员都在他的动员下加入。他不但参加集体活动，到老年社区、街道打扫卫生，还从没有缺过支部生活的汇报讨论会。支部生活要求请假不能超过三次以上，他就一次没有请过假，不管事情多忙，不管天气如何，他都会积极地参与，从2009年起，他连续三年被评为“优秀共产党员”。藏区的年轻人因传统辟邪的需要，平时身上都爱带刀，一喝酒有口角就容易起冲突导致伤害事件的发生。大哥说党员的职责第一，他即使带刀，但是手只放在刀柄处，是这个神圣的身份让他学会如何更克制自己。

说起爱好，大哥除了弹唱和跳锅庄，还学会了舞龙。他刚开始学那年就参加比赛，四年来他已经是舞龙队里的骨干人员了。比赛时，队员们都会有些许的报酬，但对于他来说参与完全出于爱好。他凭借小时打铁练就的臂力，现在就舞二洞（龙头后面的位置），这个位置的人最费力气，运动幅度最大。每年比赛，他都会被列入名单。有时候一天既有舞龙，还有团拜会，他一个项目下来，赶紧换上别的服装，继续投入下一场，累并快乐着。

说起未来的发展，大哥想法挺多。他认为在香格里拉这样的气候不适合种植发家，他说自己家原本是有土地的，但是一亩2.8万元征上去后，20%被集体提留。相比而言，旅游市场广大，只是淡旺季差别太明显，夏天很多人，冬天几乎没人。谈起早年学的铁匠活，大哥摇了摇头。现在一把镰刀的半成品卖50元，加上打铁用的人力、物力、财力成本达200元，而市场上批量生产的镰刀才30多元。即使一把廉价的镰刀只能用一年，大部分村民还是宁愿每年买换新的也不愿意买这么贵的刀，在美观上来说，各种方孔、圆孔、相同的锯齿，实在没有办法和机器做出来的媲美，所以打镰在市场上根本站不住脚。而补锅也一样，补一次锅160元，人家宁愿花钱买个120元新的锅，便宜实用才是消费者中意的消费方式。大哥自己家中的就买了两套，但是大哥仍然觉得以前的东西材质好，耐得住岁月的磨炼，但也没时间去做这些好东西了。他想冬天的时候倒腾点二手车的生意，反正买车回来，暂时卖不出的话可以拉客人回本。本地的店有相当一部分都是外地人来开的，他希望香格里拉这块净土不要像丽江一样被商业化，到处都是人。他觉得钱挣多少都不够，人不能掉钱眼里，每个人都有每个人的活法，只要全家幸福安康就很好。

大哥现在最大的愿望是入伍，只是随着年龄越来越大这个梦想已经很远了。女儿准备上学了，他要为她创造良好的生活教育条件，希望孩子长大以后能走出去学习。他家中有一台电脑，主要用来上微博，这是演艺界明星古天乐来店里时教会他的。他不上网时候就在家陪孩子，看看新闻或电视节目《说事拉理》《心理访谈》。我们希望他在接触最新时讯的同时，能慢慢摸索出更精彩的路，为孩子、为家、为餐厅带去另外一种生活色彩。

十五、能工巧匠

（一）军人与藏刀——朱红忠

卓玛是我们此行的小向导，她的爸爸朱红忠叔叔是一个经历丰富的人，去过很多地方，也比较了解康巴藏区的文化。于是，我们来到卓玛家里采访她的爸爸。朱红忠叔叔肤色黑红，体格结实，是位淳朴憨厚的藏族汉子。

朱红忠叔叔说，他1981年参军到部队，他当时只有18岁，21岁从部队复员，一共当了三年兵。朱红忠这个汉名也是在部队起的，一直用到现在，原来的藏名倒是用得少了。朱红忠叔叔是在中缅边境的边防部队中参军，属于边防十团三营八连。部队里从排长到连长，都是中越战争中回来的老兵，很多首长都是立过一等功的战斗英雄。部队的生活比较艰苦，训练也很严格，但朱红忠叔叔的身体底子不错，在部队的表现也非常优秀。除了军事训练，部队里定期会组织政治学习。朱红忠叔叔在部队里继续学习了文化，了解了党的政策路线，因为表现优异，还光荣地加入了中国共产党。

军旅生活中，令朱红忠叔叔印象最深刻的一件事情是他作为警卫员，护送中国科学院植物研究所的十多个科学家到中国、印度、缅甸边境的原始森林中考察植物情况。原始森林里地形条件复杂、天气多变，还有猛兽出没，同时也偶尔会出现境外武装力量。因此朱红忠叔叔等十多位负责警卫的边防军战士，随身携带了冲锋枪和子弹，同时还携带了电台与总指挥部保持联络，同行还有十多个民工，为科学家及警卫战士背负食品等行李。朱红忠叔叔说那次的考察虽然条件非常艰苦，但是科学家们收获不小，虽然他并不是很了解具体的成果，但是他说那次科学家们在边境地区发现了一种红色的冬虫夏草，不同于常见的黄褐色的冬虫夏草，十分奇异。

因为是在中缅边境的边防军中服役，朱红忠叔叔跟缅甸也有过一些接触，他说缅甸很多老百姓懂藏文，也热爱毛主席，对中国人比较友好。但是缅甸很不发达，修公路还需要中国提供炸药。所以朱红忠叔叔为自己是中国人觉得非常自豪。朱红忠叔叔虽然已经从部队复员多年，但是每年都会跟附近的战友聚会。他还拿出一张“八一”老兵会的通讯录给我看，上面记载了几十名退伍老兵的姓名、家庭住址和联络电话。朱红忠叔叔说，三年是战友，一辈子都是兄弟。

朱红忠叔叔复员以后做过很多年的藏刀生意，说起藏刀的来龙去脉滔滔不绝。他说康巴藏族的汉子人人都会佩一把藏刀。男人没有刀，就像老虎没了牙齿。男人之间说话，最喜欢的话题就是跨马和挎刀。不同藏区的藏刀略有不同：拉孜的藏刀特别锋利，讲究实用，装饰比较少，刀的鞘、把用铁打，一般不镶珠宝。林芝的藏刀主要用来砍柴打猎，所以比较长，刀鞘多为木质，爱用野兽皮和爪做装饰。安多的藏刀分男用和女用，而且会镶嵌很多宝石做装饰，主要用来宰杀牲畜。香格里拉属于康巴藏区，康巴的藏刀主要是战斗的武器，所以不仅对刀本身的要求比较高，刀在装饰上也要能够衬托出武士气概。刀鞘材料一般使用黄、白铜或纯银，还会镶嵌各种宝石。

藏刀具有生产、生活、自卫、装饰等多种用途，朱红忠叔叔说藏家宝刀分很多种，有结婚时作为贺礼的刀，也有打仗专用的刀等等。朱红忠叔叔还拿出了自己收藏多年的古藏刀。一把古藏刀长度大概有四五十厘米，朱红忠叔叔说这把刀是腰刀，刀鞘上的绳子可以系在藏装里，从而挂在腰间，骑马的时候拔出来比较方便。腰刀的刀把是木制的，镶有象牙，由于年代久远，原先洁白的象牙已经泛黄。铜质的刀鞘上刻着鹿、鸟、祥云等各种吉祥图案，刀鞘的中间还包着一块绿色的皮革。朱红忠叔叔说那是一块鳄鱼皮，过去的马鞍、藏刀上都要配鳄鱼皮。我很奇怪，香格里拉位于云贵高原上，怎么会有鳄鱼皮呢？叔叔说，鳄鱼皮是通过茶马古道上的边境贸易，从印度交换来的。另一把古藏刀则十分小巧，大约十几厘米，只有两厘米左右宽，铜质的刀鞘上雕刻了精美的图案，木制的刀柄上也镶了象牙。这把藏刀的特别之处在于，刀鞘中不仅插有一把尖刀，还插着一双象牙筷子。朱红忠叔叔说，这是走茶马古道的客商用的藏刀，刀可以用来切肉，里面的象牙筷子用来当餐具吃饭，十分方便。

藏刀锻造精致，镌刻的花纹细腻，并附有藏文，系有五颜六色柄穗，在过去是藏族人民的实用品，现在则是非常具有民族特点的藏族工艺品。当旅游业在藏区得到发展以后，中外游客都对传统藏刀表现出浓厚的兴趣，在市场需求的驱使下，藏刀作坊如雨后春笋一样冒了出来。朱红忠叔叔说，一百年前打造的藏刀是水平最高的，但是铸造工艺已经失传了，现在由于旅游开发，藏刀很受游客的欢迎，于是有人在造藏刀。但是现在制造的藏刀百分之九十以上是白族人模仿过去的藏刀打造出来的。这些新打造的藏刀，除了在刀鞘的镂刻上继承了一些传统工艺外，其他方面和过去打造的藏刀已不可同日而语。正因为这样，真正的藏刀爱好者一般不会买新造的藏刀，而要千方百计去寻找“老刀”。朱红忠叔叔说，自己过去做了十二年刀具生意，到过整个康巴藏区，也去过很多次西藏，都是为了收购民间的古藏刀。收购古藏刀的时候，就点一根烟，坐在村口的树下，然后跟村里面的老人聊天，打听谁家有好的古藏刀。那个时候经常收上来一千元左右的古藏刀，然后带去大理、昆明卖。等慢慢赚了三四千元以后，就租了个门面，开刀具店，在门面里卖。但是后来朱红忠叔叔生了一场大病，同时门面每年都要续约，经常要搬家换门面非常麻烦，就不再开刀具店了。

朱红忠叔叔过去还做过一段时间的藏獒生意，他说藏獒能够保护家庭，是藏族人重要的财产。所以建塘村的居民虽然城市化程度比较高，但是家家户户仍然养有一条藏獒，用来看家护院。这些藏獒在白天会被关住，晚上再放出去，不仅能够防卫豺狼虎豹，也能抓些老鼠。藏獒时刻警惕，不知休息，非常聪明。但是拴藏獒要用桦树皮做的绳子，因为这样的绳子有韧性，才不会伤害藏獒。藏獒平时非常皮实，但是母藏獒孕期就很娇贵，而且母藏獒一胎会生十一二只小藏獒，要非常细心地伺候好它们，才能让母藏獒得到休养，小藏獒得以存活。这个时候不能给母藏獒喂鸡肉，它吃了鸡肉会死掉。另外为了保持母藏獒的体温，要给它在窝里垫三四床军用毛毯，在生下小藏獒以后，还要给母藏獒喂青稞酒催奶等。

朱红忠叔叔生病以后就很少外出做生意了，家中里里外外的活都靠卓玛的妈妈一个人操持。说到这里，朱红忠叔叔有些不好意思地对卓玛的妈妈说了一句：辛苦你了。卓玛的妈妈则捂着嘴巴乐开了花，我们也都跟着笑了起来。朱红忠叔叔说，自己和妻子是父母包办的婚姻，是典型的先结婚后恋爱。结婚之前只见过一面，双方都没什么意见，就结婚了。过了几十年的日子，觉得父母的选择非常正确。朱红忠叔叔坦率地说，他觉得包办婚姻比自由恋爱更好。因为建塘镇的很多人都是被父母包办结的婚，有的是在结婚那天才第一次见到对方，有的像他和卓玛的妈妈那样，是婚前见过一面，相互没什么意见，就定下来了。但是这样被包办结婚的人离婚率很低，夫妻感情都比较好，反而是自由恋爱的人离婚的多。

朱红忠叔叔说自己的父亲是一名通信员，负责连接电缆，这是过去建塘村的与外界联系的生命线。自己的母亲在旧社会是奴隶，家里一点地都没有，要给地主干活，但是奴隶和地主的关系非常好。每年丰收以后，地主会给奴隶分粮食，地主家杀牛也会给奴隶分肉。地主和奴隶不仅生活在一起，还送妈妈的妹妹上学。因为建塘村的居民普遍信仰佛教，相信如果做坏事会有报应，所以地主也不会虐待奴隶。而且直到现在，朱红忠叔叔家和原来地主那一家人的关系仍然非常好。新中国成立以后，家里分到了地，而且朱红忠叔叔的母亲还担任了生产队队长，要负责向各家各户传达消息，是一位非常能干的人。朱红忠叔叔的家里原来有八亩二分耕地，后来政府为了开发规划要统一征收，就慢慢都卖给了国家，有的是按八千一亩卖掉的，有的是按一万五一亩卖掉的。现在孩子都长大工作了，家里有卓玛妈妈养牦牛卖酸奶和奶渣，家里还准备开一间旅馆。我们也衷心地祝愿朱红忠叔叔一家人生活幸福，日子越过越好。

（二）传授唐卡的喇嘛——洛桑克珠

喇嘛洛桑克珠，现在居住于建塘村，是唐卡学会的指导教师，与他的好友扎巴格丹一道，致力于香格里拉传统文化的保护和传承。

在挂着“唐卡学会”牌子的传统藏式木楼里，我见到了喇嘛克珠本人。他年龄不算很大，穿着藏传佛教的僧衣，态度礼貌而庄严。喇嘛克珠说，他出生在香格里拉县东旺乡，从小就很崇拜僧人，梦想成为一名和尚。他七岁出家，在他首位上师强巴益南的教导下开始修行。十四岁时，他的老师到深山闭关修行，于是洛桑克珠前往西藏寺庙修行。随后他又去印度的佛教寺院中学习佛经和唐卡。“因此我的藏文和英文要好一点，汉文是最近开始学，不太好。”喇嘛克珠谦虚地说。其实他的汉语已经比较流利，而且地方口音也不重，发音比较标准。

喇嘛克珠说，他是从十七岁开始学习唐卡。他先是在印度南部的藏传佛教寺庙里学习唐卡绘画、西洋油画、中国国画和古印度画的画法和技巧，之后又到印度北部，跟随唐卡大师桑耶益西学习佛经和唐卡。2006 年喇嘛克珠决定回到家乡香格里拉，传授他所学到的知识。当时有很多商人邀请他参与绘制唐卡并出售，并许诺给他丰厚的报酬。但喇嘛克珠不为利益所动，更不愿将自己的才华用于商业目的。直到遇见扎巴格丹，喇嘛克珠非常赞同他保护香格里拉民族文化、服务社区居民的目标。于是喇嘛克珠加入了由扎巴格丹创立的香格里拉民族文化多样性传承与保护协会，为各类学员指导唐卡绘画和解说佛经。

喇嘛克珠也为我们详细地介绍了关于唐卡的知识。唐卡的藏语原词义为印章、印刷或布画，指用彩缎装裱后悬挂供奉的宗教卷轴画。唐卡的题材内容以佛教神灵形象和宗教故事为主，同时也涉及藏族历史、政治、文化和社会生活等诸多领域，堪称藏民族的百科全书。唐卡的颜料是选用天然矿物、珍贵珠宝、植物如藏红花，经人工研磨而成。喇嘛克珠说，古代僧侣聚集的寺庙卫生条件不好，传染病流行，而将使用天然矿物、药物颜料作画的唐卡悬挂于寺庙墙壁上，可以起到预防传染病的作用。同时，由于游牧民族对金银、珠宝的偏爱，藏族唐卡画家也喜欢用大量的金粉、银粉用于装饰唐卡，从而形成富丽堂皇、庄重恢宏的整体效果，以此来表达对佛的顶礼崇拜。除了使用的颜料有特别的讲究之外，唐卡的绘制手法也与众不同。画师用针尖般细小的鼠尾笔勾勒出比发丝还要纤细的线条，对每一处细节都一丝不苟，如实描绘。笔势流畅自如，即使是最微小的服饰花纹，也如行云流水一般，繁而不乱。唐卡不仅是绘画艺术品，同时还是工艺美术品。在装裱工艺上，要求精致完美、用料讲究。唐卡的画布被装裱在丝绸或锦缎上，画布的上方一根天称，下方一根地横。为了保持垂直平衡，通常还在地横的两端镶上金或银器。

唐卡是一种艺术和宗教的结合品，它以天然珍贵的原料、丰富多彩的颜色和佛教人物的行为姿势来表述佛经的理论。它有着哲学、宗教和艺术的丰富内涵，也反映了各时代现实生活的片段。唐卡起源于壁画，关于它的起源还有个美丽的传说。唐卡的藏语音为 RiMo，意思是山中的女子。传说有一牧羊少年，在山上牧羊时喜欢拾起地上的石子在岩石上画画。一天见到一个美丽的女子，被深深吸引并追随她来到山中，但女子忽然消失。牧羊少年失魂落魄地在山中寻找，始终没有再见到这女子。于是牧羊少年每天痴情地用石块在岩石上画这女子的肖像，画像被深深地刻在了岩石上。

在公元七世纪藏王松赞干布时代，佛教内容开始进入唐卡。古代伟大的高僧喇嘛们在冥想时将观想中的佛、菩萨用唐卡的形式记录下来，并悬挂在寺庙中。那个时候，最优秀的唐卡画师往往出自寺庙，他们有的是高僧喇嘛，有的是活佛。他们把唐称为草原，卡称为蓝天，佛和世间万物被描述在草原和蓝天之间。身为活佛和高僧喇嘛的唐卡画师，在开始画唐卡之前，要茹素沐浴，念经打坐。在唐卡的背后只能写上简略的梵文或佛教真言，作画者是不能在唐卡上留名的，因为会有凡人之气。唐卡画完后，喇嘛们要念经，用哈达包好，方才能将唐卡送出门。在藏族历史上，也曾出现过灭佛的黑暗时期。当时佛教活动被禁止，所有的佛像、唐卡等等被禁止展示，于是高僧喇嘛们智慧地运用动物、植物或者传说故事来隐喻佛经，从而创造性地传承了佛教。于是现在的唐卡中除佛像外，还有许多佛教的符号，另外还有天文、历算、藏医学、动物，乃至藏族传说故事等，常常是来自画师的观想素材。

最早的唐卡画师都是喇嘛，绘制唐卡是用于宗教祭典。所以唐卡属神物，大量供奉于寺庙，普通藏民也会将其请回家去，悬挂于经堂墙壁上，祈求庇佑。今天，在藏传佛教寺庙或藏民民居，仍能看到绘有佛、法、僧的唐卡。因此，唐卡是艺术和宗教的结合品，它与藏传佛教有着千丝万缕的联系。唐卡这种艺术形式，并非纯粹为艺术，更是为宗教而存在的。喇嘛克珠说，唐卡艺术是那些伟大的修行者所创造的，他们通过精湛的绘画技艺，将对宇宙万物深刻洞察表现出来，并且传达智慧。这种深刻洞察与精湛技艺的完美结合使得唐卡成为佛法教学、证悟和修行的观想对象。在唐卡的创作中，这两者缺一不可，否则唐卡将不会表现出它的全部意义。只有当精湛的画技与对心性深刻的观察集中在一个人身上，这样的人才可以称之为真正的唐卡大师。

如果心中没有对菩提心的理解，一个画家就永远不可能表现出佛陀的慈悲。大师画出的唐卡有他对佛的理解和观照，那样的唐卡是活的，而画家画的唐卡没有创造，只是普通的工艺品。

喇嘛克珠认为学习唐卡画并不是去临摹、还原古老的艺术，画唐卡也是一种修行的方式、一种对内心世界的探索。一副唐卡画同时展示了教师和学生二者对佛的理解，如果理解是纯净和深刻的，画出的唐卡才可以表现出真正的价值。如果画出的唐卡只是让人看到一个令人惊骇、色彩鲜亮的形象，而看不到作品真正想要在我们心中点燃的东西，这是因为画家并没有真正意识到他所应描摹和表现的东西。与其他的古典艺术作品一样，一副真正的唐卡会很容易引起我们情感的共鸣。在欣赏唐卡的时候，也需要把握画技和心性二者之间深刻与微妙的关系。当我们看到画家工作时，会被一种力量震撼，并自然而生对自然界的敬畏；当我们欣赏一副由大师绘制的唐卡时，菩提心也会自然从心中滋生起来。

在香格里拉的唐卡学会里，喇嘛克珠每天要指导不同的学生学习唐卡绘画，并讲解佛经。并不是只有佛教徒才能学习唐卡，任何希望增加知识和智慧的人都能够有所收获。唐卡虽常被说成是教条式的，但唐卡的真正本质是完全相反，它允许心灵真正意义上的自由探索，并在画布上表现。所有的唐卡画都以网格系统为基础，这在外行看来是一种阻碍和制约，但实际上正是非常这种严格的结构，使心灵能够输出真理。这种创建心灵和外部形象一致性的努力，正是全世界大画家能够完美展现的。绘制佛像的双眼可能看起来像一个简单的任务，但画出的佛眼，要表现你所捕捉到的佛之智慧和你对这种智慧的理解，这需要一生的工夫。

他会要求学生先学文化、学佛教，有了菩提心再学绘画。他认为唐卡的“文化”，是佛的文化，而非藏族的文化。他说自己年轻的时候，脾气不太好，不懂得忍耐。他去印度学习唐卡的时候，师父告诉他：不懂忍耐，就不会懂得慈悲，没有慈悲，就没有菩提心。真正的佛门弟子没有敌人。他认为信迷信不是信佛，更谈不上懂佛。禅宗认为没有证据的话不能相信，别人告诉你那个东西是一块金子，你应该先考察一番，确定那是金子，才能相信，信佛也是一样。建塘村的村民普遍信佛教，但他认为那种请和尚念经的形式只是迷信而已。即使是信佛，为自己修行是小乘佛法，为众生修行才是大乘佛法。

2008 年的汶川大地震，使四川眉州大旺寺受到严重毁坏。为了帮助大旺寺重建庙宇，为了给灾民祈福，在香格里拉民族文化多样性传承与保护协会和社会人士的资助下，喇嘛克珠亲笔绘制过一副琉金大型四臂观音唐卡，并同会长扎巴格丹一道将唐卡赠送给眉州大旺寺。那幅唐卡缝纫在精心挑选的丝绸上，全长3米，宽2米，重约15公斤，是喇嘛克珠选用黄金、朱砂、孔雀石、砂晶、琥珀、珊瑚、珍珠、藏红花等天然材料，耗时三个多月精心绘制而成。喇嘛克珠描绘的四臂观音是观音菩萨众多化身中的一种，菩萨白色的身体代表清静无瑕的身、语、意。菩萨前面双臂当胸捧着如意宝瓶，表示一切众生都是观音菩萨心中的宝；左臂持莲花，表示净化一切烦恼；右臂持一串念珠，表示救度众生出离轮回之苦，莲花座象征清静境界。观音菩萨低眉慈目，显示对世间的无穷无尽的慈悲。天空中太阳和月亮，表示观音菩萨无时不在。云彩、溪流、动物、鲜花，展示着宁静与和平。那副唐卡下方则是喇嘛克珠的独特创作：他画了藏人、汉人、蒙古人和喇嘛，纷纷双手捧起白色的哈达，敬献给慈悲的观世音菩萨——这代表信奉观世音菩萨藏族人民、汉族人民和蒙古族人民是来自同一个大家庭的兄弟姐妹。

（三）老铁匠——谢永健

这年代，建塘中能修锅补斧头的人几乎没有了，而谢铁匠是一个大家着急时能一定能帮上忙的能手。年轻时候的他是个好铁匠，现在他没有专门的铺面，但是只要有人送到家里，他一定不辞劳苦，既做实在活，收费又便宜。

谢永健，男，藏族，藏名农布则仁，1954年出生。出生的时候叔叔家中一共八口人，爸爸妈妈、大哥、两个弟弟和两个妹妹。当时爸爸在毛纺厂工作，每个月21元的工资，妈妈在他15岁的时候就去世了，留下爸爸一个人辛苦的养活他们几个兄妹。虽然穷点苦点，兄妹几个人都上学了。初一时，他是班里的优秀生，本来有望读完初中后当个老师，但是上了半年后家里实在缺少劳动力及辍学了。当时，他人小力气也小，打工也只能从小活做起。他去过建筑队挖土方，一天七元，也去过野外挖药材卖给卫生局，抵消家里生小病的医药费。家里弟妹上学的费用全靠他和爸爸挣，哥哥去丽江当修理工做上门女婿后就没有回来过，一年仅给二妹30元学费。后来他爸觉得这样下去，夏天还能有点收入，冬天没收入可不是个办法，就要他去学打铁。他爸动员他的时候说“饥荒3年饿不死手艺人”。于是他带着全家的希望，参与到了集体打铁队伍中去了。

1971 年，他的学徒生涯开始了。本地铁匠招工每个月 18 元，但他小学毕业生达不到水平，只好老老实实的从最苦最累的活干起。他每天第一个起床生火，要在师傅和师兄来之前把火生得火旺。干活时，一会儿帮这个拆螺丝，一会儿给那个修理斧头、锄头、镰刀等农具，吃饭前也要先收拾好铺面才能去吃饭。活里最辛苦的就算打锤了，这活一个师傅带一个徒弟，师傅掌小锤，敲敲打打，徒弟要抡几斤重的大锤，一天打 8 个小时很正常。比如做镰刀这样的小件农具时，先是把发热的铁夹子放到火里，打在半成品的铁块上，等夹子一黑又得放到火中，烧到火红的时候继续打，来回重复到把厚厚的铁块打成比较薄的铁条。下一个工作就是打出锯齿，这个不像打锤，只要打中就可以，每个锯齿要一模一样，打的时候不但要对准地方，速度一样，力气也要均匀。熟能生巧，学徒一天到晚都要埋头打，刚开始的时候虎口震得生疼，长期下来手磨出厚厚的一层老茧，慢慢就能习惯这么大的力度和工作量。为了能尽早掌锤，叔叔每天回家后就拿个木头练习使劲地力度和幅度，家里的小木头从来不劈，全靠他一个人练习的时候劈好了。工作不负有心人，六年后叔叔终于出师带徒弟了。这时候铁匠们都在单位上班，有活的时候大家一起去干，但是效益并不好，加上工作没档案也算不上工人。

1980 年，谢叔叔等弟弟妹妹成家立业后，自己也成家了。阿姨是来自本地的一个农村姑娘，嫁过来的时候分了点田地，他们开始耕种田地，加上叔叔单位工作的一点钱，补贴家用还是不够。于是叔叔自己买了点工具，搭个小铺，年老的父亲掌钳，自己打大锤，勉强维持生活。后来女儿出世，妻子又怀上了一个孩子，家里就他一个劳动力，父亲年老干不动活了，生活就没有那么轻松了。那时候各家之间建房子都是互相帮助，今天你帮我，明天我帮你，总之要出个劳动力去帮忙。有一次叔叔在山上当帮工砍木材，山路不好，全靠人力、马车和牦牛拉到山下，再由拖拉机运回到村里，拖拉机 20 天左右才运一次木材。在这期间，谢叔叔砍木材的时候不小心让树枝砸伤了右脚，引起骨头脱臼，没有及时放回去，造成缺血性右骨头坏死。那时候大家都忙着砍木材，认为伤筋动骨对劳动人来说是常事，休息几天就好。12 天后，拖拉机回到村子给他们家里捎回口信说他脚伤一直没好在山上待着。家里赶紧找辆车接回来把他送到当初整个州唯一的一个医院——迪庆州医院。刚好院长是隔壁邻居的熟人，才得以 500 元做了个简单的手术，复查后恢复比较好，但延误了最佳治疗期，走路都拐着走。其中，这笔药费全靠亲戚和自己筹集。手术刚过三个月儿子出生了，家里困难得不行，谁都需要照顾，老父亲照顾女儿都忙得够呛，幸好妻子家里派小姨过来照顾。这时候，家里的老人坐不住了，带孙女的过程中编些篮子、簸箕卖掉挣几元，那点钱总算能买点油盐酱醋。过了几年，叔叔右脚炎症又发作，但没再治疗，而是用钢板固定，走路就一直这样一拐一拐。

病情差不多稳定后，叔叔盘算着继续开小铺子，单位有活的时候就去做，并在 1985 年的时候借钱买了拖拉机拉土做建筑。那时候整个县城就四个铁匠铺，叔叔家做得最好，修一把斧子、砍刀才 0.15 元，都比别人家便宜，生意还行。日子一天天过去，小儿子才 9 岁，还需要上学。于是叔叔继续开自己的铁匠铺。这时候不但老父亲在帮忙，小儿子也开始上手了，儿子 10 岁的时候已经能和爷爷一起给乡亲们补补锅了。叔叔则不断地在外面找活干，只要能挣钱，他就不怕脏不怕累。妻子身体不好，经常生病，后来查出来是心脏病，常引发脚和眼睑发肿，每个月总要花钱买药吃，这个家全靠他了，他不能懈怠。

1987 年，城建管理要求开铺子都要改建小木房，花去这成本后，每个月的收入刚刚够够全家的花销。1991 年，单位的整个铁匠队全散了，这个收入就没了。这个时候店铺挣得越来越少，加上身体有时不大舒服，根本就做不了大件的产品，小店只修补小件农具了。1995 年，城建局又要求把小木房建成别的样式，叔叔买不起门面和店铺，铁匠铺关掉了，在家里揽点铁匠活做。加上女儿也能打工挣点钱，儿子从小学毕业后就没有继续再读，家里总算能维持过下去。2001 年，整个古城重新规划，这时候叔叔又想开个铁匠铺，但是单城建局要收一年一百多元的地皮费打消了叔叔的念头。2005 年以后，人们生活好了，大家不再过缝缝补补的生活，农具要是坏了买个新的就好，没有几个人找铁匠，叔叔赚不到钱，家中儿子开汽车挣的够家里花销了。

但谢叔叔闲不住，他琢磨着，家里穷，儿子没有成家，老伴又需要吃药，女儿将来还要嫁出去，自己总归得在能挣钱的时候为孩子们创造点价值。于是叔叔就去外贸公司当保安守大门，每个月挣几百元。一直到 2009 年孙女出世后，叔叔就在家里照顾孩子，陪老伴。自己家里一直比较穷，现在享受农村低保，每个月 95 元。现在家里媳妇开了个小货摊，一个月总归有 900 元的收入，儿子则在堂弟家的店里帮忙，每个月工资 3000 元左右，家里一年下来总还算有2万的存款。家里的房子建得比较简单，上下两层，楼梯比较窄小，电视、电冰箱也是儿子成婚后买回来的。

今年4月份，叔叔炎症再次发作，需要把原来的钢板换上钛活金。这一次主要换个支架，刚好当地医院里有昆明来的专家来会诊，他治疗的初步费用是八九万元，医院为贫困家庭的他减免了几万。这一趟共花了4万元的医药费，一下子把家里的存款全花光了。庆幸的是，新农合可以报销1万多元，他打心眼里觉得对这个政策政府用在为民着想的点上了。只是后期的报销阶段比较麻烦，先要到民政局报销，拿到4000元，再到医保中心等各处报，来来回回跑好几次才把钱报销完。叔叔现在在恢复期间，还拄着拐杖，复查结果恢复不错，九个月后就可以丢掉拐杖了。平日里就在屋里待着看看电视，陪老伴唠嗑，逗逗外甥女。

叔叔说现在一年中他还是给村民做几次铁匠活，他自己觉得这活儿现在学的人少了，但他的同龄人都觉得有这活计好，大家在兄弟会中都希望能有机会学学。可是环境所致，县城要求美观，铁匠铺是开不起来了。这个活儿又磨人，没有个几年的时间是学不会的，现在的生活方式和现代年轻人的狂躁导致这类辛苦的方式终究要被市场淘汰。叔叔说自己家里那些工具都还好好的存放在屋子的角落里，他时常去翻看，看到那些工具，他就想起走过的日子。时代变迁，“手艺人”也该换个概念了，现在的年轻人会开车，思想活络，有点底子整出个新思路才是真道理，叔叔边说边笑着看看身边的儿子，儿子现在已经能撑起整个家了。虽然叔叔觉得自己的手艺没有把家撑到最后，但是他欣慰的是在最辛苦的时候是这门手艺撑起了这个家，而且祖孙三辈都学会了，老父亲那句话还是应验了。未来的日子里，他希望儿子能为孙女提供个好的学习环境，上网的时候多看点关于育儿的文章，好让孩子能把书念完，不再因为贫穷而失去机会了。

十六、人民公仆

（一）能歌善舞的老艺人——刘汉英

刘汉英，女，藏族，72岁，现在为香格里拉县建塘镇建塘村远近闻名的老年艺人。她的面孔经常出现电视节目中或报纸杂志上，并且经常在大型演出节目中担任主角或是关键人物，人们都说，刘老太是越老越“红”，越活越年轻啊！

香格里拉县的藏族是一个能歌善舞的民族，自古以来，人们忙时耕耘田间，闲时唱歌跳舞；在这片空旷的高原上，他们辛勤耕作，养育儿女，繁衍生息，生活的悠闲自在。高原的广阔，不仅培养了他们宽广的心胸，还让他们练成了一副好嗓子。在这里，人人都能唱上几嗓子，给大家一展歌喉，并配上一段锅庄舞，这些歌曲、舞蹈，不仅缓解他们劳累了一天的身子，还为单调的生活添上了几分色彩，所以，唱歌跳舞就如藏家的一日三餐一般，成了藏民们每日的必需的一段。刘汉英，就在这样的环境中长大了。

从小，天性活泼，开朗大方的刘汉英就爱唱爱跳，深得大家的喜爱，周围的乡邻非常乐意教她唱歌跳舞，刘汉英学的也快，小小年纪的她，就会表演各种藏家歌曲和舞蹈了。11 岁那年，因为家里贫困，读到小学二年级的刘汉英只好辍学回家了，虽然没能读很多的书，但聪慧灵敏的刘汉英，在这两年的学习中，给自己打下了良好的文化基础，她不仅能认识很多字，还能写得一手工整的汉字。

她 13 岁那年，县政府要在县里组织一批年轻人，去昆明学跳舞，得知这个消息后，能唱会跳的刘汉英马上就报名参加了，但是在这批报名的年轻人中，她是最小的一个，刚开始县里的人不愿意让她参加，刘汉英立马在地上捡起一根木棍，在地上写出了几个工整的大字，招录的人一看她还很有文化，就破格录取她了。这一优势为她赢得了这次难得的机会。

刘汉英来到昆明学习跳舞，她非常珍惜这个难得的机会，勤学苦练，几个月下来，她的各项舞蹈的基本功能得到了很大的改善。

从昆明回来后，刘汉英到县里的宣传队里去做了一个业余的宣传员。农忙时她就在家帮着做农活，闲时就到县上的宣传队去唱歌跳舞。17 岁那年，刘汉英的哥哥参军了，县里为了欢送这批参军的青年，就组织宣传队的男孩女孩载歌载舞的将他们送到了丽江，刘汉英也在这支队伍，当他们将这批军人送到了丽江军队的十三团后，刘汉英和伙伴们还为十三团的军人们表演了许多节目。

从丽江回来之后，生活又恢复了往日的平静。不久之后，县里又给宣传队带来了好消息，丽江的十三团正在招文艺兵，他们决定在中甸这里来选那些有文化，又有文艺功底的男孩女孩去参军。得知这一振奋人心的消息，刘汉英乐的一蹦三尺高。如果能当上文艺兵，她不仅可以为家人增光，还能脱离农村生活，进入军队学习生活。刘汉英赶紧报名参加了，为了能顺利通过，晚上从地里回到家，她拿起了小学课本，温习汉字，练习写汉字，还将从昆明学的舞蹈一遍一遍地训练。

选拔结果下来了，刘汉英的名字排在第一个。于是，刘汉英来到了十三团，在部队的文工团做了一名文艺兵，在这里开始了她新的生活。在文工团里，她认识了一个军人，在她22岁时，他们结婚了，原本以为生活就会这样一直继续下去。不幸的是，噩耗传来了，刘汉英的哥哥在军队中牺牲了，刘汉英白发苍苍的父母，从中甸赶到丽江，伤心欲绝的一家人，在丽江哭得昏天暗地，他们原本充满阳光的生活一下子变得阴霾了，刘汉英陪着家人哭，陪着家人将哥哥的遗体运回家，然后又操办哥哥的丧事。再次回到军队后，刘汉英觉得整个世界都变了，看到军队的那些军人，她就想起了自己的哥哥，军队的一草一木，都带给她伤感，在军队里，再也看不到她甜美的笑容了。郁郁寡欢的刘汉英，在军队待了几个月后，还是不能从失去哥哥的悲痛中缓过来，所以，她想到了离开，生活如果还想继续的话，她就不能这么悲观地活着，但是这里确实是个伤心的地方，如果离开这里的环境，换一个环境去生活，或许对自己有些帮助。就这样，刘汉英离开了十三团，回到了家乡中甸，和父母团聚了。那一次的离开，她与她的文艺生涯就一别了近40年。

回到家的刘汉英，从此就过上了普通农妇的生活，生活的艰辛和磨难，让她少了时间和精力去唱歌跳舞，关注更多的是柴米油盐的小日子。

在她65岁那年，全国兴起了全民健身舞，村里很多男女老少在晚饭后，都出去唱歌跳舞。埋藏在刘汉英心中已久的那颗舞蹈的小火苗，又开始蠢蠢欲动了。想着自己的生活已经步入晚年，年轻时未能如愿以偿的做一名艺术家，现在老了，再去跳跳舞，不仅可以让自己回味下年轻时的生活，还可以为自己的老年生活增添不少乐趣，思来想去，刘汉英再也按捺不住自己内心的渴望了，于是便吆喝上自己的几个老姐妹，让她们和自己一起，投身于全民健身舞。虽然几十年没跳舞了，可是一跳起舞来，年轻时的那种感觉又来了，身体虽不如年轻时那么活跃、有韧劲，但是一些基本功都还在，跳起来也不费劲，刘汉英的信心顿时大增，跳起舞来也更加大方自然了。大家见刘汉英跳得好，纷纷推选她为老师，教大家伙儿跳舞。于是，唱歌跳舞成了刘汉英每日的必修课。每晚七点到九点半，她都在独克宗古城的月光广场或是四方街教大家伙跳舞。很多想学习传统舞蹈的年轻人都知道了她这位老奶奶，也都纷纷过来拜师学艺，还有很多来香格里拉县游玩的旅客，在古城看到了这位能歌善舞的老人，也都过来找她学跳舞，一学就是几个月。

刘汉英跳的舞蹈，是藏族人传统的锅庄舞，还有她自编自导的一些民族舞蹈，现在找她学习的人越来越多了，大家都建议她开办一个舞蹈培训班，刘汉英拒绝了，她认为跳舞就是生活中的一项娱乐，大家开心就够了，其次，教大家伙跳舞是她愿意的，如果收钱的话，意味就变了。

刘汉英的名气越来越大了，很多知名的艺术家也主动找上门来了。因为香格里拉是中国最有名的旅游胜地，这里风景优美，自然古朴，很多艺人都来这里为他们的 MV 的录制选择背景，当他们听说了这么一位老人之后，都纷纷主动找上门来，请她到自己的 MV 中扮演角色。比如在谭晶的《永远的香格里拉》这首歌中，刘汉英在里面扮演了一个角色。谈到这些，老人感到非常自豪，她说，没想到年轻时的梦想，到老了还实现了。

刘汉英老人不仅自己爱唱爱跳，还带动家里的人一起唱歌跳舞。老人的孙女刘芳，从小就深受奶奶的影响，也跟着学习唱歌跳舞；在她上大学填报志愿时，刘芳毫不犹豫地选择了音乐教育。现在，她虽然未能如愿以偿的当一名音乐老师，但是刘芳说："追求梦想的道路不可能一帆风顺，就像我奶奶一样，年轻的时候，虽然没能当上一名艺术家，可是老了，她的梦想也慢慢地有些小小的实现，所以从奶奶的经验和教训中，我知道了，追求梦想是一辈子的事情，不着急一时半会的。"老人的媳妇追玛七林，是个腼腆的藏族女子，但是也爱唱歌，刚嫁过来时，刘汉英老人就发现了媳妇有这个天赋，于是，每次村里谁家有个红白喜事的，老人就极力推荐自己的媳妇上台演唱，现在，只要县里有演出活动，老人就拉上媳妇一起表演。媳妇追玛七林对我们说，老人就像她的亲妈妈一样，她们婆媳之间从来没有隔阂，共同的爱好和共同的梦想将她们紧密地联系在一起，她们不仅是亲人，更是志同道合的朋友。

不仅是大力鼓励自己的家人去唱歌跳舞，刘汉英老人还在村里找了几个爱唱歌跳舞的好姐妹，她们在一起组建了一个小组合，名叫"四姐妹组合"。另外三位老姐妹，都是老人在村里的好朋友，她们年龄相仿，又都是老龄协会的成员。当初在老龄协会时，发现她们四个人都有这个共同的爱好，刘汉英就建议她们一起唱歌跳舞，于是“四姐妹组合”就这样形成了。平时唱歌跳舞时，她们四个人总是站在一起，她们生动、专注的表演总是能将大家的眼球吸引过来。因为都是老年人，再加上她们总是穿着传统的藏服，所以认识她们的媒体有很多。

2007年，在迪庆藏族自治州成立50周年的庆典上，刘汉英老人作为民间礼仪队的带头人，她手捧青稞酒，满面春风地走在方正的最前面；这一刻的永恒记忆，被制作成一幅大的照片，挂在老人家的客厅的墙上，我们一进门便可以看到。

2009年是中华人民共和国成立六十周年，香格里拉县特地举办了大型的合唱表演，刘汉英老人和她的姐妹们一起担任了老龄协会女声合唱团的主唱。她们这一辈人，出生在新中国成立前，成长在新中国成立后，见证了在中国共产党的领导下，中国所发生的翻天覆地的变化，带着这种感情，这些老姐妹们将自己的心声融入歌声中，《十五的月亮》、《没有共产党就没有新中国》等一首首抒发对党的恩情的老歌，从她们的口中唱出来，是那么的震撼有力。最后，老人所在的老龄合唱团当之无愧地获得了合唱比赛的第一名。

在去年举办的康巴艺术节上，刘汉英老人和她的姐妹们又一次担任了康巴节的主角，她们在康巴节上跳起锅庄舞，唱起了民歌，引得媒体记者都将焦点聚集在她们身上。

刘汉英老人不仅是在本县跳舞唱歌，还经常和自己的姐妹们被外界邀请或是代表县里去外地表演，这些年来，她们走遍了祖国的大江南北，北京、上海、南京、无锡、西藏等许多地方都留下了老人们的歌声和舞蹈。

现在，老人的生活充实而又快乐，她说，她感到非常的幸福，在有生之年，能实现自己年轻时的梦想，这是一件非常幸运的事，不是人人都能像她一样，能够有如此好的机会的。老人说，现在唯一的愿望是能够去昆明的医院去治疗眼睛，因为现在视力不好，影响到了自己唱歌跳舞。

离开刘汉英老人家，我不禁感慨于老人对自己梦想的执着。一个人，能拥有一份梦想，该是多么幸福的事，而这份梦想，能够贯穿你的一生，最终实现，给你带来希望，带来快乐，带来充实的生活，这又是多么的幸运。刘汉英老人真是一个幸福而又幸运的人。

（二）烈士妈妈——松秀珍

松秀珍，女，75 岁，现在是建塘村二组的组长，松秀珍老人是建塘村远近闻名的“大人物”，不仅是因为她工作出色，连续 21 年都被社区的村民选为组长，而且她还拥有一个响亮的称号——“为国家教育好子女的好母亲”！

松秀珍老人一生共生养了 4 个儿女，这 4 个儿女，先后都被老人送到战争场上或军队中为国家的安全贡献过力量。大儿子张建全，17 岁时就离开家，走向战场，1981 年，张建全在一场战争中，不幸牺牲，现如今，大儿子的墓地还在他牺牲的地点文山县。女儿张建兰，在大哥牺牲后，就到部队里去接大哥的班，当了 5 年的兵之后，才回到家乡参加工作。老三张建忠，十几岁时就去四川当兵，在军队服务 3 年之后才回到家乡，在一所小学里做了一名乡村教师。小儿子张建勇，14 岁时就被母亲送到军队参军，在军队服务 4 年后，才回到家乡参加工作。也正是因为她的这种奉献精神，她和她的家庭多次被县政府、省政府评选为“双拥”工作中的先进个人和先进家庭。

当年，得知大儿子在战场上牺牲了，松秀珍和家人连夜奔赴文山县，看着自己辛辛苦苦十几年养大的儿子就这样再也回不了家了，她的心如刀绞。痛苦之后，她并没有因此而消沉、退缩，当她得知部队还需要人，她又将稍大些的女儿送到了军队。家里的亲戚都非常不理解松秀珍的这种行为，都怪她心太狠。老人说：“我也舍不得自己的儿女上战场，可是战场上总会有牺牲，不是我家的孩子牺牲，就是别家的孩子牺牲，如果我因为大儿子牺牲了，就不让子女去当兵了，大家看到我退缩的话，都不会愿意将子女送到部队里去的，国家的建设就没有了人，国家的安全就没有人去保障了，那我们的小家庭和个人的安全也就没有保障了，所以我绝对不能退缩。”

当时，她的老伴在修配厂工作，儿女都在战场上，家中就只剩下松秀珍一个人劳动。那时，她家共有 9 亩地，因为家里穷，她没有耕牛，所以这 9 亩地，全靠着老人的双手一点一点地去挖。虽然很辛苦，又没有帮手，但想着自己的家人都在为国家的建设而服务，她就一点怨言也没有，反而越干越有劲。不管白天黑夜，还是刮风下雪，都能在地里见到她忙碌的身影，就凭着这股拼命三郎的劲头，连续几年，她管理的土地收成特别好，并获得社区的“三八红旗手”的称号。

1986 年，因为她会劳动，会管理土地，又勤劳踏实，为人热情，54 岁的松秀珍被社区的村民们推选为小组组长。当上组长后，她的生活就更加忙碌了，不仅要管好自己土地的耕种收获工作，还要处理组内的所有的大小事情。谁家有个事情的，她都得亲自到场，因为经常走访组内的家庭，她对村里各家的情况更加了解，谁家要是有什么困难，她都看在眼里，记在心上。村里有的家庭因为人多地少，粮食不够吃，经常一家人要挨饿，她就将自家的粮食分给他们；有的孩子大冬天因为没有棉袄穿，冻得瑟瑟发抖，她就回家拿些棉花，布料给他们送去，让他们的妈妈给做件棉袄穿；她说，组民选她为组长，她就有责任带领大家过好日子，更何况自家的收成好，在家中吃饭的人少，所以能粮食、布料等能送给需要的人就送给他们。组民们对松秀珍也是敬爱有加，也学习她这种助人为乐的精神，经常相互帮助，共同渡过难关。

1991 年，因为她的突出贡献，她受邀请参加了云南省组织的一个有关子女教育的大会，在这次会上，她先后将自己的 4 个儿女送入军队的事迹被大家知晓，参会者都被她的伟大无私的奉献精神所感动，后来，大家一致推选她当选为大会的“为国家教育好儿女的好母亲”。得到这么一个巨大的光环，老人心里真是百感交集，想着自己牺牲的大儿子，她的心就特别的痛，但是想到自己的 4 个儿女在军队里都表现优秀，没给家人丢脸，她又十分的自豪。回家后，她将奖状和大儿子的遗像放在了一起，她说，她的这个光环是孩子们给的，是他们的勇敢，她才能获得这个称号，他们是真正的祖国的好儿女，但自己并不是一位好母亲。

1999 年，社里的几千多亩土地要分配到每家每户。谁都知道这个活并不好做，因为这是件麻烦事，要协调所有人的利益，不仅费工夫，做不好的还得罪人，遭别人误会甚至是唾骂。松秀珍当时是组长，她要负责分管小组一千多亩地的分配工作，接到这个任务，她深感压力重大，自己在社里当了这么多年的组长，还是头一次遇到这种难办的事情。怎么样才能使每个人都对自己所得的土地满意呢？松秀珍决定召开全组的大会，将这个情况告诉大家，让大家集思广益，共同想出解决的办法。

会上，大家吵得很激烈，好地每个人都想要，坏地都不愿往自家分。看到这种情形，松秀珍说：“我当社长这么多年，今天是我头一次碰到大家为了这些土地而吵得这么凶猛；早些年前，我们都穷困的时候，大家相互帮助，共同渡过了难关，现在，日子好过了，我们反而不能相互礼让。看到这种情形，我很伤心，这也让我的工作也无法继续下去，如果再这样争吵下去，是永远不会有结果的。我也不希望日后我们组里有家庭因为这次分配土地问题而留下怨恨，产生矛盾。组里这么多年来，从没见哪两家红过脸，今天竟要在这里撕破了脸吗？现在我们是一个组里的人，几十年、几百年后我们还是一个组里的人，我们是一个组里的人，我们的子孙后代也是一个组里的人，难道我们就要为了今天的利益，产生矛盾，然后让好几代人因为今天的矛盾而不相互来往、相互帮助吗？今天把大家召集来，是为了解决问题，而不是来看大家吵架的。”见到老组长头一次这么生气，大家都沉默了。最后，几位党员带头提出解决问题的方法，大家举手表决，有不同意的当场提出。组里的人将好地和坏地平均分到每家每户，每户人家都分到了好地，同时也承担一定面积的坏地。在松秀珍的带领下，他们组率先将分地的工作完成了，大家都对自己所分得的地表示很满意。最后，他们组在这次分地的中起了表率作用，获得了“社区内最团结的小组”的称号，松秀珍个人也被推选为“优秀组长”。

2000 年，松秀珍又获得了“双学双比”竞赛活动中的“女能手”的称号。“双学双比”活动是香格里拉县妇女联合会组织举办的一个活动，活动举行的目的是为了鼓励广大妇女学习科学文化知识，学习先进的劳动技术。为了响应妇联的这个号召，松秀珍带头组织了一个学习班，号召组里的妇女每天晚上学习党的政策、方针，学习先进的劳动技术，她们在一起，每天准时收看新闻联播，了解国内外大事，还专门请人从昆明给她们买回一些将农业技术的书籍，每天晚上一起学习交流。后来，在竞赛活动中，她和她们组的其他妇女，都获得了“学习能手”的称号。

现在，75 岁高龄的她，依然被组内的村民选为组长。大家都说，因为松秀珍老人工作做得好，大家都信任她，愿意她给大家伙协调关系，她就是组里的主心骨，缺少了她，就感觉没有了组织。步入晚年的她，本可以安心在家享福，每天晚上和姐妹们去广场跳跳舞、唱唱歌，但是因为社里经常有事情，她显得比同龄的老人要忙的多，也要辛苦很多。虽然年纪大了，行动不是很方便，松秀珍说她也愿意继续为大家服务，而且家里人也特别支持她的工作。“没有大家的鼓励和支持，我的工作不可能做得如此顺利，组长也不可能当的这么顺心。所以，只要大家支持我，我就一直愿意当这个组长。”她笑着说道。

虽然工作很忙碌，但是松秀珍也经常参加一些老龄人的活动。2001 年，她参加了老龄协会，在协会里，她和另外三个老姐妹一起组成了一个合唱组合，她们 4 人经常一起参加各种演出，代表香格里拉县出现在电视节目上。

老人说，自己现在的生活很幸福，她感到很满足，儿女们非常孝顺她和老伴，每周都会回家看望他们二老，要是生病了的话，儿女们都会轮番回来照看他们。生活中唯一的遗憾就是没能享到大儿子的福，这么多年来，每当她想起大儿子，就会觉得心痛。每年清明时和过年之前，他们一家人都要去文山县给大儿子扫墓。大儿子的遗像一直都挂在老人的房间里，在遗像的一边，放着军队颁发给大儿子的奖状，一边贴着他的坟墓的照片。

离开时，我们提议将老人所获得的各种奖杯、奖状等放在一起，和老人一起合影。然而那么大的一张桌子，竟然还放不下老人所获得奖项，没有办法，我们只好挑选了其中一些代表性的奖项，铺满了整整的一张桌子。老人端正地坐在桌子前，满是沧桑的脸上，露出了平和的微笑。那一张张奖状，仿佛告诉了我们每一个人，老人的一生是多么的丰富、多么的有意义。

（三）最可爱的退役军人——马京生

建塘一直有拥军优属的传统，自新中国成立以来县也一以贯之重视这一工作。我们有幸在了解藏族婚丧嫁娶的过程中，在一个长年经营花圈的老店遇见了一位退伍军人。他穿着军装坐在店铺里面的隔层，一听说我们来自中央民族大学，虽腿脚不方便，但他执意要见见我们，看着叔叔的热情劲儿，我猜他和北京以及这个学校有些故事，事实证明我的猜测完全正确。他坐着的时候看不出是生了病，站起来时脚微微有点跛，那双有神坚毅的眼睛和国字脸上以及站姿都还依然有军人的威姿。

马京生，男，藏族人，生于 1959 年 7 月，中国共产党党员。叔叔介绍的时候没有提到藏族名字，我就追问了一下，他说其实叫“京生”是因为他出生的时候就在北京，父母都在中央民族大学工作过。他的父亲是国民初中生，以前是大中甸乡五村的文书，在那之前加入少数民族地下中国共产党，参加过马帮，到过印度、尼泊尔。后来他父亲参加少数民族干部培训到西南民大读了三年书，接着就到中央民族大学当教师，任过共青团书记。当时任中共共青团书记的是胡耀邦，他父亲还和胡书记一起去过苏联考察过。那段时间，母亲则在中央民族大学的医院里当藏文翻译员。当初迪庆藏族自治州的州长到北京考察，发现他父母都是正宗的藏族，而迪庆州恰缺少少数民族干部，于是1960年他父亲调回迪庆工作，中间有过曲折，后来到79岁因病去世。母亲回来时因为整个州单位少，没有工作。从北京回到迪庆的时候，叔叔才1岁，姐姐4岁，他对那时候的北京根本印象，但是名字时刻让他想起自己的这个经历。

叔叔说他回来后就在当地的红卫小学上学，刚升初中，“文化大革命”就开始了。由于当时父亲是党校教师，在当地的松赞林寺办学被批“牛鬼蛇神”。作为反革命家属，他们姐弟俩都被学校赶出来看。13岁那年他就到生产队牦牛场里放牛，妈妈和姐姐则在生产队务农，爸爸则被下放到国有农场养猪。说到这里，叔叔还掰掰了手指，“五年的放牛生涯啊”，他感叹的说完，思绪又飘到那个时候。他年纪小，干不了大人做的活计，就一直在放牛，不管刮风下雨都要出工。最难过的莫过于下雨下雪天的时候找不到牛，不能回牛场交差，只好睡在大树下。当时全家中爸爸没有工资，全靠妈妈一个人挣工分，成年人是10分，姐姐挣半个工分，也就是5分，叔叔也是半劳动力，只能挣3分。家中缺粮，一整年吃的全是青稞面。这样的生活一直延续到1977年“文革”结束，冤假错案得到平反后爸爸在州委任统战部工作，母亲则在家耕那0.9亩田地。于是，家里的条件开始慢慢好起来。

19岁那年，叔叔满怀着保家卫国的当兵梦远离家人，在部队里服了三年兵役，一直从新兵当上了副班长。那时，每天早上6：00就起床跑5公里路，中午12：00午餐，下午1：00到2：00休息，接着训练到晚上6：00吃晚餐，晚上7：00学习政治课，生活井然有序。在当兵期间，叔叔自豪的提起了他参加中越自卫反击战的经过。“越南当局在我国边境制造流血事件，打死边民数人，打死边防部队、正常巡逻部队战士数人，为响应中央国务院、军委、在忍无可忍的情况下采取了自卫反击，我是个军人，军人的职责是为了保卫祖国，响应国家号召保家卫国”叔叔打着手势，那气势使我看到那时候叔叔在动员会上的激情。1979年2月的早上7点总攻开始，广西和云南陆海军一起，当时广西的指挥是许世友，打到了越南的大门良山省，云南由杨得志领导，打到了老街省。叔叔激动地说中国不侵略也不要越南一寸土地，完全是为了保家卫国。在向越南进军的过程中，要经过一条大河，他不会游泳，差点淹死，多亏众多战友又拉又扯到了河对岸。然后所有的战士都听从命令，低姿匍匐前进、潜伏、进攻，周围都是炮声枪声，震得他不时张开嘴，以免震聋了。只要攻克一个点，战士们就进行壕内搜索，抓获俘虏。说到这，叔叔突然蹦出几句我听不懂的话，听口音是粤泰语系，他解释那是越南话，所有的战士在政治动员出发前临时学了“缴枪不杀”、“宽带俘虏”、“跟我走”这几句越南话。作为边防团的士兵，叔叔打到那边也就撤军了。从发起战争到回来历时一个多月，他们被封为战斗英雄，成为人们眼中“新一代最可爱的人”。当时但凡参战，牺牲的战友追加一等功，伤残严重则是二等功，别的战士都获了三等功，叔叔就拿了个三等功。叔叔说在战斗中他从未退缩过，由于在战争中受伤，并且长期居住在潮湿的猫耳洞中，左脚落下终身残疾。

退伍后，叔叔依然选择武装工作。从 1981 年到 1983 年出现了胃出血，之后就在小中甸乡镇政府任武装干事，主要是在里面当教官，预备役副营（有 1000 多个人民子弟兵），学习各类政治知识，讲授各种军事常识，这些东西叔叔说五天都讲不完。出于对军营生活的热爱，叔叔把单位当家，未考虑成家。直到 27 岁，也就是退伍六年后，经过别人介绍认识了小他八岁的阿姨。那时候，叔叔是个简单干脆的军人，又有藏族同胞直来直往的脾气，他问阿姨是不是愿意和他结婚，愿意的话点点头，不愿意的话摇摇头，他说行就行，不行就不行，自己不会谈恋爱。听到这里叔叔模仿的认真样惹得大家都笑了起来，我一下子就想起了《激情燃烧的岁月》里某个相像的场景。就这样，阿姨点头后他们结婚了，叔叔说婚后的生活两人都觉得很幸福，少来夫妻老来伴啊。结婚的时候，他们家还是一间传统的藏房，上下两层，上层住人，下层养牲口，生活不断得到改善。叔叔说变化最大的就是收入，从进部队的时候一个月 6 元，升到副班长 7 元，班长 12 元，武装干事工资是 55 元，一直涨到现在的 3180 元。

1988 年 9 月，叔叔调到建塘镇政府任武装干事，在建塘镇响应号召缩编后仅剩下的击打炮连中做的是政治思想指导工作，平时主要学习和宣传党的方针政策，配合党的中心工作，搞好武装本职工作。

2005 年时，随着年龄越来越大，叔叔因自卫反击战引发的风湿病每到下雨天就疼痛难忍，从而影响了正常工作，在从事武装工作 25 年后不得已申请拿 85% 的工资退休了。

2009 年之前，叔叔甚至瘫痪在床，那时候孩子们都还在读中学，自己躺着心里很不是滋味，他说一个军人不能轻易倒下，一直坚持爬楼梯。2010 年，他终于能站起来了。说起生病的那些日子，叔叔指着在给客人卖东西的阿姨，眼里满是愧疚和感动地说“父母已经去世6年了，全靠阿姨一个人开着小店干活，全都靠她了！”其实，阿姨很早以前从经销公司下岗以后，就开始经营这家小卖部，卖烟酒麻将等杂货，但是花圈这一项是做得最久也最在行。现在自家的小铺子开了二十几年了，除了叔叔的工资收入，就全靠这个小铺子撑起家庭了，特别是解决了孩子们的上学费用。如今，孩子们都大了，大女儿今年22岁，是西南民族大学经济系的大一新生。小儿子20岁，当初响应国家“一人入伍，全家光荣”的号召应征入伍，因为自己身体不好，老伴一个人辛苦现在儿子退伍回来待业。叔叔说自己一辈子没有向组织申请过什么，这次自己写了个材料，希望儿子能继续为党做贡献，在当地找份好工作。

说起自家的变化，叔叔说其实是整个迪庆翻天覆地的变化给他们带来了好生活。他说自从十一届三中全会以来，当地人民的生活从温饱走向了小康，从砍木头变为了旅游，来这里的人越来越多。而迪庆自古以来还没有过飞机，现在机场也有了交通十分便利柏油路宽畅，不像以前那样只能坐军车，还时常在雨天遭遇土路塌方、泥石流。自己从小灵通、座机到手机都一一换过来，感觉时代的信息化更强了，叔叔掏出自己联想牌的手机，我们就互相记下了号码。叔叔说有事情就给他打电话，他这电话主要是给女儿儿子打打电话。这当儿，一个大姑娘跑进来，手里晃着一把钥匙交给叔叔。原来那是叔叔的大女儿，这会来放家里的车钥匙。叔叔家有两辆车，一辆本田，市价30万，主要是由阿姨开着，另外一辆是微型车，价值5万多。叔叔全家就他自己没有驾照，全靠家人开车带他才一起外出。每年12月，他们全家都会自驾车去一趟昆明，待上十多天散心，既可以放松游玩，又可以办点年货。现在家中什么现代家具都有了，房子也在好几年前盖成了两层的水泥房。另外，家里还有一块九分七的土地，等儿子工作挣点钱后再盖幢房子。由于那个店面刚好在古城黄金地段，地价一直在上涨。叔叔说等各种手续办齐了，他就进行策划。

现在，全家一般都在小店的二层里吃住，每天早点都是牛奶、面包或者馒头，午餐是炒米线、弥块（一种面食），晚餐是四菜一汤。叔叔说孩子们现在不爱吃藏餐了，自家是个传统的藏族人，还是喜欢酥油青稞面，只是生病后就吃得少了。叔叔闲暇时间就下棋、养花、钓鱼，还有一只刚从丽江买回来十几天的小狼狗。叔叔说吃穿住行都不成问题，得注重精神生活的培养，每天也听听新闻，看看报纸，了解下国家最新的方针政策。

叔叔说他自己现在主要是保重身体，等姑娘毕业了，儿子工作了，自己该尽的义务也差不多了，剩下的日子就该让为家付出辛劳的阿姨休息享福了。其实生活就像叔叔说的那样，每天都有点盼头，不畏苦难，终究会好起来的。

十七、村中能手

（一）赤脚医生——马京妹

马京妹，女，55岁，藏族，是建塘村三组的居民。

她现在是建塘镇远近闻名的赤脚医生，附近的人民都尊称她为“神医”。从19岁起，马京妹就开始做赤脚医生，一直到去年退休，一共做了36年。在采访她之前，村里人告诉我们，马医生能通过人的脸色、五官、表情等观察出你身体里存在的各种隐形病情，并准确的告诉你该去吃哪种药，从没有错过。经过她诊断的病人，从不需要花额外的钱再去反复诊断，一看一个准，所以她在当地特别有名，周围的人都乐意找她看病，甚至远在几千里外的外村人也慕名而来。

这一定是一位充满着神秘色彩的江湖人物，我们对采访她特别的期待，多么神秘的一位人物啊。见到马京妹本人时，才发现她与我们想象中的形象完全不一样。她个子高高的，人很瘦，穿着打扮和一般的妇女没有很明显的区别，梳着一个马尾辫。我们去采访她时，她说最多只能和我们讲半个小时，因为孙子在睡觉，怕一会睡醒了要哭闹，现在她已经退休了，专职在家照看孙子。这是那位“神医”吗？我们不禁有点疑惑，她好像与人们对她的描述不很匹配啊，怎么感觉她跟我们在街头巷尾见的普通的妇女没有太大的区别呢？好像她对自己的“丰功伟绩”一点儿也不想要给我们说说，对人们封给她的称号也没有一点儿自豪感。

带着这样一系列的疑问，我们开始了对她的采访。

马京妹，小学毕业，19岁那年，她被选送到香格里拉县的县医院去学习，主要是学一些医疗方面的知识，因为当时县里面这样的人才很缺乏，需要一批女孩子去学习，为将来县里的卫生防疫事业备好充足的人员。而她正好学完小学，在当时，她是为数不多的几个能够上完小学的女子，算得上是一位有知识、有文化的人。从县医院学习了半年之后，她被分配到县防疫站专给人们打预防针，还顺带给人看些感冒等的小病。就这样，她在防疫站里开始了她的职业生涯。

原本以为，自己一辈子的工作肯定就是在防疫站了，可是后来，因为家中的土地被政府被征用了，原本都在种地的一家人，突然没有了土地，养家糊口就成了大问题，只能靠她一个人的工资。迫于生活的压力，马京妹决定自己开一家小诊所。

在开诊所之前，她考虑了很多因素，如果一旦出现医疗事故，她就得自己承担责任，到时候，不仅赚不到钱，还得赔得倾家荡产，让家人跟着受累；但是如果不开诊所，一家人的生计又该如何解决呢？思量再三，马京妹觉得已经没有退路了，只能硬着头皮前进。她暗自给自己打气："我一定会万分小心，一定不会出现医疗事故。"

抱着这样一份必胜的决心，马京妹开始了赤脚医生的生涯。

为了防止诊断错误，马京妹又自己掏钱去跟着县医院的专家学习医学知识，学着如何诊断病情，看人家是怎么诊断病情，安抚病人，然后又如何开药、打针。那段时间，她学的特别带劲，也特别的仔细认真。

从医院学习归来，她就开始接待病人了，起初的时候，她只敢给别人看看感冒等之类的小病。而且来找她看病的人，一般都是那些到大医院看不起病的穷人。马京妹深知穷人的生活艰难，穷困的人家是经不起大病的折磨的，所以就决定一定要仔细给他们看病，找出病因所在，不要留下后患。通常，他们来看病，她都会很仔细地问他们引发病情的各个细节，并给他们做一次全面的检查，给他们开药时，也是按照成本价给他们。"当时，我做医生那几年，只能勉强维持生计，因为我几乎没赚什么钱，来看病的都是穷人，我们都是互相帮助的，谈不上赚钱。"马京妹说道。因为所有的医疗风险都得自己承担，使得马京妹养成了事事小心的习惯，无论是给人看病，还是说话等，她都是小心翼翼的。这也难怪我们见她时，感觉她小小心心的原因了。"没有办法，改变不了了，这么多年来养成的习惯。"马京妹无可奈何地说道。

因为压力大，马京妹在刚开诊所的那几年里，从来没有睡过一次安稳的觉。每当半夜有人来敲她诊所的门，她就特别的害怕，想着是不是因为自己诊断失误了，把人家的病情弄严重了？她很担心这样的事情发生。有时候，虽然没有人半夜敲她的门，她也总是做一些噩梦，把自己吓得从梦中惊醒。“压力太大了，有时候都想要放弃了，但是咬咬牙，又坚持下来了，”马京妹回想起刚开始那几年，苦笑着说道：“给我留下太多心酸的记忆了。”

为了不犯错误，马京妹每次给病人用药时，都选择一些刺激性小的，中药成分多的药物；有时候她还在自己身上做试验，看有没有副作用；每次给病人看完病后，她都会主动到病人家里去拜访，看他们有没有不良反应。每诊断完一个病人，她都用一个本子记下他们的症状，然后记下自己给开的药物，去他们家拜访时，还将观察到的病人的病况也记下来，就这样，在她的勤奋与细致下，她的医术也越来越高超了，越来越多的人开始相信她了。“其实，我并不是什么神医，哪来的神啊！都是让当地的人给叫出来的，我并不喜欢当神医，压力太大了。”马京妹对“神医”这个称号评价道：“也许是我见的多了，看的病人也多了，再加上我的那些笔记，就越来越有经验了，有些病，我一眼就看出来了，刚开始人们还不信，结果到大医院去一复查，跟我说的是一模一样的，于是他们就信了。”

当时的香格里拉县非常的贫困，很多人有病都看不起，所以他们选择不看病，有病就拖着，有的拖成了大病，有的甚至导致了残疾、死亡，特别是那些无依无靠的孤寡老人们，他们生病了不仅没钱治，也没有人关心他们，于是马京妹就利用空闲时间，经常到社区里的敬老院或是孤寡老人家，免费为他们检查身体，做体检，对有病的老人，她还建议他们吃什么，或是送给一些药让他们吃。就这样，她的仔细和准确的诊断技术，还有她的这份爱心，被大家一传十、十传百，越来越多的人都过来找她看病治疗了。

马京妹说，当赤脚医生这么多年，做让她难忘的一件事是在1998年，有一个22岁的小伙子，被医院诊断为癌症，后来在她这里医治好的事情。当时，那个小伙子的家人带着他去医院做检查了，结果被诊断为得了肝癌，小伙子受不了这么沉重的打击，几次都想寻短见，家人们万分着急，这时，有人建议他们去找找马医生，兴许她能治好他的病。小伙子的家人抱着试一试的心情找到了马京妹，马京妹仔细观察了小伙子的症状，然后果断地告诉他：“你并没有的癌症，赶紧治疗，还有治好的希望。”一句话，说的万念俱灰的小伙子立马就精神起来了，在服用马京妹配制的药后，小伙子的病情好转了很多，人也变得精神了。

一年后，他再去医院去一复查，医生告诉他，他现在跟一年前相比，已经好转很多了，没有大碍了，坚持服药的话，他就会恢复健康。心含感激之情的小伙子，和家人一起为马京妹送来了锦旗和感谢信，还在她家门口放了鞭炮来感激她，小伙子当面跪在她的面前，称她是他的救命恩人。当时，小伙子的家人硬要塞给她一个大红包，马京妹婉言拒绝了，她说："他们家本来就不富裕，为了给他看病，几乎已经花掉了所有的钱，我作为一名医生，给他看病是应尽的责任，怎么能再收他的红包呢？"

马京妹告诉我们，当时小伙子来找她时，她发现小伙子的骨膜发黄，脸色黑青，人也没有精神，很瘦很瘦，根据多年的诊断经验，她一下子就看出他得的是乙肝，并不是肝癌，但是他的乙肝已经很严重了，如果不及时治疗的话，很有可能转化为肝癌。"当时医院的诊断下来之后，他吓都快被吓死了，一下子就失去了精神气。"

这件事之后，马京妹和她的诊所一下子就远近闻名了，越来越多的人都来找她看病，以前只是穷人来找她，现在连那些去大医院看得起病的有钱人也相信她的医术了。虽然有了名气，但马京妹一点也没有骄傲自满，或是高涨给病人看病的钱。她说，她开的药的价钱和市场上卖的价钱是一样的，从来都不坑村民的一分钱。因为大家都是相邻，都是冲着对她的那份信任来的，所有她绝对不会坑他们的半分钱的。

马京妹的诊所越开越大，也越来越有名气，但是她并没有赚多少钱，她说，效益最好时，一个月可以赚到三到四千元。因为自己没有大型的医疗设备，所以她的诊断完全是凭借自己的诊断经验来的，有时候，为了查的更清楚点，她在诊断出病因之后，还会建议病人再去大医院复查一下，"我并不是对自己的医疗技术不信任，现在的科技发达了，我也不能老是抱残守缺，大医院的先进的医疗设备要比我的肉眼精准的多了，病人往往到我这里来了，我可以给他们指出他们的病情所在，这样他们去医院时，就可以只用查我说的那一项，就不用再花钱去做大的检查了，这也为他们节约了不少的钱。"马京妹说道。

去年，她的小孙子出生了，经过家人的劝说，马京妹关掉了她的诊所，专心在家照顾孙子。"一辈子的担惊受怕，我终于可以歇　口气了。"马京妹笑着说道："现在我半夜时常会醒，有时候还会做噩梦，因为胆子比较小，老是怕出事儿。"被马京妹照顾习惯的那些人，还经常来找马京妹看病，他们说，没有了马神医，他们的生活完全乱了，现在生病了，都不知道还能去找谁看病。每次遇到这种情况，马京妹就告诉他们去药店里买哪种药吃。

马京妹说，做赤脚医生这三十几年来，她从来没有出过事，一次诊断失误也没有，这是让她觉得最有成就感的一件事。现在生活步入晚年，自己也很想清闲下来，好好享受天伦之乐。现在儿女们工作都很好，不愁吃，不愁穿，住的是大房子，一切都很稳定，很幸福。

这样一位被生活所逼出来的“神医”，在她人生的路途上，走的可谓是近乎完美，虽然吃过很多苦，但是她事业上的成功，为她的人生添上了亮丽的色彩。

（二）牛奶大妈——马秀英

马秀英，女，藏族，1964 年出生于四村，小学文化。

当我们和翻译提出想采访做奶制品人家时，翻译七里卓玛笑着说，那就非得去“牛奶大妈”家不可。我们一进门，阿姨就从厨房出来招呼，她上身着玫紫色的褂子，里衬黑色衫，下身着藏青色的裙摆，里打黑色长裤，头上以梅紫布包头。领口袖口露出的小百边上绣着一朵朵精致的桃花。尽管她言语不多，却始终微笑着，朴质实在，我们处处能感受她历经岁月磨难透露出来的大方和从容。

马阿姨自小就开始为父母分担家庭的重任。她十一二岁就在本村的生产地挖地、抓松毛、收青稞，虽然只能挣半个工分，但也算得上半个劳动力。14、15 岁那年开始，阿姨就经常带上洋芋（土豆），走几百公里路到江边和那里的居民换粮票或诸如苞谷、大米、豆子、青菜、苹果之类的果蔬。家里的粮食主要以青稞为主，全都锁在柜子里。姐弟们的零食就是偶尔分享一颗糖，但舔舔就又被家里藏起来。他们最期待春节那天的开荤，全家按年龄大小给每人切一块肉，可弟弟总馋得要咬点姐姐那块。一般一年杀头猪，一半交给国家，剩下的留着春节吃。

日子一年年过去，阿姨很快就在 21 岁那年嫁到了建塘村。当时，父母包办婚姻，经人介绍后女方父母会去男方家看看，家中柱子越大，权威越大，家庭条件也更好。阿姨说当初叔叔家境很一般，但考虑自己已到了该嫁的年龄，况且叔叔有门手艺会做藏刀，生活坏不到哪去。婚后他们生了两个儿子和一个女儿。现在孩子们都大了。大儿子从昆明大学毕业后到德钦格咱当了两年技术员，现在在州上土地储备公司当职员。二儿子还在昆明冶金学院管理学院上学，再过两年就毕业了。小女儿中专毕业已有两年，现在在香格里拉县医院当护士。

小时候，孩子们的记忆中并没有爸爸的身影。后来，叔叔患上了胆结石在家休养，才慢慢和孩子们沟通起来，到今年为止他已经在家休息11年了。2001年以前，叔叔曾经外出赚钱干活，也在家附近开过刀具店和小卖部，收入不多。这当儿，阿姨在家里靠种地养猪卖牛奶的收入添补家用，偶尔也外出采松茸。那时，采松茸要翻15座山采，出门都得备着酥油、青稞面等干粮。由于当地交通不便，收购商少，一篮子仅能卖10元。现在松茸作为一种高营养菌类，收购价一窜几十元一斤，拣的人就多起来。在山上，一个个趴在地上用棍子找，可一天都找不到几颗。家庭承包到户那会儿家里田地多，主要勤劳总有收获，阿姨一天干活养牛，到年底卖了粮食也能挣不少。后来，当地政府征用土地进行建设，一亩1.5万元，收掉了家中六七亩地。2003年，全家用补偿款盖好新房后，把古城里的一个门面租了出去，一直到现在这房租成了家里的重要收入之一。阿姨叹气说现在一亩地的征用费是12万元，一比当年就少很多。幸好家中参加了农村合作医疗保险，每天1元，一个月下来也就30元，自己身体好用不上，但是至少有个保障。

说着说着，阿姨从厨房了端出两盘切成三角的点心，白色的是奶渣，灰绿色的是青稞糍。这些东西是孩子们的零食，只要有时间阿姨就会做，她说娃娃们全靠牛奶和奶制品养大。

说起牛，阿姨的眼睛就红起来了。以前在自家传统的藏房里养了3头母牛，每年产2~3头牛犊子。夏天来时，阿姨赶着叔叔在家的时候俩人到五峰山来回割三趟草。每趟需用手推车运200~300斤草，接着把它们捆起来晒到杆子上，干了取下来留着家中喂。有时候，孩子或者亲戚帮忙放牛，倒可以省去不少工夫。冬天时，牛只能圈养，牛食是产自当地一种叫作蔓菁的瓜类。为了让奶牛多产点好奶，阿姨还需要买酒糟，一斤1.5元，一天需要一桶10斤的酒糟。在喂好养好的条件下，奶牛也很为阿姨争气，从不生病，每年都能有8~9个月左右的奶期。这样一来，自家的孩子既能喝上牛奶，自己也能为别的家庭提供优良的奶质。日复一日，阿姨赢得“牛奶大妈”的称呼。

卖牛奶那些日子，阿姨每天早起第一件事就是热猪食喂猪，再给孩子们做好早餐，为公婆送早点，然后在牛棚里忙碌。一般早上挤一桶牛奶，晚上再挤一桶，一桶10斤左右，一头牛能挤上4~5公斤。新鲜的牛奶装进玻璃奶瓶后就能卖，300毫升的市价1.5元，500毫升的市价3.0元。阿姨一天最多能卖20瓶，月收入多稳定在900元左右。阿姨说买牛奶都是老客户，大多在单位上班，她按照大家的需要分早、中、晚三个时间段不断地来回跑，不管春夏秋冬还是刮风下雨下雪都未曾间断过，加上自家的牛奶没有掺水，牛奶的质量得到大家的认可。有时牛奶卖不完，阿姨就存放在自家的冰柜里，攒2~3天自家喝。要是剩的实在太多，酸奶水就做味道鲜美的馒头送给亲戚朋友或者街坊邻居吃，偶尔也会做点酸奶卖，因为大家都有，所以对发酵的奶块酸奶不稀罕。现在的牛奶市场均价至少都涨了2元，以前一元一瓶的300毫升酸奶甚至都涨到了5元，这其中的原因主要是养牛的人少了，消费多价格自然上去了。阿姨说奶制品中最占市场的算酥油和奶渣，这两样的制作也是阿姨自己最拿手，于是她给我们细细说了下制作过程。

奶渣的制作必须由有经验的人操作，第一步一出错就没法做。首先要把牛奶放到一个大缸，然后往锅里放温水，这水放多了打不出奶渣，放少了则把本来能取到的酥油揉到奶渣里，影响两者的味道。其次，用一根的干净竹木打匀牛奶和水，这需要不停地搅，一直打到飘在上面的是酥油，下面的是牛奶为止。期间炉子的温度要适当，不能把牛奶煮熟了。为了打发时间传统藏民家一般都是一边唱藏歌一边打。最后，捏酥油，这时注意要洗净手再一块一块捏好，一次能做出一斤多的奶渣、酥油。每次，藏民都会把捏好五毛硬币大小的酥油粒贴在水缸上面供奉神，因为藏族人民坚信有水有火的地方都菩萨。只有搬家或者实在放不下，他们才会用新的酥油粒代替新的酥油粒。第四步才能取到奶渣，锅里倒上下层的牛奶，并用几层厚被子裹上4~5个小时，再揭开就像豆腐渣一样，经特制的仪器虑掉水后，奶渣开始凝固形成。天气较冷时，奶渣能放上一周，天气热的话3天内就必须吃掉。由于制作奶渣的过程比较耗时间，只有晚饭后能做。

荞麦饼的制作倒是简单多了。第一步先把荞麦磨成面，放到碗里，加上适度的水，不能稀也不能稠；第二步加热，等成形了舀点油放锅里继续加热；第三步，双面都加热后取出来切块即可食用。

如今，阿姨家做奶制品没以前频繁了，自家用牛奶都得到市场上去买。家里没人帮忙打草，牛圈没有了，牛也养不起了。几年前亲戚送他们家三头牛，在条件不允许的情况下，她自己无奈地放弃了。她说那些小牛犊就像自家的娃娃，每天一到喂食时间，自己一出门，小牛就叫唤。卖牛时，小牛被别人牵走了还回头对着她叫，她心里很难受又没有办法。现在梦里还经常出现那些养过的牛，记忆里一头大奶牛在放养时不小心掉到龙潭河里淹死了，现在一想起来她心里都难受。

阿姨在不养牛，没有田地耕种的时候也闲不下来，她现在就在家里养猪。一年养7～8头左右，从每头小猪进价为1300～1400元到1700～1800元，她都没想过放弃。每当到春节，家里总少不了杀头猪，制成臧家特色的琵琶肉。他们把猪的内脏掏空，然后在猪的肚子填上料酒、青稞、花椒以及别的作料，缝上，挂在藏房的中柱上（藏族家的横梁专门挂肉用）15～30天。这个地方有火，相当于熏干，日子到时再把线剪开，琵琶肉就制成了。当家中有客人来的时候，他们就会拿出琵琶肉切成小块，放点椒盐或别的酱料给客人品尝，这是相当隆重的礼仪之一。

阿姨在院子里辟了一小块地，种上各种时令蔬菜，我们去的当儿有白菜、青菜、菠菜等，自家吃点，送人点，有时候也喂猪。院子门口全都摆放一盆盆盛开的花儿，有红色的，有粉色的，有黄色的，有紫色的等，我们都叫不上名字。阿姨除了家务事，她就每天早上起来洗脸洗净手后在神龛面前烧香拜佛，祈祷全家平安，院子里的香炉都要在傍晚烧一次。偶尔阿姨还会去广场跳锅庄或姐妹们打打牌。这样看来貌似阿姨前半辈子都在香格里拉待着，实际上我们在阿姨家的相册里看到她年轻的时候曾经到过北京、上海、苏州、杭州等地旅游。在这许多相片里却没有她和叔叔的合影，原来阿姨都是和姐妹会里的姐妹一起外出。她没有嫁过来之前在家里有姐妹会，到了建塘就加入了新的会里。阿姨说出去旅游那时候孩子才读小学，自家的阿姨帮忙照看自己就放心，旅游也都是跟团，仅花7000元就能去好多大城市。叔叔和她当时还能挣，家里也花得少，这笔钱还是很值得。年轻时的阿姨穿着传统的藏服，在各地的风景名胜前留下了倩影，头上粉红的头饰和银色的扣子衬得她格外娇美，也能看得出她当年村花的模样。现在阿姨穿的藏服都只是黑、白、藏青三色了。阿姨说现在年纪大了，这些相片有时间会翻翻回忆一下，如今年纪大了坐不了车，一年里面中能和姐妹们去娘家附近的温泉泡一周澡就已经是一件很享受的事情。

我们走的时候阿姨一再叮嘱以后再来，她笑盈盈地脸上比家中的花儿还艳，这样一位勤劳淳朴的农村妇女向我们解读了一个女儿家如何为人媳、为人妻、为人母。相信不久的将来，阿姨又会做一个好奶奶。

十八、文化传播者

（一）建塘历史见证者——杨文广

杨文广是村民心中一位德高望重的长者。作为一名文化人，他睿智犀利，文采斐然，写得一手好字，看待问题客观正确。同时，他还是老年书画协会的一名得力干将。杨文广家客厅的墙壁上挂满了他所写的诗词字画，还有他引以为豪的和多位上级领导的合影。作为一名老干部，他运筹帷幄、办事利索、雷厉风行、认真负责、笔耕不辍。他坚持一丝不苟的写每天的工作日志，每一项工作都认真写总结。1993 年，杨文广从工作岗位上退了下来，但他仍然关心建塘的发展，经常为村寨的发展出谋划策，对村民的事情总是很热心。村里人说到他，各个都不由自主地竖起大拇指。

杨文广现年 78 岁、藏族、初中文化。他 1935 年出生于一个大家庭，家中共有 5 个兄弟姐妹，在家中排行老大。提到自己的籍贯，他说："我真正的祖籍是南京，本姓查，我是查姓在香格里拉的第八代传人。由于我的先祖们被朝廷贬官到了这个地方，一开始，还保持自己家族的特点。但是，一个外来的家族没有一个族谱的支持，想要在一个陌生的地方立足是非常艰难的，我的先祖们在那个年代经历了不少艰辛。直到后来，随着与当地藏族的不断交往通婚，逐渐融入这个民族中，我们才慢慢有了属于自己的家族，祖上的姓也改变了好几回，后代也没能再继续姓查。庆幸的是，我们在成为名副其实的臧家后代的同时，也深深爱上了这片风景如画的土地。"除了汉文名字之外，杨文广还有一个藏文名字叫作查拉江初。"查"一字采用了祖籍的本姓，表明自己并没有忘记先祖；"江初"一词的汉语意思则为拥有像大海般宽阔、包容的胸怀。我们向他请教藏族人取名字有何讲究时，他告诉我们，藏族人给孩子取名字主要通过三种途径：一是到喇嘛寺请活佛根据孩子的生辰八字取名，二是请村中的老寿星给孩子取名，据说这样能沾上老寿星的福气，三是请自己的忘年之交，或者是曾经帮助过自己的恩人给孩子取名，民间也称其为"认义父"。无论是采用哪一种方法取名字，都会选取吉利、幸福，长命百岁意思等词汇，充分表达了父辈寄予孩子以后有个好生活的期望。

在那个闭塞的年代，由于家庭贫困和教育资源的匮乏，人们的文化水平普遍较低，建塘的读书人更是寥寥无几。据杨文广老人的回忆，当时村中高学历的人很少，就连小学教育许多人也由于种种原因半途而废。与村中其他同龄人相比，杨文广是幸运的。当时，家中的经济条件还不错，他虽然排行老大，但是在双亲的支持下系统完整的接受了小学教育。他说："我母亲是个勤劳的家庭主妇，里里外外是一把好手。她从小就心灵手巧，会做一手好菜，因此，平时除了完成家中的农活之外，她还做一些小生意补贴家用。每到赶集的日子，母亲就会做一些凉粉、炒面到集市上出售，因为母亲待人热情，服务态度好，所以，每次都能比其他人先卖完。而我的父亲是一个马锅头，常年在外跟着马帮运送各种物资。建塘镇从古至今是云南进入四川、西藏的交通枢纽，是滇、川、藏"茶马古道"的要冲。因此，当时我们这里有许多人都曾经参加过马帮。父亲最先只是马帮中的一名小工，跟着马帮几年之后，由于为人诚恳，讲义气和有胆识，慢慢被提拔为马帮的头领。当时他是丽江长兴号的一名马锅头，带领 12 个人，120 匹马常年行走在那些毫无人烟的骡马道上，源源不断的物资在大理、丽江、西藏各地之间流转。马帮生涯不仅增长了父亲见识，也使他在考虑问题时比别人想得长远周到。每年年末回家，父亲除了能带回一大笔报酬，还会给我们兄妹带回各种新鲜玩意。因此，我小时候的生活比起同龄人要丰富，过年也成为我们兄妹一年中最期盼的日子。我能顺利地完成早年的教育与双亲的共同努力和支持，以及父亲所创造的经济条件是有着千丝万缕的联系。"早年的求学经历改写了杨文广的人生轨迹，也正是由于接受过正规的学校教育，让他能用睿智的眼光、客观公正的态度看待和处理工作中的问题，见证着香格里拉的发展。

11 岁的时候，杨文广度过了无忧无虑的童年，顺利的小学毕业。1950 年他正在读初中，正赶上匪患当道的年代，社会治安极其混乱，中国人民解放军公安队招人组织地下民青队，他正是热血澎湃、血气方刚的年纪，便毫不犹豫的参加了革命。1951 年，中国人民解放军四十二师一二五团廖师长带领军队进入香格里拉剿匪，成立了中甸人民政府。他们正好需要从民青队中选一些人到师部任通讯员，得知杨文广不仅识字还能写得一手好字，而且还是一个头脑灵活的小伙子，便直接把他调入师部任通讯员。在这期间，他主要负责送信，在各个部门之间准确无误的传递消息。当然，领导的选择十分正确，在以后的工作中他表现非常出色，深受领导的信任与欣赏。在送信的过程中，他有几次差点就不能活着回来。但是上苍似乎特别眷顾这位老人，每次他都能平安脱险。他说："有一次，我们在送信的过程中被土匪包围，他们把我们抓到他们的大本营，对我们采取了严酷的刑罚，逼我们交出口信。当时，就有几个同伴牺牲了，我们一直咬牙坚持到解放军同志的救援，才躲过了一劫，捡了条老命回来。"老人的经历正应了古语："大难不死，必有后福"这句话。现在，我们可以安然享受着国家的繁荣昌盛与他们当年的贡献和付出是分不开的。

谈到土匪当道的那段岁月，老人感慨万千。在老人的娓娓叙述中，我们了解到，新中国成立前在黑恶势力的控制下，建塘镇的村民长期生活在黑暗、动荡、恐惧之中。土匪几乎控制了整个村庄的政治、经济和文化，他们无恶不作，无利不图，百姓民不聊生。在经济上，他们控制了日常必需品的供给和主要农牧产品的销售，盘剥农牧民的劳动所得，百姓苦不堪言。在政治上，抓丁派款成为他们鱼肉百姓的重要手段。一方面，巧列各种名目向百姓摊派各种税款，另一方面，抓贫苦百姓充当壮丁。他说："当时村中许多百姓将刀时刻拴在身上，用作防身的武器来对抗抓壮丁。被抓的对象主要是贫苦家庭的青年，稍微有些家底的家庭都会出钱把孩子给赎回来，当时的赎金为 10 个大洋换一个人。除此之外，他们还会每年不定期的到村中的百姓家中抢钱夺物，让百姓的生活不得安宁。"

1957 年 9 月，迪庆藏族自治州人民政府成立。杨文广被调入州财政局任会计一职，这项工作他一直做到"文化大革命"的爆发。这场革命的爆发也波及在财政局工作的他，于是被下放到农村，接受贫下中农再教育。"文化大革命"结束之后，他被重新调回财政局。当时正是人才缺乏的年代，复职之后不久他就被任命为财政局的局长。其实，接任这项工作很不容易，当时的经济状况正处于支大于收的局面，香格里拉也是一个完全靠中央扶持的贫困县，接任这项工作面临许多困难。他说："当年解放军救了我一命，我的生命早就不属于我一个人。如果没有当年他们的搭救，我早就灰飞烟灭了。所以，只要国家有需要，我一定会第一个站在需要的地方尽我的一份力。"于是，他临危受命，开始想尽各种办法开展工作。他给自己定了两项基本原则：首先，保证行政机关、事业单位、医院、学校等工作人员的工资和办公费用的支出，以便各个部门的工作能顺利开展。其次，一定要留出足够的救济款来预防天灾人祸等自然灾害的发生。只有在这几个方面的支出得到满足后，才开始考虑其他方面的支出。于是，从站在这个岗位上的那天开始，他就一直在这个领域里战斗着，为家乡的脱贫致富贡献着自己的光和热。在工作中，他严格要求自己，多渠道、多途径的为家乡的财政排忧解难。在正确的方针政策的引导下，他不断地发现工作中存在的问题，并提出许多有创见性的政策建议，香格里拉的财政工作也因此得以持续顺利的展开，并慢慢地走上了正轨。

"四人帮"粉碎后，杨文广被调入香格里拉县委政策落实办公室，负责平反"文化大革命"中的冤假错案。也就是从这个时候开始，他的工作与法律沾上了边，为后来检察院恢复之后，调入该部门工作奠定了基础。到检察院工作之后，因为他有着财政和法律工作的经验，被任命为经济监察科科长。几年之后，由于工作表现出色，得到了领导的认可，他被正式提拔为县检察院的副检察长，这项工作一直做到退休。退休后的日子过得悠闲轻松，老人闲暇时间会看看电视和报纸，了解一下国家大事。因此，常常会看到一些关于贪污腐败的报道。他对于国家工作人员的这种行为，十分深恶痛绝。他说："现在的社会虽然物质生活变得丰富了，但是人们的精神生活似乎很空虚，不像我们那个年代虽然生活可能艰苦一些，但精神却是很充实的。现在的社会变得很浮躁，政府官员的一些作风也表现得不再是人民的公仆，而是利字当先了。不过值得庆幸的是，国家最近这几年反腐倡廉的力度也在不断加大，希望这些政府官员能真正做到全心全意为人民服务。"看来，老人虽然身体退休了，可是心还没有退休，思想意识里还在惦记关心着人民的生活，监督着工作人员的为人处世呢！

杨文广虽然已经是78岁的高龄老人，但在大家的眼里却仍然是一个精神矍铄的人。总是以自己独特的方式为建塘的发展布局谋篇，为村镇的每一步发展精心筹划着。老人除了参加老年书画协会，还是建塘镇老年协会的副会长，每天的生活被安排得满满当当。他向我们介绍道："建塘镇的老年协会是一个非营利性的组织，主要为当地的老年人服务。平时组织老人们在一起聊天、下棋、打麻将、锻炼身体等。有时，村里的某位老人去世了，我们还要组织去慰问，开追悼会等。而在每年的重阳节这一天，我们会有专项的经费为老人们举办活动，提供免费的饮食。这一天，不论家里富有还是贫困，所有的老人享受同等的待遇。"现在，随着社会的发展，空巢老人也变得越来越多，这样的一个组织在我看来是必不可少的，一方面，它能使老人晚年的精神生活很丰富，不会觉得孤苦伶仃；另一方面，它在某种程度上缓减了政府在养老保障问题上日益突出的矛盾。值得一提的是，杨爷爷在参加这些活动之外，空余时间根据自己的亲身经历，写了一部关于建塘发展历史的著作，献礼新中国成立六十周年 。这部著作共分为六部分，第一部分为绝处逢生，主要讲述了贺龙元帅带领二六方面军经过中甸时发生的历史故事；第二部分为苦难深渊，主要讲述在地主阶级的压迫下，老百姓过着暗无天日的生活；第三部分为民不聊生，主要讲述封建枷锁扣在百姓头上，束缚着人们的自由，百姓享受不到任何的权利；第四部分为黎明曙光，主要讲述中甸和平解放，农民翻身做主人；第五部分为旭日东升，主要讲述老百姓当家做主，欢天喜地迎接解放军，开始开办农业合作社；第六部分为驱散乌云，主要讲述平定当地的叛乱之后，人民开始过上幸福安康的生活。当我看到厚厚的六部手抄本时，我真的被震撼到了，那么多字全部用钢笔工整的写在白纸上，这是退休后老人的心血。杨爷爷自己倒是很谦虚，认为自己的文化水平有限，有许多地方可能写得不好。我们先不论作品的质量怎么样，但是这种精神与态度确实值得我们这些年轻人学习，我也希望在不久的将来，他的作品能被出版社看中，印刷成铅字出现在我们的面前，更多的人能跟他一起分享建塘的喜怒哀乐！

杨文广老人退休后仍然不忘香格里拉的发展。2001 年，对于香格里拉来说是重要的一年。正是这一年，香格里拉迎来了历史性的发展机遇，正是这一年，迪庆被正式更名为香格里拉，由此当地的旅游业开始红红火火地发展起来。老人说：“自从旅游业开发之后，我们这里的经济发生了翻天覆地的变化。从目前来看，旅游业已然成为我们这里的经济支柱产业。同时，外面进来的人多了，老百姓的眼界拓宽了，接受新事物的机会增多了，思想也逐渐从愚昧走向文明，开化了许多。当然，外来事物也在强烈地冲击着我们的文化，有些民族的东西可能会被逐渐消融。不过，由于香格里拉的旅游开发比较晚，政府目前也在提倡开发的同时进行保护，走可持续发展的道路，因此，我坚信我们独特的宗教、文化在未来是不会消逝的。”谈到建塘未来的发展，老人非常乐观。他认为，经济发展是带动农村发展的决定性因素，因此，建塘的发展首先要发展经济，特别是旅游业的发展，只有旅游业上去了，人民的生活水平才能提高。当然，在旅游业的发展中树立良好的口碑，塑造传统藏族人家的质朴、好客的形象也是非常重要的。

对于建塘今天的蓬勃发展景象，老人的喜悦之情溢于言表。老人没有将这些巨变归功于香格里拉的山好水好，而是归于当地村民的淳朴勤劳和党的政策，是党和政府的热心关怀，是党和政府的明智抉择，为建塘经济的腾飞插上了理想的翅膀。提到当地新中国成立前后发生的变化，他认为主要表现在以下几个方面：一是人口数量有了显著的增加，二是农民的地位有了很大的提高，三是农民的生活水平有了质的飞跃。特别是这几年，由于生活水平的提高，村民的消费结构有了很大的变化。村里现在有许多的家庭都购置了如摩托车、微型车等交通工具，电视、冰箱、洗衣机等高档耐用消费品在村中也已经不是稀罕物，一些家庭甚至拥有两台以上彩色电视机和摩托车，电话和手机也成为村里人日常联系的必备工具。看到建塘一天天的不断变化，杨文广爷爷感到由衷的高兴，衷心希望在政府的大力支持下，建塘的明天变得更加辉煌灿烂。

（二）老年书画诗词协会会长——杨远震

杨远震，1933 年生于建塘、男、藏族、小学文化程度，现为香格里拉县老年书画诗词协会会长。杨会长一家目前居住在建塘镇建塘村，有一栋花园式的二层小洋房，从建筑的外部风格来看，与现代的新式建筑没有任何差别，根本看不出任何与传统的藏式建筑相关的影子。直到进入房屋的里面，才会发现虽然整体装修趋向于现代化，但是其中比较重要的几间屋子如待客的堂屋，取暖吃饭的厨房等却还是保持了传统的藏式风格。由于藏族人比较喜欢华丽的颜色，因此，杨会长家中藏式装修的几间屋子比起现代化装修的那些屋子显得富丽堂皇，光彩夺目。进入他家，最引人注目的便是院子里摆放着的花花草草，就像一个自然天成的大花园，一片姹紫嫣红，居住环境十分优美。

我们去杨会长家采访时，他正在悠闲的整理着家中的小花园。得知我们的来意后，杨远震爷爷热情地接待了我们，直接把我们引进了他的书房，如话家常般地和我们聊了起来。走进杨会长的书房，给我的第一印象便是进入了书画的海洋，靠墙的一排书架堆满了各种各样的书籍，书桌对面的墙上则挂满了各种装裱好的书法字画以及各种荣誉证书。崇敬之情油然而生，我情不自禁仔细地打量起这位 70 多岁的老会长，他中等身材，穿一件黑色的外衣，言谈举止之间透露着成熟与稳健。虽然已是古稀之年，但身体健康，思路清晰，目光炯炯有神，洋溢着睿智的光芒，朴实而不失大方。杨爷爷很坦诚也很健谈，对于我们所提到的问题都给予详细而精确的回答。我们请教他有关方面的问题时，他总能以通俗易懂而又不失风趣的语言进行一一解答。

1944 年小学毕业后，杨远震由于家境困难和当时中甸还没有中学这两个方面的原因而没有继续读书，回到村里务农。1951 年的时候，县里挑选一些年轻人到丽江民族兄弟师资训练班继续学习。因为当时村里的文化人比较少，加上家里的成分比较好，他有幸成为这些成员中的一名，迈出了人生中重要的一步。该学习班使用汉藏双语教学，系统地给他们教授了初中课程以及国家的政策方针。1952 年 12 月份，在完成了培训班的学习任务之后，正好赶上当时师资力量奇缺的状况，杨远震一回到家乡就被分配到德钦小学教书，开始了自己的教书生涯。据老人回忆，当时学校里共有 2 个老师，50 ~ 60 名学生，因此，他们要负责孩子们所有的课程。到德钦的第二年，在学校领导的关心与支持下，他又被派到拖丁与其他几个老师一起开办小学。他说："当时的生活条件很艰苦，根本没有固定的粮食供给，我们只能吃一顿找一顿，经过与当地藏民和几个老师的一起努力，我们把学校办了起来，基本解决了当地孩子的上学问题，学生的人数也由最初的几十个增加到一二百人，得到了村民与上级的认可。"在此期间，杨远震娶妻生子，有了自己的家庭，初步实现了家庭与事业的双丰收。

在德钦教了三年书之后，响应国家的土改政策，他被派往土改队参加土改工作，平息叛乱，主要负责处理群众的思想政治工作。一直到 1959 年，被调入县委办公室任秘书一职，负责文件、调研报告的撰写。1964 年，在县委组织部的要求下，杨远震被任命为德钦下若的区委副书记，负责整个区十个乡的所有工作。在此期间，杨远震凭借自己严谨的工作作风、踏实的工作态度、科学的工作方式赢得了领导和同事的一致好评。杨远震说："我这个人淡泊名利，不求荣誉，一直严格要求自己勤勤恳恳、认认真真地对待工作，因此，也深得领导也的欣赏。"殊不知，他的这种不争从老子的领导艺术上来说却是真正的大争。然而不幸的是，他也没能逃脱文化大革命那段牛鬼神蛇的悲惨岁月。"现在回想起那段岁月，真是人间地狱，每天都在接受着各种各样残酷轮番的批斗，幸好我的性格一直都很乐观，因此，我一直不断地提醒自己只要自己行得正，就不怕别人的批判。而且，我一直相信真理与正义总会有拨开云雾的瞬间，一定会还给人们清白的时候。正是心存这种坚定的信念，我才从那段岁月中坚持下来，而没有没压垮和打倒。”他意味深长地带着感慨万千的语气说道。“文化大革命”结束后，因为心里受到了很大的创伤，他辞掉领导的职位，主动请缨到农村负责农业生产方面的工作。一直到 1970 年，由于德钦一中缺校长，组织部考虑到他曾经在德钦的教育经历，把他重新调回德钦一中担任校长一职。1973 年，在任德钦一中校长三年之后，他离开了德钦一中，被任命为德钦县的教育局长，主要负责德钦县所有学校的督导、督学，以及教学安排的工作。在此期间，他通过走访各个学校，了解学校的校风、校貌、师资力量和日常的教学工作，及时发现学校教学发展过程中存在的问题，并及时予以手解决，因此，德钦县的教育事业在他的亲力亲为之下取得了较大的发展。一直到 1977 年，杨远震又一次被重新调回政府部门工作。先后任县委常委、县委办公室主任、州委办公室主任、机关党委书记、政协办公室主任、州政协常委，秘书长等职，一直到 1993 年才退休。从他的任职经历，我们不难看出，只要有需要的地方就会有他的身影。杨远震用他一生的心血在看似平凡的岗位上默默耕耘，见证着香格里拉的每一步发展轨迹，为当地的进步与发展奉献了自己的青春年华。

退休之后，他并没有完全放下工作，而是退居二线发挥着自己的余热。1993 年到 1995 年，他用两年的时间完成了《政协迪庆藏族自治州委员会志》一书的编写，该书已于 1996 年正式出版。之后的几年参加了《德钦教育志》一书的写作，以及用一年的时间与法制办的同志共同为迪庆藏族自治州的立法建言献策。

2005 年开始，杨远震开始担任老年书画协会的会长，兼任秘书长一职。他说：“我们小时候写东西不像现在有各式各样的笔供你选择，我们当时都是用毛笔写字。因此，从小在写字方面练就了深厚的根底。当时家里条件不好，没有好好接受教育，但是每到春节时村里都会贴对联，我都会到每家的大门上看看人家是怎么写的，而每次村里有婚丧娶嫁时，都会请人写对联，这时我也会跟在旁边帮忙同时学习临摹长者们的书法，时间一长，不仅对书法产生了浓厚的兴趣，而且也练就了一手好字。这对我后来在政府部门工作奠定了很好的基础。”到目前为止，他的书法已经多次被选入各种参展作品集出版。譬如，他的作品“奥运盛会在京开，五洲四海宾朋来，鸟巢拼搏显身影，五环旗下添光彩”在参加中共云南省老干部书画协会举办的“喜迎 2008 年奥运会书画展”中被选入《喜迎2008北京奥运会书画展作品集》一书中。“丰功伟绩、彪炳千秋”入选建党90周年作品集。此外，先后获得由香格里拉人民政府、党委以及建塘镇老龄办颁发的“热心公益人士”“好老人”等光荣称号。

说到老年书画协会，杨会长兴致勃勃的给我详细介绍起来。他说：“老年书画协会在中共迪庆州委、州人民政府领导的关怀下，在州委老干部局的直接领导下，以及在社会各界人士的支持下，成立于2001年10月15日。是一个以我州爱好书法、美术的离退休干部、职工和农村老人自愿结合的非营利性社会组织。协会在遵守国家宪法、法律、法规和国家政策的基础上，在省老干部书画协会的指导下，以弘扬祖国的优秀文化，丰富老年人的生活，把香格里拉建成全国最好的藏区之一发挥余热作为协会的宗旨，是云南省老干部书画协会的团体会员。按照协会的组织原则，本协会制定了章程，设立了会长、副会长、秘书长和理事会。目前，协会的总人数共130多人，主要分布在香格里拉、维西、德钦及昆明，为了便于开展活动，协会还分设了金江、昆明两个分会。”

杨远震2005年开始任老年书画协会第二届的会长。在五年任期内，协会的工作举行得有声有色，他把工作总结为以下三个方面：

（1）围绕中心，倡导正风、服务大局，成功办展。2005年到2011年，近六年来，我们遵循“双百”方针，“二为”方向，坚持以邓小平理论和“三个代表”重要思想为指导，以科学发展观引导积极开展活动，并举行了四次较大规模的展览，每次展出的作品都在70至80件，基本达到了使全体会员老有所学、老有所为、老有所乐的目的，提高了会员的诗词书画技艺和创作水平，为香格里拉老年人的文化艺术事业做出了一点点贡献。参加的展览活动如下：2005年5月，金江分会在车轴村为“纪念中国人民抗日战争，世界反法西斯战争胜利60周年及中国工农红军长征胜利70周年”，协会组织人员到香格里拉县金江乡分会举行了书画展览，展出作品90多幅。2005年8月，协会与丽江老龄诗词书画协会、迪庆州文联在香格里拉县建塘古镇联合举办了为“纪念中国人民抗日战争、世界反法西斯战争胜利60周年及中国工农红军长征胜利70周年”昆明、丽江、迪庆三地书画联展的活动。2007年8月，参加云南省老干部书画协会举办的“喜迎北京奥运书画展”的活动。2007年9月，在迪庆州文联举办的“迪庆藏族自治州建州五十周年庆典书美影展”中共展出300多幅作品。2008年8月，在州老干部活动中心举办了“迎奥运书美影展”，共展出240件作品，其中书法66幅、国画20幅、油画4幅、摄影150幅。2008年12月，在“纪念改革开放30周年书画展”中共有6件作品参展并成功入选作品集。值得一提的是，2009年，由中共迪庆州老干部局主办、州总工会协办，以及由我们协会承办的庆祝新中国60华诞“祝福祖国书画展”共展出68人的书画129件，作品内容丰富、题材广泛、水平较高，受到各级领导和广大人民群众的欢迎和好评。书法部分不但有藏文、纳西东巴文，汉文则是四体具备，绘画分国画、水粉、油画、素描。作者年龄最大的86岁，最小的20岁，除本会会员外，还有来自教师、学生、农民、在职干部等人员参加。这些作品从不同程度表达了作者对祖国繁荣、改革开放、民族团结、幸福生活的赞美和热爱。这是协会成立以来书法、美术规模最大、质量最高的一次展出。

（2）加强与友邻地区的协作交流。2009年，香格里拉春暖花开时节，大理州宾川县老年大学100多名师生到迪庆采风，我们协会热忱接待并准备了丰富多彩的活动，为会员之间的交流创造了条件，通过举办以文会友、联欢联展等活动，双方畅叙友情。并通过开展较大规模笔会，互赠作品，切磋技法的形式，表达了今后双方加强交流的愿望，给双方会员都留下了深刻的印象。

2011年5月23日，“滇老翰墨”总编段锡受协会的邀请，到香格里拉给协会的会员讲课，点评了会员的美术作品，段老师授课由浅入深，形象生动，对我们今后的美术创造很有帮助。只要有重要的书法、美术方面的展览，会员们都积极地相约去观摩学习。这种走出去、请进来的学习方法，起到了事半功倍的效果，值得提倡。

当然，会员中有许多的佼佼者如冯如璋、陈福昌、杨立昌、赵鹤本、杨善徽等等。他们的作品多次在各种活动中展出。其中，会员杨立昌在迎奥运和庆华诞两次大展中分别以“老树繁花情更浓”、“寄情纸缣，礼赞母亲”为题撰文，作了比较系统、翔实的报道和评论，被“地球日报”刊载。

（3）以己之长写春联服务社会。每年春节前夕义务为村民写春联一直是协会多年来坚持的优良传统，尽管香格里拉地处高海拔缺氧地区，冬季风雪交加、气候严寒，但是协会每年都会利用一周的时间为群众写春联送春联。持之以恒的写春联活动，深受建塘各族群众的喜爱和欢迎。

杨远震说："虽然我们的工作与过去相比有了长足的进步和发展，凝聚了人心，增强了创作活力，产生了良好的社会效益，赢得了广大人民群众的欢迎、支持和肯定。但是，就目前的成绩而言，与现今社会经济发展的速度和广大人民群众的期待要求差距还是较大，成效还不明显。"2011年刚好到协会第三届换届选举的年份，因此，他希望下一届的管理者，能更好地团结和凝聚退休人员、职工和村里爱好书法的老人，有效拓宽思路，大胆创新，广泛的争取社会各界的支持，充分发挥协会应有的潜力，积极地、广泛地加强与各地书画协会、有关人士、团体和组织之间的交流，有组织、有目的、有计划的策划和实施一些实际有效的活动，来促进协会的发展，使得书画协会形成一个积极进取、团结和谐、老有所为的团体，以"采菊东篱下，悠然见南山"的境界，借"十二五"规划开局之年的雄风，用自己的诚意感受，在夕阳映照中，让书画协会的生命蓬勃昂扬！

当我们问他是否会继续接任会长一职时，他说："我有可能不会再继续接任，一方面，自己的年龄偏大，协会的工作比较多，很多事需要亲力亲为，让我感到力不从心；另一方面，我希望退居二线，作为新会长的顾问辅助他们开展工作，并希望给年轻人多一些机会，开始有意识地培养以后的接班人。"对于香格里拉未来的发展，他抱着乐观的态度，坚信在不远的将来，香格里拉会成为全国最好的藏区之一。

（三）民族文化的传承者——知诗

知诗，男，藏族，1937年出生在一个地主家庭。知诗的祖辈都是当地有名的知识分子，至今知诗的家中还保存着由祖辈留下来的各种书籍，如四书五经的手抄本，各种历史书籍和先人治学时的笔记等。此外，最引人注目的就是各种手抄的佛经。由于家风严谨，崇尚博学洽闻，知诗的祖辈人才辈出。正是祖辈们的努力，给他们挣下了一份殷实的家业，成为当地的大户人家。在祖辈思想的熏陶下，知诗从小就喜欢读书、写字，崇尚文化、尊重知识。老人在家中有自己专门的书房，每天都坚持看书、学习、练习书法，几十年如一日。他说："我的家族治学严谨，祖辈都是有知识、有学问的人，这是我们家族最宝贵的财富，我希望能把这种优良的家风传递我的后人。"

知诗老人的家庭是一个礼仪之家。天性热情的藏族人十分好客，得知我们要去他家做访谈，老人早早就吩咐儿媳妇做好接待我们的准备。仅仅从外面观看知诗大爷的住宅就知道他们家是一个非常富裕的家庭，建筑遵循了传统的藏式风格，全部用木头建成，非常气派。还没走进家门，就听见老人豪爽和欢快的笑声，他们一家人热情地把我们招呼到藏式风格的客厅里，又是敬酥油茶，又是敬青稞酒的，几杯茶下肚，大家顿时感到乏意全无，气氛也轻松自在了许多，同时关系变得亲近起来，我们也被藏家人的热情好客所深深地感动。知诗大爷家的房子是一栋三层木式结构的传统臧房，一层的装修全部是藏式风格，华丽却不失高雅；二层的装修则比较西化，现代化气息浓厚；三层则是佛堂，主要是家人祈福的地方，装修也显得简约神圣。老人见我们对他家的木楞房如此感兴趣，就乐呵呵地给我们介绍起藏族的民居的特点以及为何选取木材作为主要的建筑材料。他说："首先，香格里拉是"三江并流"区域的核心地带，这里有广袤的原始森林、辽阔的牧场草甸和洁净的湖泊，也是云南省面积最大的林区，植被非常丰富。如果不危及生态的话，用优质木材作民居的建筑材料，几乎是最理想的选择了。其次，这里海拔约3300米，为了适应高原雨雪多、日照强的自然环境，藏族民居大部分为两层结构的平顶式建筑。民居建筑多采用木制框架结构，四面墙壁则由石料、泥土及碎木材、枝叶组成的"保温层"共同构成，内部则全部由坚固的木料构成。最后，这高大的木屋设计独特，冬暖夏凉，而且还承载着藏民们从大自然那里获取的得天独厚的快乐。因此，在香格里拉，位于农村的藏民几乎家家户户都拥有这样的独特的藏式民居。而在靠近城区的村庄则把现代建筑与传统藏房结合起来，这种做法一方面不仅提高了入住者的生活质量，而且新型绿色材料和节能技术使得室内的采光和温度都大大提高。另一方面，这样的房屋可大大降低木材使用量，达到了减少砍伐木材的要求。根据估算，这种新型的建筑方式可以减少至少60%的建材使用量；同时，由于屋内采光和温度提高，可以减少约80%的薪材。此外，这些建筑保留了传统藏式建筑中的民族特色，木屋的翘檐下是栗木色调的内走廊，柱子粗大结实，顶上雕绘的传统图案和花纹极其精美。外观、内部装修等都尊重藏民原有生活习惯，因此藏族民居建筑的文化传承并没有被割断，对外来旅游者的吸引力仍然有效。"若从正面看，在阳光的直射下，你会发现这些色彩古朴浓艳的民居就像辉煌的殿堂。当我们向这位笑容可掬的藏族大爷讲明了来意之后，他便打开了话匣子，开始给我们谈起了他的生活经历，谈起了民族文化。

谈到家庭时，老人露出了会心的微笑。他很高兴自己拥有一个其乐融融的家庭，家里现在共有6口人。他们老两口已经年近七旬，但是身体还硬朗，也不需要孩子们太费心照顾，现在的生活也过得安详而闲适。儿子和儿媳妇是家里的主要劳动力，儿子主要从事建筑业，是村里的一个包工头，家里的经济也主要依靠儿子的收入；儿媳妇也是一个能干的臧家女子，里里外外是一把好手，除了照顾家人的生活之外，还自己制作藏族有名的酥油茶到旅游景点去出售，那里的游客很多，一年下来也能挣不少钱。他们有两个孙女，都还在上学。说到这两个宝贝孙女，知诗大爷脸上乐开了花。他说："我们家还真是和民族大学很有缘分，大孙女现在在云南民族大学读书，小孙女今年上高一，成绩特别好，以后希望能考到中央民族大学去读书呢，说着给我们展示了小孙女的各种获奖证书。"接着详细地向我们打听起中央民族大学的具体情况来，老人家真不愧是书香世家之后，对教育的重视程度一点都不亚于城里的人们。

知诗的地主家庭背景，让他童年过得非常富有，也有机会接触到底层民众所不能接触到的一些藏族文化，如藏戏、祭祀、礼仪、佛教等传统民族文化。他回忆道："小时候，我们家中共有17个奴隶，家中曾经出过5个懒嘛。当时是土司当权的年代，懒嘛的地位非常高。当然，不是谁都能做懒嘛，一方面要有佛缘，另一方面要有家庭背景，一般而言富人成为懒嘛的机会居多，穷人是没有机会做懒嘛的。虽然是土司掌权，但他们很信任懒嘛，因此，严格意义上来说，其实真正掌权的是懒嘛。所以，在那个年代，家里面有人做懒嘛说明是有威望有势力的家庭。因此，家中出过五个喇嘛的背景，使我们成了赫赫有名、颇有威望的家族。每年，家里都会请戏帮来表演藏戏，请活佛来家里做法事，祈求平安。正是这些原因，让我从小对藏族的优秀文化耳濡目染，也让我一直铭记于心，传承民族文化成为我一生最重要的使命之一。"

解放时期，军队进入香格里拉，知诗这时已经长成一个小伙子，但多年的优越生活使得他不谙世事。当时各种势力交接，他也分不清楚各种势力之间的是非曲直，只听别人说解放军不好之类的话，于是跟当地的土匪联合在一起，攻打解放军。后来，土匪被镇压，他也成为解放军的俘虏，被押往丽江劳教所劳教了一年。在此期间，他与木工、石工一起摸爬滚打，学会了石匠、木工的手艺，由养尊处优的大少爷变成靠自己双手劳动的普通人。劳教出来后，他就靠自己的手艺在村里给人做石匠和木匠为生。回忆起那段生活，他说："家里以前虽然是地主，但生活还没有现在好，物质生活也相对匮乏，唯一的优势就是地位高。在劳教所的日子，我真正的接触到了底层民众，了解到他们生活的疾苦，开始懂得要靠自己的双手养活自己。那时候，很多人给予了我生活、思想、劳动等各个方面的帮助，让我的思想和生活发生了巨大的变化，从反对解放军到拥护解放军，是共产党给了我第二次生命。"知诗大爷是一个好学的人，他在做工的同时跟着别人学习了铁匠活，如打马掌、打镰刀等，为以后进入县炉具厂工作打下了坚实的基础。后来，刚好碰上炉具厂招工的机会，他就到炉具厂铸锅，一直干了 15 年。这段时期，他结婚生子，组建了属于自己的平民家庭。

由地主到平民的工匠生涯。在学艺成功后的最初阶段，知诗自己就动手修建土木房，心灵手巧的他进步很快，得到了长辈们的赏识。于是，他拜了村里唯一既懂设计又会施工的老木匠为师父，老人给了他许多具体的指导，为以后他能独挑大梁奠定了基础。他也没让师傅失望，学得了师傅的一身好本事。当时，他就有了一个坚定的信念，不管做什么都要做出点名堂来。带着这样的信念，知诗越发用心的专研木工，石工技艺，成为一名出色的匠人。由于精通木工、石工两门手艺，找他做活的人很多，因为他不仅会做、做得好，而且还会设计。如果要做活计，找他一个人就可以设计加施工，不用找其他人。在师傅的所有手艺中，知诗学得最好的就是木头雕刻，逐渐在木工这一行业闯出了点名气。由于做工细致认真，甚至有些很远的外地人也愿意请他去做活。据老人介绍，在木头上雕刻，首先要选好木料，然后把木料用手工打磨平整，再用铅笔在上面轻轻勾勒出图案，这样修改起来比较方便，至于图案的选择就看用在何处，反正图案都在他心里装着呢，也可以说这是长期的积累和智慧的结晶，然后就是最重要的一步，进行雕刻，刻成之后，图上色彩即可。虽然这个操作流程看上去十分简单，但说起来容易做起来难，是一个十分讲究刀工的手艺活。因为，要是不会使用刻刀，那是刻不好的。所以，有人认为木匠、铁匠、石匠只是力气活的话，那就大错特错了。其实这些活计对工匠的要求是很高的，不仅要具备细心、心灵手巧的特质，还要有吃苦、动脑、钻研的精神。

民族文化是一个民族记忆的精髓所在。虽然随着旅游的开发，文明的新风吹进了香格里拉，吹进了建塘，同时带来的新思想、新理念在潜移默化中改变着当地农民的行为和认知。农民的素质在不断提高，新一代的农民正在成长。在他们的身上有着农民自古以来的勤劳勇敢、淳朴善良，面对日益现代化、信息化和市场化的经济走势，他们正在逐步克服传统中国农民所固有的狭隘、保守、闭锁、愚昧的心理，用他们的智慧、开放和主动，接受新事物。但是，对于民族文化的传承，知诗表现出了担忧。他说："随着村庄经济的发展，社会的不断进步，城市化进程的加快，以及现代化信息的传播和渗透，村民们的思想观念也发生了巨大的变化。很多年轻人出外打工或者学习，接受了新思想、新事物，开始脱离了藏族原有的生产生活方式，对藏族的传统文化也丧失了兴趣，这种心态上的改变很难克服。而由于经费的困难，用于保护民族传统文化的经费十分有限，很难举办更多有意义的、丰富多彩的民族文化活动来激发群众对民族文化的热情和兴趣，同时也没有专门的组织或部门来进行大规模的保护。"此外，知诗大爷也对藏族传统手工艺的发展提出了自己的看法。他认为由于没有专门的藏族文化的传授方式，酿酒、藏戏、舞蹈、唱歌、藏毯和藏刀的制作等技艺出现了后继无人的情况。如果民族文化不能发扬，香格里拉的旅游业发展会呈现出后劲不足的状况，走特色文化产业的旅游之路就会变得举步维艰。因此，要想走民族特色文化的旅游之路，就必须要进一步整合、开发、保护建塘的民族文化资源。

最后，他跟我们就非物质文化遗产的问题进行了交谈。非物质文化遗产是承载着一个国家或民族文化的什么密码，因此，被喻为历史文化的"活化石"。而具有动态性的非物质文化遗产无法脱离传承人而单独存在，传承人生身上掌握并承载着丰富的知识内涵和精湛的技艺，是非物质文化遗产的"活的宝库"。受我国现代化进程和文化标准化等因素的影响，许多非物质文化遗产正处于濒危状态，这是现代社会不得不面对的一个棘手问题。很多民族文化的传承人都散落在民间，而且大都处于暮年，一身绝活可能就此消失。面对民间文化传承人每分钟都在逝去，民间文化每一秒都在消亡的境况，我们不得不发出这样的感叹"拿什么拯救你，我的民族文化"。面对这种状况，知诗老人对于藏族民族文化的走向很是忧虑。我们告诉他，目前全国各地和有关部门已经正在协商解决民族文化未来发展的问题，当地政府也为这些传承人提供一定的补助，帮助他们开展各种带徒传艺的工作。此外，国家也正在考虑通过建立专门的学校来教授年轻的一代学习民族语言、文化和民族的传统手工艺，只是这可能需要一定的时间，因为现在还处于摸索阶段，等到时机成熟这些民族文化一定会得到很好的保护与传承。听了我们的一席话，他对建塘未来的民族文化传承充满了信心。建塘现在是香格里拉的“中国魅力民族风情名镇”，上级政府和村委都很重视民族民间文化的保护与传承，村委会也将其作为村庄精神文明建设的重要组成部分，提出要实现旅游产业与文化产业的互促双赢。在这些政策措施的支持下，知诗大爷坚信建塘的藏族民族文化一定会大放异彩，建塘人民也一定能够早日踏上“小康村”“富裕村”的康庄大道。

（四）学者——杨善徵

杨善徵，男，1925 年出生于现在的云南省香格里拉县，现为香格里拉县建塘镇建塘村的居民。杨善徵老人是迪庆州小有名气的文化人，如今 87 岁高龄的他不仅在云南省的多家文化单位担任职务，他还自己出版了书籍，也在期刊杂志上发表过很多论文，同时他的书画作品也经常出现在省的大大小小的书画展上，所以说杨善徵老人是建塘村有名的文化老人，一点也不为过。

杨善徵的父亲在他年幼时就去世了，留下孤儿寡母相依为命，当时的中甸境内经常遭遇土匪的袭击捣乱，人民的生活穷困潦倒，一家人的生活的重担全部落在母亲的肩上，虽然生活很困苦，但母亲还是咬着牙将杨善徵送到学校去念书，她希望儿子日后能成为一个有文化的人，能靠知识过生活，不要再像她一样，只能凭借苦力艰难地生活。

1941 年，杨善徵从中甸小学毕业，因为家中实在是太穷困，母亲身体又不好，杨善徵便请求辍学回家，和母亲一起扛起生活的重担，心有余而力不足的母亲，只能默默地接受了他的这个请求。

1942 年，中印公路勘测队抵达中甸，在他们家停留住宿了几个星期，这期间，杨善徵帮助勘测队的队员们扛仪器，给他们做向导，送茶饭，十分勤快，成了勘测队得力的小帮手。几个星期后，勘测工作顺利完成了，上头领导要求他们在中甸再招收几名勤杂工，好配合他们一路的工作，毫无疑问，杨善徵成了他们的首选。

离开家乡，杨善徵随着勘测队来到了维西白济讯，由于维西地势险峻，勘探队要经常跋山涉水，有时还要在深山野林里过夜，队员们担心身体单薄的杨善徵承受不了长时间的辛苦跋涉，又见他是如此的喜欢学习，于是，便委托勘测队的一位正要回重庆的顾问，让他在回去时顺便将杨善徵带到大理。勘测队的有一位队员认识大理国立师范大学的一位老师，这位队员便给这位老师写了一封信，请求这位老师让杨善徵在学校借读；他让杨善徵到了大理，找到这位老师后，把这封信交给他。这一次，彻底地改变了杨善徵的命运。

杨善徵在大理国立师范大学做了一名插班生，知道自己的这次学习的机会来之不易，杨善徵越发珍惜时间，他非常用功的学习科学文化知识。在大理学习了一年后，母亲实在无力供他继续读书了，杨善徵又一次面临了辍学。

回到家乡，杨善徵被中甸小学聘为老师兼教导员，得知这一消息后，母亲和他都十分的开心。杨善徵十分喜爱这份教书工作，因为这不仅是他的兴趣所在，同时，这份工作的收入还可以帮助母亲减轻家中的经济负担。

一年后，因为他出色的工作表现，杨善徵被上级任命为代理校长。作为一名代理校长，他要考虑到学校的发展的方方面面，由于当时，正值全国通货膨胀，人们生活窘困的时期，学校的经费经常入不敷出，许多老师因为工资拖欠问题，都不愿意干下去了，很多学生也因为家中贫困，不愿意来上学了；于是，杨善徵就将自己的工资分给那些家庭急需钱的老师，还在课余时间到学生家里去做学生和家长的思想工作，给他们讲道理了，劝他们回来继续学习，对那些家庭最贫困的学生，他拿出自己的钱给他们读书、买文具。几个月下来，作为一名校长，他连一分钱都没有给家里拿回去，但他毫无怨言；他不仅任劳任怨，还经常鼓舞老师们和他一起战胜困难，在艰难中求得生存。虽然那几年的经济十分的不景气，但他依然将校务维持下来了。正是因为有了他无私的付出，在他担任代理校长的那几年里，学校的师资生源都很稳定，每年学校都会为中甸培养四五十名优秀的毕业生，这些人才，为日后中甸的和平解放贡献了巨大的力量。

中甸县和平解放后，杨善徵再次被提拔任命为当时省教师联合会的副主任，在同一年的十一月，他又代表教联会出席了云南省各族各界第一届代表大会。

1953 年，他又被调至中甸土特产商店去工作，虽然离开了自己喜欢的教书岗位，但是杨善徵始终没有抱怨，他经常用“革命战士是块砖，哪里需要就往哪里搬”这句话来勉励自己，他说，自己深受到这句话的鼓舞，既然这个工作岗位需要他，他就应该好好干，干出成绩来。

从 1958 年后，因为工作原因，杨善徵经常遭遇各种运动风波的冲击迫害，但是他始终处之泰然，乐观豁达的对待发生的一切事情。虽然历经各种风风雨雨，但是杨善徵一直坚信党的政策，正是因为有了这份豁达开朗的心，还有这份执着的信念，他从各种艰难困苦中挺过来了。党的十一届三中全会后，他也恢复了工作，直至退休。对待自己人生的这段遭遇，杨善徵说，那是一份人生的礼物，教会了他如何珍惜每一天的生活。

退休后的杨善徵，并没有像其他退休人员一样，在家安享老年。他还有很多梦想去追求，当年在大理读书的时候，他就特别想学习书法诗画，可是当时条件有限，买不起笔墨纸砚。等自己买得起这些东西时，工作又太忙碌了，因而这么多年来他的这些兴趣爱好都没法去打理。退休后，他正好有时间去完成实现这些梦想了。

1986 年，中甸县的老龄协会成立了，杨善徵第一个参加到老龄协会中去，杨善徵在老龄协会担任了秘书长一职务，他经常为协会的会员们端茶倒水，做做会议记录，整理会议笔记。在协会里有很多的人和他一样，都是退休的老职工。从工作岗位退休之后，很多老人都无法适应从忙碌到清闲的生活环境，于是杨善徵便鼓励他们和自己一起学习书画琴棋，充实老年生活。在老龄协会里，他还鼓励那些会唱滇剧的老同志们，和他一起重振中甸的传统滇剧，在他们的努力下，传统的中甸滇剧得以恢复，杨善徵经常和老同志们一起，上台表演滇剧，在剧中扮演各种角色。现在，他已经是老龄协会的会长了，在老龄协会里，他亲自带领老人，们在一起学习党的各项方针政策，交流学习心得，写文章，这期间，他在省、州的各个书刊杂志上，发表了许多篇论文，诸如《老年价值观和老有所为》、《浅谈香格里拉县民国时期的行会组织》、《文物与文化》等论文。杨善徵也多次被评为德艺双馨的文艺工作者。

同时，杨善徵还写得一手好的毛笔字，有很多人经常来请他写各种碑文，牌匾和对联；因为他是远近闻名的文化老人，迪庆州的钱币分会，州、县的总工会，州的广播电视局等单位，都纷纷邀请他去参与部门各种志的编写工作。做这些工作时，他一点也不摆架子，工作时勤勤恳恳，不辞辛苦，不计报酬，很多单位的领导对他敬重有加。每做完一本志或方志的编写工作后，杨善徵都会独立思考，然后写下自己的感触，在这写方志的期间，他相继发表了《学习方志心得》、《浅谈钱文化的发展》等文章。

2001 年，杨善徵又发动陈覃恩等人一起创办了迪庆老干部书画诗词协会。在这里，他们一起吟诗作画，共同探讨诗词书法。80 岁那年，杨善徵决定开始学的绘画，从那以后的 7 年间，他每天不间断的练习，从最基本的开始学起，在书画诗词协会其他同志的指导下，他的绘画技术一天天地进步，如今已经达到了炉火纯青的地步，他画出的瓜果蔬菜、花鸟虫鱼都惟妙惟肖。

杨善徵还是个大书法家，在他家中，处处都挂着他的书法获奖证书，如在云南省宣传部和云南省老龄工作委员会组织的《云南省首届老年摄影书画作品展》中，他的书法作品获得了百合奖。2007 年，在迪庆州建州五十周年的书美影展览中，他的书画作品获得了一等奖。他的个人的书法作品，也多次在“滇老翰墨”以及迪庆报等发表，并获得省、州、县及其他地州的奖励。

杨善徵老人还对县的历史等做出了大量的研究，为此，他相继写了《香格里拉清朝初叶至民国年间商贸发展始末》、《香格里拉古城小学建校回忆》、《早期中甸县城的商业概况》、《对民间文化复兴的几点经过》等史料性的文章。这些历史资料的整理工作，有力的帮助了当地政府和人民了解香格里拉县的历史。

2008 年，家人将他的书画、诗词、文章、碑文等许多代表性的作品汇成一本小集，命名为《补拙斋乡土情》。这本书，是杨善徵老人这些年来的刻苦努力学习之所得，里面记载了有他写的诗词、对联、书法，以及他发表的各种论文，写的碑文等。家人都说，这本书中的记载是老人的一些代表性的作品，老人的这种积极向上的生活态度为他们下辈人树立了良好的榜样，在经历了那么多的坎坷之后，他依然能够如此地热爱生活，如此有激情的生活着，鼓舞着他们晚辈们在生活中、工作中不畏困难，勇敢前行。

另附杨善徵老人作的诗一首：

建塘小史

名城建塘源远长，梼杌也难写周详，
群峦万壑藏奇岫，民俗风情意味长。
点翠不化终年雪，锦衣缀带金沙江，
汉代永平拓疆土，牦牛徼外称白狼。
吐蕃赞普兵南下，占据净土贞观唐，
咸通十年民暴动，“诺苏”善后受封疆。
康巴原始苯波教，噶玛建寺崩波冈，
宝佑元年征叶榆，金江沿岸渡革囊。

境内“达拉”即马战，军民归属茶罕章，
三赕木氏早觊觎，兴兵压寨势扩张。
劈山截水营采矿，宽松天赋重罚荒，
顺治初年争教派，和硕特部铁骑狂。
五世达赖主平叛，首建颂赞林道场，
青海湖畔蠲苛政，松齐两姓主建塘。
雍正六年单津叛，右营分兵重边防，
三江之内改设流，城筑百鸡山麓傍。
开采矿藏增库帑，川晋赣湘来客商，
汉藏回白纳其处，政分五境劝农桑。
滇川两省戡定界，土照壁下云南疆。
民国肇造改设县，绿营俸改游击粮。
三年一任县知事，张家唱罢李登场，
国大参议水中月，边僻荒夷做文章。
粮债银债乌拉倩，背井弃家远逃荒，
祈神求佛千盏灯，难渡贫病两茫茫。
伟哉长征二万五，红二军团驻经堂，
兴盛番族寄众望，斗转星移待曙光。
推倒三山惊天地，摧枯拉朽蒋家亡，
五星旌旗迎风展，各族从此享安康。

（五）织诗拉姆——热爱藏学的大学生

织诗拉姆是迪庆州藏文中学今年的毕业生，在 2011 年的高考中以优异的成绩考上了云南民族大学。她一头长发披在肩上，脸尖尖的，说起话来有些害羞。她说自己藏名是去寺中求的，建塘村的人一般去松赞林寺求藏名。一般是父母拿着孩子的贴身衣服和生辰八字，求喇嘛赐名。如果藏名里有个字跟汉姓读音相近，就用来当姓氏，后代则随着祖先姓同一个汉姓。

迪庆州藏文中学是云南省唯一的一所双语完全中学，成立于 1994 年，至今已有 17 年办学历史，共培养了 3000 多名初高中毕业生。目前藏文中学有 9 个初中班，6 个高中班，共有 1303 多名学生在这里学习，其中 95% 以上的学生都是藏族。织诗拉姆说藏中有初中部和高中部，但自己是从汉语教学的初中毕业以后，考入迪庆州藏文中学，因此从高中才开始学习藏文。学校大多数是藏族学生，但也有一些汉族、纳西族学生学习藏文。班上有些同学过去一直在民族小学、藏中初中部读书，所以从小就一直学习藏文。虽然自己的藏文基础不如他们，但是老师授课没有分快慢班，一开始确实有些跟不上，但是自己多下功夫，过了最开始那段瓶颈期以后，继续学习藏文就容易多了。

建塘村的居民以藏族为主，日常交流中也经常使用藏语，但是织诗拉姆说建塘村居民常用的口头藏语比较简单，而他们在藏文中学系统学习的书面用语比较复杂。学习藏文的时候要用拼音、注音学习，还要背诵藏文的时态等等。同时建塘村的居民大多数只会说藏语而不会规范的书写，尤其是现在的年轻人更是如此。藏文中学的藏语老师学历都在本科以上，学校经常组织他们去西藏大学交流和培训。织诗拉姆说有的老师在授课时全部讲西藏藏文，不用建塘村的藏语方言做解释，这样的课程就很难。因为各地的藏文在文字上是一样的，但是在语音上建塘村常用的藏语和西藏地区的有点差异。现在除了我国的西藏自治区和周边藏族自治地方，还有印度、尼泊尔、英国等地有较多人使用藏文。现在电脑、手机上也都可以输入藏文了，不过要下载专门的软件，比如喜马拉雅输入法，这种输入需要专门学习，织诗拉姆说自己还不太会。

织诗拉姆说报考藏文中学是自己的选择，因为非常喜欢藏文，觉得它很美，愿意通过学习更深入地了解它。在藏文中学读书时，每周有七节藏语课，跟语文、数学等主课是一样的课时量。上课用的藏文课本是五省（区）统编教材，里面包括了藏族文学、藏族历史、诗学、辞藻学、文法等内容。织诗拉姆说老师上课的时候，如果时间允许，还给他们补充了很多有意思的内容。

藏族文化源远流长、博大精深，藏学的研究范围非常广泛，涉及社会历史、哲学宗教、语言文字、文学艺术、医药历算、风土民俗以及藏族地区现代化过程中提出来的理论问题和实践问题等广博繁富的内容。语言是一种重要的工具，对藏文的系统学习使得织诗拉姆打开了研究民族文化宝库的大门。

藏语属汉藏语系藏缅语支。藏语拼音文字据传为7世纪藏王松赞干布大臣图弥三菩扎仿效梵语创制。据近人研究藏语在7世纪以前已经是一种发达的语言。藏语词汇丰富、结构完美，具有简练、准确的特点。古藏语不仅记录了藏语的语音和结构，而且记录了包括古汉语在内的古代中亚语言的发音。

藏语文是研究中亚古代语言的宝贵财富。藏语的源流与变革、藏语的语音语法，藏语方言（分藏、康、安多3种）、书面藏语、南语、象雄语、多续语、汉藏语文比较、藏语辞典编纂等都是重要的研究课题。所以藏文中学的学生考大学时，选择藏族语言文字研究、少数民族语言文学专业报考的人数是最多的。在今年的高考中，织诗拉姆以优异的成绩考上了云南民族大学，她在大学也将继续学习藏文，是研究古代典籍的方向。

织诗拉姆说藏文中学的老师跟他们说过，藏学还包括文艺学、目录学、历史学、宗教学、藏医学等等。藏族具有悠久的文艺传统，有大量的民间文艺作品和文人创作，因此诞生了藏族文艺学研究。《格萨尔王传》是11世纪的藏族说唱体史诗，是世上最长的史诗，对它的研究成为格萨尔学。《说不完的故事》、《萨迦格言》、《米拉日巴传》等也是藏族文学的重要作品。唐卡（布绢制作的画轴）佛像、藏剧、藏乐、藏舞的研究也是文艺研究的不同专题。

藏族的文献典籍丰富、卷帙浩繁，在中国56个民族中仅次于汉族而居各少数民族之首。仅西藏的藏文历史档案就有近300万件。西藏史料的基本构成有藏文资料、穆斯林资料、汉文资料、马可·波罗以后西方进藏旅行家记录资料、蒙文资料等。将这些史料进行合理的分类、编目、整理出版是目录学研究的基础性工作。在这些资料的基础上，以科学的方法和手段，理清藏族社会发展的基本轨迹，总结分析藏族社会的根本性质和特征等，则是历史学研究的内容。

藏族古代崇信本教，8世纪中叶佛教传入，逐渐形成各种喇嘛教派，并长期实行政教合一体制。对宗教典籍的整理和研究，分析藏族宗教各派的源流和发展，各派教义的基本内容，藏族佛教与印度佛教、汉族禅宗的关系等都是宗教学研究的重要课题。

其他还有关于藏医经典整理、医理研究的藏医学研究；在西藏进行考古发掘，采集大批远古石器，发现一些石器时代的文化遗址和大批古墓葬群、摩崖石刻、岩画石碑等的青藏高原考古研究，以及西藏历史研究、西藏建筑研究等等内容。

正因为藏学研究博大精深，需要人才，所以现在进入藏文中学学习的孩子越来越多，织诗拉姆说过去每个年级只有一个班，现在每个年级都设有两个班，学藏文的学生越来越多。同时，研究藏学不仅需要研究者熟练使用藏文，还需要研究者熟练掌握各种现代的科学知识。藏文中学过去只重视藏文教学，其他学科的教学水平比较弱，但是现在引进了很多高学历的老师，提高了教学水平，学生在语文、数学、英语以及综合考试科目上的成绩也越来越好。织诗拉姆说班上一些水平较高的同学甚至能做到藏英互译，自己还没有那个水平，她不好意思地笑笑。她说在云南藏区藏文程度比较好的学生，考到西藏、青海一带读大学，还比不过当地藏文程度一般的学生。但是云南藏区的学生也有自己的优势，就是文化成绩比当地学生要好一些。

织诗拉姆说藏文中学的学生参加高考，除了考语文、数学、外语以及文综或理综以外，还要加试藏文。过去在藏文中学读书的学生少，全班都可以考上大学。现在藏文中学的学生越来越多，但是加试藏文的大学录取名额没有增加多少，所以一小部分成绩不好的学生就有考不上大学的危险。织诗拉姆说学校的校长为这个很发愁，每年都会带着很多老师到处找人，希望各所民族大学能多招一些学生。因为藏文中学的学生如果考不上大学，就会跟普通学校的落榜生一样，需要自己交钱读三本或者专科学校，学费非常贵，是建塘一般家庭承担不起的。

织诗拉姆说如果考上了大学，将来要就业就有很多可以选择的职业，比如可以去考公务员，尤其是西藏的公务员。因为在西藏工作不仅待遇很好，而且工作一年算两年工龄，大人们都说要是能在那边当上公务员，就不要回香格里拉了。也可以去各地的藏文学校当老师，比如藏文中学的老师，有很多就是从这里毕业，考上大学以后又回来的学姐。还可以去佛学院或者佛寺当翻译，或者再读个硕士进藏文研究中心做研究等等很多选择。对于织诗拉姆自己来说，虽然外地经济更发达，生活条件好，但是家乡的人非常淳朴，人与人之间的关系非常亲切，所以还是想回家乡工作。织诗拉姆说到，香格里拉在进行旅游开发以前，大家日子没有现在这么好。但是由于香格里拉山高路远，现在的物价比起丽江、大理还是要高，建塘村最近的涨价尤其厉害。

织诗拉姆虽然是一名大学生，但是跟建塘村的居民一样，也信仰藏传佛教。织诗拉姆说，佛教是一种心灵寄托，而不在于它能否实现自己的愿望。她说自己每次考试前都会去寺庙里面拜一拜，这样就不那么紧张了。织诗拉姆说自己的大姨妈讲迷信，经常说人做一件坏事身上会长一个白点，死后到地狱里鬼官就会按身上白点的多少来惩罚你，会把坏人放进油锅里炸，或者让坏人在荆棘树上爬。但是织诗拉姆觉得自己学习文化以后对佛教的态度就不一样了，她认为佛教的生死轮回其实是告诉我们活着的时候要学会宽容他人、孝敬父母等等道理。

十九、村中其他村民

（一）独老而终的老人——普献忠

普献忠是一个为藏族教育付出一辈子的老爷爷。他一辈子和孩子打交道，但是自己和老伴却没有孩子，爷爷说他属于“鳏寡孤独”中“独”的那一类，“老而无子”，从他脸上容的神态，我可以看得出为教育而付出他觉得值得，同时比较满意现在的生活状态。

“社会主义真正好呀！”爷爷感叹着给我们说起他那个年月的事情。新中国成立前，当地人过的都是人背马驮的生活，爷爷十岁那年就背着东西去丽江换东西、买年货。丽江有个只有一条街的小镇，他们在那就只能买点萝卜丝做成的汤水喝，干粮都是自己带。那时当地货物贫乏，路途险恶，一个来回要半个月，碰上刮风下雨是很正常的事情。当时生产力低下，产量低，遇上病虫害经常颗粒无收，家中饭都吃不饱，吃了上顿愁下顿，更不用说吃到荤菜了。只有过年的时候，一年到头养的猪牛才能杀掉，那时候小孩子别提多高兴，根本不像现在的小孩子一样，吃得好，穿得暖，上得起学。那时候政教合一，寺院主管当地的土地，喇嘛掌握着大量的生产资料和生产工具，没地少地的农民都给寺院干活，按等级分，广大人民群众被喇嘛剥削得很残酷。

1950 年 5 月，中国人民解放军 42 师进驻大中甸，解放军经过的街巷都贴满了迎军标语，红旗招展，僧俗群众云集到南门外，欢歌载舞，民族头人和村寨老翁已古老崇高的藏族礼仪在道旁设香案、敬茶酒、献哈达，迎接人民解放军入城，人民群众感谢解放军给他们带来了新生活。自此，人民翻身做主人。爷爷说自己家以前就专门酿酒，因为靠祖传下来秘诀酿出来的酒醇正，深得村民们的喜爱，甚至有一些人还会老远跑来买。爷爷八九岁就开始会酿酒，家里大人不在家，他自己一个人酿，几十斤重的青稞一个人使足力气倒到缸里，酿好酒再背上 30 斤重的酒桶步行十公里到松赞林寺卖给那里的和尚。寺里的和尚只抽烟不喝酒，这些酒都是他们转销到西藏，从中赚取差额。爷爷说家里生活困难，父母都辛苦的劳作，自己腰酸背疼也忍着，因为只有挣到一些钱才能去上学。父母看孩子好学，就一直支持他上学。爷爷小学生涯是在中甸第一中学度过，他是那里的第一批学生。学校没有暖气，冬天下雪时，外面天寒地冻，教室里面和外面一个温度，冻得他们直打哆嗦，为了驱寒，他们嘴巴里就含一根菜叶或菜秆上课，爷爷说连“画饼充饥”都比不上。他那时候就像现在的勤工俭学，“办工半读”，师生除了上课和参加集体劳动外，他们一起花了3年的时间把校舍建起来，冬天的时候就暖和点，风不会从四面八方灌进教室了。他经常走路上学，可一年四季就一双袜子，哪里破个洞补哪里，袜子上都是补丁。学校的教室也只是一个小破房子，老师少，学生也少。学校在解放前近乎处于瘫痪状态，一直撑到全县和平解放那年。爷爷小学毕业后就到丽江师范就读，他每次回家都不方便。1959年，当地才通了公路，人民的生活和生产得到了改善。

爷爷毕业后被分配到香格里拉边远山区教书。从1963年到1991年，他过着背井离乡的生活。先是在距离建塘13公里的四村教了3年书，又再距建塘7公里的三村教了25年书。爷爷教小学的语文，他说小孩子都喜欢多读点书，但是那时候条件艰苦，他们都没有课外书，只能按着教科书教学。爷爷在外教书时，老伴就在集体公社里干活，挣些工分解决温饱问题。“文化大革命”期间，生活极其艰难。老伴为了补贴生活，还卖过烟草、采过松茸，零零星星挣点钱补贴家用。1980年改革开放后，因为爷爷的老师身份，老伴被当地劝说由农村户口转成了城镇户口，家里一下子没有了土地，也没有工作，只有每年25斤粮食。于是老伴开始做点小生意，卖凉粉、瓜子等。老伴说自己只读三年级，文化低，没有工作岗位，但从小就放牛牵马，翻山越岭干苦活长大，不愿意像个闲人一样待在家，但就是找不到工作，只好能做多少算多少。事实上，爷爷说老伴今年已经68岁了，身体健朗，但从五十岁那时起就找不到能干的活，嘴上经常唠叨要能有点事情做或有块地种就好了。

如今老两口就待在家中互相照顾，爷爷每个月都有3000元的退休工资撑起两个人的吃穿住行。因为是退休员工，生病也有保障。但是老伴既没工作，又不是农村户口，所以进不了新农合，也买不起保险。她去年不小心摔了一跤，伤了筋骨，花了整整一万元。爷爷向民政局写了申请，批了2000元。老伴觉得还是农村户口好，村子里的人因为有了政策的保障，享受新农合带来的好处，生活都过得比他们舒畅，生病不用愁，比较贫穷的家里还能领到救济金或者作为五保户得到国家政策的安置。他们家因为爷爷的退休工资也不够资格享受低保。爷爷说村里主任都知道他们家的情况，他向政府写过三次申请，但是都没有人主动来问候，自己也不想给政府添麻烦。他说现在政策好了，“城镇最低生活保障”“五保户”供养政策，但是对于像他们这类比较特殊的孤寡老人的关心还是不够，这一片政策上的空白他希望能尽快得到学者和上级政府的关注和解决。他们老两口没有孩子，以后养老是个大问题。

爷爷说“养儿防老”是以前的旧观念，自己现在没有孩子，也没有兄弟姐妹，就一个老伴，就过着“老来伴”的生活。在自己还能照顾自己之前，他心态平和，也不稀罕赚什么钱，但是心里还是担心以后的生活。爷爷每天都会看电视，格外关注有关老年人养老这一块的电视节目。他说昆明有个“老年之家”，为老年人提供生活娱乐，只要交了费用里面就有人提供做饭，看病，不用依靠政府的救济。他和老伴向往这样的生活，我们提出这个有点像养老院的性质，老人提出也不愿意入住本镇的养老院，两者有根本上的不同。他说本地的养老院规模小，条件简陋。入住的老人一般年龄都很大，大部分都是已经没有家庭或者没有收入的两个老人，由亲戚帮助申请或者政府给予救济的老人。养老院设在比较偏的地方，院内只有一排旧平房，只有一台电视，没有别的娱乐设施。那些老人夏天都坐在门口看看院子里的花草和果树，念经念佛祈福，冬天就在一个屋子里坐一整天。政府雇个服务员专门给老人们做饭，但是因为收入不高，经常更换服务人员，老人一般刚适应，又来新的人，心里落差还是比较大。院里来人的时候就是亲戚来看望或者节假日有些单位或领导慰问一下，赠送粮食和生活用品。爷爷不喜欢这种养老方式，他认为在家中养老有助于老年人的精神状态。如果年纪比较大了家中能有个人照顾是最好了，只是全家的收入也请不起小时工，相比小时工他又愿意去老年公寓，费用高一点的话他们就吃清淡点，省钱交费用，只是当地也没有老年公寓。其实爷爷更希望政府能像别的地方提供“居家养老”的服务。他说主要就是把政府的养老服务交给某个代理公司，他们按市场价提供最基础的服务，比如帮助买米，换灯泡。政府在个别范围区域内提供一定的棋牌室让老人们交流，白天老人可以在那里相互交流。这样一来除了和日常开销一样的支出，还能攒钱留着生病用。爷爷最害怕的是自己先老伴离开一步，老伴就没有了依靠，政府就会把她送到镇里的养老院，以后也没有个亲人探望，要是生个重病也只能依靠政府。

老两口现在没有什么收入，但是对外的花销却不小。老两口都分别加入了兄弟会和姐妹会，每个会都有20～30个人，但凡会中的兄弟姐妹办点事大家都得去。一个月内经常为了兄弟姐妹请客、会面、结婚、满月、祝寿、白事等赶场。一个星期平均五六家，最低的礼金都是50元，最高200～300元，一个月最少就花掉爷爷三分之一的工资。这是当地的风俗习惯，由不得个人随心所欲。加入了会中，大家就得互帮互助，乡里乡亲低头不见抬头见，爷爷就是人不去礼金没有少过。但爷爷也担心这笔大花销的支出会成为将来生活的负担。一旦老两口中有个人生重病花大钱，家中就没有钱供养，单靠会中兄弟姐妹的支援也不是长久之计。

爷爷一直在为老两口的生活精打细算，他说身体好、心情好什么都好了。为了锻炼身体，老两口经常去参加锅庄舞会，放松心情。天气好的时候他们也在饭后出去散步。他有时候也会和兄弟会的兄弟们出去旅游一趟。他说现在比过去的日子好多了。乡亲们都有车子、房子、票子，想吃什么就买什么，天天像过节一样，要是老想着和别人家对比会心里不平衡，还是知足常乐好。

（二）乡村邮电员——普道忠

普道忠，男，藏族，75岁，小学文化程度。普道忠1936年12月出生在一个贫苦的农民家庭。普道忠的母亲眼睛半失明看不清楚东西，父亲就成为家里家外的一把手，也是一家人的顶梁柱。然而，苦难并没有远离这个风雨漂泊的家庭，反而变得变本加厉。在他10岁的那年，父亲不幸去世了。由于家境困难，治疗不及时，父亲由一开始的轻微感冒转化成了肺结核。当时根本没有什么的医疗条件可言，染上肺结核这种可怕的疾病只能等死，父亲在经受一年的病痛折磨之后，终于散手人寰。于是，家里的天一下子就塌陷了，只留下孤苦无依的母子三人相依为命。多亏了比他大5岁的姐姐，用自己稚嫩的肩膀扛起了家中的重担，独自一人含辛茹苦的将他拉扯成人，照顾母亲的起居生活。回忆起童年的生活，普道忠老人觉得那真是一段不堪回首的岁月，他说：“社会的动荡、家庭生活条件的窘迫，让姐姐几乎失去了生存下去的勇气。但是，姐姐是一个特别有韧性的女子，她最终没有放弃这个家庭，让我和母亲好好的活下去地念头，当时成了姐姐的精神支柱。每年家里断粮时节，为了能让我和母亲吃上饭，姐姐总是毫不犹豫地把刚吐穗的玉米掰回家，连同玉米芯一起搅成玉米糊给我们吃。”当时，社会还处于农奴制阶段，底层农民家里没有自己的土地，主要靠跟地主家租种土地为主要的生活方式。虽然每天面朝黄土背朝天的辛勤劳作，但生产力的低下和封建地主的剥削，他们的生活始终没能摆脱贫困的底线。

提到姐姐，老人一脸幸福。他说：“当年如果没有姐姐，就没有现在的我。她在我的人生中既扮演着姐姐的角色，也扮演着母亲的角色。我这一生最值得感谢的人就是我的姐姐，她不仅教会了我勇敢的面对生活中出现的一切困难，也让我切身体会到了‘孝顺’二字的真正含义。从小跟着姐姐生活，让我耳濡目染了她的一切美好品德，并潜移默化地影响了我的一生。姐姐是一个很乐观的女孩，为人热情、诚恳，在村里的口碑很好。虽然我们当年的生活一直在与贫困和饥饿做斗争，但我们却活得问心无愧、堂堂正正，因为我们的所得都是靠自己的双手辛勤劳动获得。姐姐从小就教育我，物质生活的贫困并不影响一个人的成长，关键是做人要有骨气，要活得有尊严，因此，我从小没有染上生活的恶习。这些话语一直成为我人生的信条，并影响了我的一生。当然，她在我家的地位也很高，每次家里有什么事情，都要请她过来商量，孩子们对她也很敬重。”值得庆幸的是，他们终于一起度过了那些艰难的岁月，过上了幸福的生活。正是那段同舟共济、相濡以沫的生活，使得两兄妹的感情也一直特别好，就算现在他们的年纪大了，但每年过节时都要把姐姐接回家里住几天，共享天伦之乐。从他们身上，“好人终有好报”、“好人一生平安”这两句话得到了很好的诠释！

小学毕业之后，普道忠就开始在家里跟着姐姐一起干农活。这时的他已经长成一个大小伙了，能帮姐姐一起分担身上的重担。这期间，刚好碰上邮局要招邮电员，他经人介绍到邮局工作，主要负责中甸到各个乡镇之间信件的传送。这在当时可不是什么好差事，一方面，中甸的交通条件没有现在发达，送信完全要靠步行，一路上还要穿过荒无人烟的地带；另一方面，匪患在当时非常猖狂，不知道什么时候就会遇上，送信的过程中会有生命危险。因此，生活过得去的人是不会去做这份工作的。当时生活水平较低，一个家庭每个月的生活费差不多 6 元就足够，因此，18 元对于他们家来说可是一笔大收入。因此，普道忠大爷想到每月能拿 18 元的工资，既可以解决家里的生活，也能减轻姐姐的负担，而且姐姐也到了结婚的年纪，他想给姐姐送一份好嫁妆，于是，义无反顾地就参加了这份工作。一年之后，由于工作表现出色，他被转为正式员工，工资也由最初的18元上涨到了24元。

说到自己的邮电员生涯，老人陷入回忆中，慢慢给我们叙述起来。他说："我当时主要负责从中甸到三坎乡、尼西乡等地的信件往来。每次要出发前，除了一包要发送的邮件之外，我还要带上青稞面、小茶壶、雨具以及睡觉的东西，因为一路上要风餐露宿，一些生活用品是必备的。比如，在荒无人烟的地带，小茶壶可以用来烧水，这样我就可以就着青稞面，喝点热茶来填饱肚子。如果天气比较好，路途顺利的话，一趟来回需要7~8天的时间。而如果是在冬天，大雪封山时节，需要的时间可能就会比较久一些。一开始，每次出发我心里都在打着小鼓，因为一路上要穿过森林、蹚过河流，还要爬过雪山，每天行走在空无一人的山间小道上，心里也会感到惶恐。直到后来熟悉了这些路线之后，与山里农户的关系也日益亲密。因此，每次在都能在合适的地方稍作休息，进行适当的调整，有时也顺便帮他们带些口信，我的送信生涯也变得丰富起来。山里的老乡虽然生活也很艰苦，但是藏民天性热情，每次都给予我各方面的帮助，让我的路途也变得越来越顺利。这条路一走就是六年，导致路上的每一个小标记都毫无误差地印在我的脑海深处。"老人的这段经历让我情不自禁地想起由刘烨主演的那部电影——《那山·那人·那狗》，这些情节是多么的相似啊！正是他们在这些平凡岗位上的默默付出，为身处不同地域的人们带来了信息，带来亲人之间的暖暖问候。

1956年，中甸的土匪开始叛乱，老人的邮递员工作也受到了严重的影响，路途也变得越加艰辛。当时的状况是，民众都跟着贺龙元帅的部队开始参加抗匪作战活动。由于普道忠老人长期从事送信的工作，不仅精通汉语、藏语，对当地的路况也十分了解。因此，在此期间，他不仅为部队传送各种机要电报，还给解放军做向导和翻译。他说："有一次，我在送机要电报的过程中，在森林里遇上了土匪，我当时心里直哆嗦，想着这回惨了，怕是连命都要给搭上了。幸好其中的一个土匪认识我，知道我是给民众送信的邮电员，抓我没有什么用，就把我给放了，捡回了一条老命。如果知道我还帮助解放军同志送电报，也许我这条小命早就没有了。当时匪患猖狂，有些人因为无以为生就加入到土匪的队伍里，因此，有时候会遇到一些曾经认识的人。而和我一起被抓住的马帮就没有那么幸运，他们的物资被土匪们抢劫一空，人员也死伤惨重。"

1960 年，全国人民正经历三年自然灾害的磨难。于是，很多单位开始精减人员，普道忠的工作也暂时被取消，被下放到农村参加农业生产，和村民们一起参加田间劳动。在生产队里，他不再是一个单位上的工作人员，而是一名普通的社员。和大伙一起犁田、挑粪、施肥，靠挣工分来换取粮食。在生产队搞农业生产的两年时间里，他当上了生产队的记分员，负责给村民们记工分。由于工作认真负责，得到了村民的一致好评。之后的几年，他一直在村里的各个岗位上奉献着自己的力量，先后担任过社长、会计、指导员、民兵排长、县革委委员等职位，因此和村里民众的关系也较为紧密。在村里人的眼中，普道忠在家中是个干活的行家里手和孝子，在村里他是个热心肠、家喻户晓的人物。这不单是因为他长期主持村里的工作，更重要的是他善于发现问题、解决问题，做事客观公正，在村里享有较高的威望。普道忠爷爷说："无论做什么事情，只要你一心为百姓着想，而不是为自己谋私利，那么你就会得到村民的全力支持。这么多年来，如果没有村民们给予我的支持，我什么事情也不可能做成、做好。"老人的这段话既表白了自己的人生信条，也道出了作为一名村干部应具备的基本素质和应当遵守的基本道德操守。

普道忠这辈人是伴随着共和国一同成长的一代人，不仅经历过新中国成立前的磨难，也见证了共和国的蓬勃发展。提起新中国成立前的建塘，老人用悲惨二字形容当时的生活。在经济上，不仅穷苦百姓普遍缺衣少食，就连地主家的生活也十分艰难。在政治上，各种黑暗势力相互勾结欺压百姓，苛捐杂税多如牛毛。在那个黑恶势力当道的年月，老百姓根本没有话语权。直到新中国成立，村里的形式才发生了翻天覆地的变化。普道忠大爷说："解放军是我们穷苦百姓的救星哪！他们来我们村里帮忙除匪患、打土豪、组织农会、分田地。为了稳定秩序，一开始解放军让当地的保长来组织农会，但是他们不愿意接受解放军的政策，甚至和解放军对着干，最后都被撤掉了，换上了我们的农民兄弟当家做主。直到推行家庭联产承包责任制，我们才分到了属于自己的田地，生活也一天比一天好起来。如果不是党和政府的好政策，我们怎么能过上今天的好日子呢！"他坚信，建塘人的奋发精神会让大家的日子越过越红火。现在，建塘人正在开发旅游经济，他认为应该继续发扬敢于创新、应对挑战、善于解决困难的优良传统，在旅游经济开发大潮中显露身手。他们独立自主、自力更生的创新精神给他们提供了发展机遇，在政府政策的大力指导下，村民们积极地行动起来，在旅游经济发展大潮中，不断调整产业结构，努力开创着一条属于自己的致富路。正如老人家所言："建塘人不会错过旅游发展经济这条大船，而是将会乘风破浪一起让这条船继续远航。"

听说我们是中央民族大学的学生，老人激动地说："我一直很仰慕这所民族高等学府，总想着有生之年能亲自去看看就好了，今天能见到来自那里的学生，也算实现了我多年的夙愿。"普道忠爷爷家是一个其乐融融的五口之家。他们老两口一生共育有一个儿子、两个女儿。由于对子女的教育严格要求，在他的精心呵护下，孩子们都有了稳定的工作。女儿们出嫁之后，各有两个孩子。他们老两口跟着儿子过活，有一个孙子。今年，他的五个孙儿中一个考取了大学，2 个准备高考，2 个准备中考，在这种氛围之下，平时老人对教育方面问题极为关注。他说："现在生活好了，家长们都比较重视教育，认为文化教育是一项长远的潜在投资。我们希望孩子能好好地学习文化知识，以后能有较好的发展。因为，随着社会的发展，知识的重要性也日益凸显。如果没有文化，那么在现在高度发达的社会立足是很困难的。因此，我们都下决心让孩子们接受高等教育。但是，目前在教育方面存在着很大的一个问题，即高额的教育费用和就业难问题，这两个方面的问题已经影响着农村孩子的未来发展。虽然农村的生活水平已经有了较大的提高，但是高额的教育费用对于这些家庭来说仍然是一笔不小的费用，此外，就业形势更加严峻使有的家庭滋生出"读书无用论"的想法。我希望国家对这些方面的问题应当予以重视，并作出相应的措施进行解决。特别是给农村孩子尽量提供一些免费的、多元化的技术方面的培训。这样一来，一方面，不仅能缓解政府的就业压力，也为维护社会的稳定起到一定的作用；另一方面，农村的年轻人自力更生，自主创业，也是解决三农问题的具体体现。"看来，普道忠大爷人虽然退休了，心却还记挂着国家大事呢！他最后对我们说："谋发展要文化先行，教育先行，提高群众的素质技能，改变群众落后的思想意识也是农村发展的关键。"

普大爷的政治思想觉悟很高，早在 1971 年的时候，他就积极的写了入党申请书，申请加入中国共产党，希望能成为一名全心全意为人民服务的优秀共产党人。1973 年，老人终于如愿以偿，正式成为了一名共产党员。作为一名党员，他感到自己的责任重大。一方面，要做好模范带头作用；另一方面，要认真履行做好党员的职责，听取群众的意见。为了不辱没党员这个称号，普道忠更加严格要求自己，虚心学习，坦实工作，对于每一件事情他都力争做到最好。入党之后的几年，他开始担任村里的党支部书记一职，管理党的一切事务，举办、宣传农村发展政策，及时发展党员，并定期召集村中的党员参加组织生活。在工作期间始终心系群众，关心群众的生活，热心村庄的建设发展，充分听取群众的意见，出色的履行着自己的职责。

看到建塘欣欣向荣的现在，想到建塘美好的未来，普道忠觉得把自己的一生献给建塘是值得的，同时觉得自己的工作是有价值的。他说："建塘的新农村建设正在如火如荼地进行着，我首先是一名党员，同时又是一名基层干部，因此全心全意为人民服务，希望老百姓的生活水平不断提高，走上小康之路，是我的愿望。"我们也希望随着国家西部大开发、新农村建设持续不断的大力推进，老人的愿望能在未来的几年得以实现，建塘的人们真正的走上小康之路。

（三）白衣天使——和建喜

和建喜，女，56 岁，藏族，为建塘村一组的村民，退休前为香格里拉县人民医院的护理部主任。

从 19 岁起，直到去年退休，和建喜在护士这一的职业生涯里，一做就是 36 年。这 36 年间，她严谨、踏实的工作作风，她任劳任怨、不求回报的吃苦精神，她敢作敢为、敢说真话的大无畏的勇气，还有无数关于她救死扶伤的感人故事，被医院的医生、护士和当地的人民广为流传，他们将她作为学习的榜样，来教育新一代的年轻人；人们都说，和建喜就是香格里拉县的南丁格尔，是他们高原上最美的白衣天使。

和建喜，一个成长在"黑九类子女"的骂名下的女性，以她一生的兢兢业业，克己奉公，向世人证明了她的成分，挽回了家族的声誉。

在她 3 岁那年，她的父亲作为粮管局的一名主要干部，在一次他负责运输粮食的途中，他所管理的粮食被马帮土匪抢走了，因为缺乏证据和证人，她的父亲被怀疑偷窃国家粮食，而被打为"黑九类"，不堪重压和折磨的父亲，选择了自杀，留下 3 岁的和建喜和母亲相依为命。

从小，和建喜就在众人异样的眼光中长大，虽然生存环境那样的恶劣，但坚强的和建喜却从没有放弃过对美好生活的追求。

14 岁那年，她完成了小学学业。在那个年代，她是为数不多的几个读完小学的女孩子。和建喜深知母亲供自己读书不易，家中就只剩下她们母女二人，母亲一个人根本就完成不了规定的劳动任务，因而小学毕业后，她便回到家中，帮母亲做农活，挣工分。有一次，和建喜得知如果去怒江修公路，可以比在生产大队做农活挣更多的工分的消息，和建喜就想，如果她去了便可以帮助母亲减轻劳动压力。所以刚满 14 岁的和建喜便毫不犹豫的报名参加了，随着大部队去怒江修公路，这一去，就是两年。

两年后，和建喜回到家，不甘心一辈子就如此脸朝黄土背朝天的生活下去，她便央求母亲让她再去读卫校，母亲非常不理解和建喜的选择，也不太愿意支持她，倔强的和建喜便在白天劳动，晚上回到家后偷偷就着煤油灯看书，也许是上天眷顾这求知若渴的小女孩，16 岁那年，和建喜考上了迪庆卫校。看着女儿如此喜爱学习，并且考上了卫校，母亲再也没反对了。

在迪庆卫校，和建喜学习了临床医学，这三年的时间，她非常的刻苦努力，三年过后，和建喜以优异的成绩从卫校毕业了。

毕业后，和建喜在中甸一中当了 2 年的校医；1980 年，中甸县医院正式成立了，她被分到了县医院。在县医院工作时，整个医院就只有一个老护士，由于护士太少，领导便安排她做护士，和建喜便毫不犹豫的答应了。“那个时候，我什么都没想，也没想过当医生会比当护士更挣钱，我就想着，医院哪个岗位需要人，我就去哪里。”这护士，一做就是 34 年。

因为医院护士少，所以和建喜做过所有科室的护士。开始时是妇产科，然后就是内科，后来又到了手术室，再后来又到外科。“医院每成立一个新科室，我就是那个新科室的唯一护士。”和建喜笑着说道。因为她在许多科室当过护士，有了丰富的经验，所有后来医院便安排她当护士长。

作为一名护士长，和建喜经常到农户家宣传一些卫生常识。那个时候，中甸还非常落后，人们的卫生意识也很差。藏民平时都习惯用酥油来搽头发，搽脸，而不是用水洗，由于长期不洗澡，头发、身上全部都长满了虱子，无知的藏民认为，虱子吃了他们的血，他们就要吃虱子，这样才不会让虱子把自己的血吃光。还有一次，和建喜到藏民家去做避孕知识的宣传，一位藏民偷偷地拉着和建喜问道：“和医生，为什么我们吃了避孕的东西，我媳妇还是怀孕了啊?”和建喜仔细一问，才发现原来他们将避孕套放在锅里炒着吃了。每当看到这种情形，和建喜就非常的心酸，也更加意识到宣传卫生知识的重要性和紧迫性了。肩负重任的和建喜，利用自己休息的时间，带领医院的护士们，挨家挨户地去宣传科学知识和卫生常识，并详细的给他们介绍细节，一字一句都不漏掉。

虽然她的工作量很大，而且又脏又累，拿的工资也不多，但是和建喜和她的团队却从不抱怨。她说："护士本来就是一个服务的行业，如果太计较个人得失，还怎么开开心心的工作，还怎么把工作做好呢？"和建喜还告诉我们，在他们工作的那个年代，医院的医生和护士的个人素质和职业道德都比现在的要好，社会风气也没有像现在这样差。"那个时候，因为没有先进的诊断仪器，医生给人诊断病情，只能用手去摸索，或是用眼观察，用嘴一点一点地问出原因，长此以往，每个医生的手都是粗糙的。可是你看现在的医生，病人看病前得给他们红包，求他们给好好看病。这个风气实在是太差了。"

去年，和建喜生病了，就去医院住了几天院，几天院住下来，让这个老护士的心里别提有多不舒服了。在她住院那几天里，每天，除了实习的护士来给她打几针外，没有一个护士主动前来询问她的感受或需求，这让以前总是对病人嘘寒问暖的和建喜感到特别地失落。她们怎么能这样对待病人？和建喜疑惑地问自己。观察几天后，气不过的和建喜叫来了护士长，责问她是如何培养手下的护士的？就在那几天，她每天都要将医院的护士长叫过来，语重心长的给她讲如何管理手下的护士，如何督促护士们好好工作，如何关心病人。那几天，医院的护士们一见和建喜就害怕的不行，因为她老是教育她们，有时候还会发脾气，大声地训斥她们。

"现在的护士真的不负责任，与我们那个时候相比，真是差远了。其实我也看出她们不喜欢我，因为我训斥了她们懒散的工作作风，让她们觉得工作累，不舒服了。可是，我就是气啊，看着她们一个个懒散的态度，我的气就不打一处来。医院的一个病人死了，作为护士，她们竟然不知道，还在给他打针，你说，这能称为一个合格的护士吗？"和建喜气愤地说道，"护士的这碗饭是用'脚'在吃，不是坐在那儿就可以的，如果不勤跑病房，每天就坐在护士室里等待病人按铃声，那这些护士就只是一些会打针的机器，因为她们从来不真正关心病人的内心，将病人当成叫花子一样的对待！"

和建喜说，其实病人是一个整体，他们有心理活动，有精神需求，护士的言行举止对他们的精神状态的好坏起着非常重要的作用。如果你主动和他们讲话，聊聊他们的病情，这样会让病人觉得放心和放松；本来住在医院里的病人，他们的心情很压抑，如果医生护士还冷冰冰的对待他们的话，这只会让病人的心情更差，更没有信心。所以对病人进行心理医治是非常关键的。

和建喜还给我们讲述了一个她做护士时的经历。

有一次，医院里送进来一个生命垂危的病人，和建喜和医生们立马进入急救室进行抢救，当时医疗仪器显示病人已经没有了心跳，进入死亡状态了。医生们正在考虑要不要放弃抢救，这时和建喜大声说道："不要放弃，一定要竭尽全力抢救，他的家人还在外面充满希望地等着，千万不要放弃！"经过他们的竭力抢救，那个病人竟然奇迹般的活下来了。事后，那位病人找到和建喜，当场给她跪下了，流着泪说："和护士长，真是感谢你，当时我感觉自己整个人浑身轻飘飘的，感觉像是睡在云朵上一样，越飘越远，就在这时，我听见你在喊叫，听见你说不要放弃，我就又拼命的挣扎着回来。要不是你的那声'不要放弃'，如今我就是一具寒尸了，我就再也见不到我的家人了，是你将我从死亡线上拉回来的，我该如何感谢您才好啊！"

和建喜说，她每次都会把这个故事讲给每一位新进来的护士听，目的不是为自己歌功颂德，而是想要告诉她们作为一名护士应该尽的责任。因为和建喜对待病人耐心，热情，很多人都喜欢她、记得她。去年，退休的她随着医院去一个移民区里免费为藏民体检，在体检的时候，很多人都亲切地围着她问这问那，同行的医生护士都奇怪地问和建喜："和老师，您怎么连外地来的移民都认识啊？""其实我也不认识他们，但是他们都说认识我，说我为他们打过针，他们在医院治病的时候，我对他们最好，所以他们就记得我了。"现在她退休了，可还有人经常跑到她家来，让她给他们打针。和建喜说，她特别感谢这些人对她的信任和支持，通过他们的言语和行为，让她感受到了工作的价值和意义。这辈子的辛苦都值得。

现在，和建喜经常将自己的人生经验和工作经验讲给自己的两个女儿听，教育她们一定要踏踏实实的做人，勤勤恳恳的工作，一定要对得起自己的良心。"如果做了昧了良心的事，会让你活得不踏实，活的担惊受怕，人这一辈子，不图钱，不图名，图的就是要对得起自己的良心。"和建喜是这样教育她的孩子的。

现在，进入晚年生活的和建喜，生活的惬意舒适，自己的老母亲也硬朗健康，女儿们都成家立业，她们还有了小孙女。现在，她和老伴都从单位退休了，平时就在家带孙女，有时去自己的一亩多旱地上种种地，闲时还和家人出去旅游，日子过得舒适安逸。“我很满意现在的生活，觉得生活真是幸福啊！”当我们问到她人生中有没有觉得特别遗憾的事情时，她说有两件。一件事是父亲过早地去世了，没有享到她的孝心，还有一件事是自己没有上过大学，只读到了中专。虽然已经将读大学的梦想寄予了两个女儿，她们也很争气地实现了母亲的梦想，“可是，我还是觉得遗憾，我没有亲身去上过大学。”和建喜无不遗憾地说道，“所以，你们这些年轻人，一定要好好珍惜在学校学习的机会，你们是祖国的希望，一定要加倍努力才行！”在我们临走前，和大婶反复地向我们强调这句话。

离开和大婶家，我仿佛看到了他们这一代人在各自工作岗位上勤勤恳恳劳作的情形，中国之所以能在短短的几十年里复兴强大，成为世界大国，与他们这辈人的无私奉献，不计个人得失的伟大奉献精神是密不可分的。作为新一代的我们，该如何能将父辈们的伟大精神来继承，去发扬，去传承，这是我们每个人都要深思的问题。

附录

附录1：建塘村调查问卷（1）

调查问卷统一编号：

中央民族大学国家“985工程”区域经济社会发展调查

农区家庭问卷

地区别			代码
云南自治区、省			□□
迪庆藏族自治州、盟、市、地区			□□
香格里拉自治县、旗、市、区			□□
建塘乡、镇			□□□
建塘村委会			□□□
调查时间	开始时间	2011年7月20日2时15分	
	结束时间	2011年7月20日4时00分	

调查员 闫正锐

指导员________

一、姓名知茸诗文林　二、性别 (1)男 2. 女　三、年龄 67

四、文化程度 1. 大专及以上 2. 高中（中专） 3. 初中 (4) 小学 5. 文盲半文盲

五、婚姻状况 1. 未婚 (2) 初婚有配偶 3. 再婚有配偶 4. 离婚 5. 丧偶

六、你是哪个民族 藏族

七、你信仰什么宗教 (1) 佛教 2. 伊斯兰教 3. 基督 4. 道教 5. 天主教 6. 撒满教 7. 不存在

八、你家共有几口人（包括户籍人口和外来半年以上人口数） 6 人

九、你家 16 岁及以上劳动人口数 2 人

十、去年以来，你和你家人是否患过大病（达到住院程度的疾病）(1) 是 2. 否

十一、 你是否会讲普通话 (1) 能流利讲 2. 讲不很好 3. 不会讲

十二、 ~~2009~~ 2010 年你家的收入为 37600 元（包括政府补贴和社会救济）

十三、 ~~2009~~ 2010 年你全家收入来源情况

职业	收入（元）	职业	收入（元）
从事种植业	0	本乡镇就业工资	12000
从事渔业	0	外出打工	0
家庭手工业	~~12000~~ 0	从事运输业	10000
从事畜牧业	10000	政府补贴和社会救济	600
从事养殖业	0	出租草场耕地房屋等	~~0~~ 5000
从事旅游业	0	其他经营收入	0

60岁以上有补偿

十四、 制约你家农副业收入增长主要原因（限选三项） 1. 自然灾害 2. 市场（销路、价格） 3. 政策 (4) 缺少劳动力 5. 土地少 (6) 缺少资金技术信息等 7. 缺少项目 8. 不存在

十五、 ~~2009~~ 2010 年你家的农作物、牲畜、家禽情况

种类	亩数	折算价值（元）	种类	亩数	折算价值（元）	种类	个数	折算价值（元）
玉米	0		瓜果			羊	150	1500
青稞 麦类	7-8	4500	花草			牛	21头	63000
薯类	0		烟草			马	2	3000
棉花	0		油料			驴	0	

蔬菜			糖茶			猪	5	6000
水稻			桑麻			禽类	0	
大豆			药材					

十六、 你家住房主要建筑类型是什么

1. 砖瓦石房 2. 窑洞 3. 土坯房 4. 钢筋水泥房 5. 其他 土木结构

十七、 你家住房建筑面积是 400 平方米 传统蒙古包

十八、 你家住房取暖设施 (1.) 炉子 2. 火炕 3. 土暖气 4. 其他____5. 不存在

十九、 你家饮用水主要类型是什么 (1) 自来水 2. 水窖水 (3.) 井水 4. 河湖水

二十、 你家院子里是否有厕所　　1. 有　　2. 没有

二十一、你家做饭主要燃料是什么

1. 煤气液化汽 2. 电 3. 煤炭 (4.) 木柴 5. 其他________

二十二、你家承包土地情况（单位：亩）

总面积	水浇地面积	旱地面积	良田面积	荒地面积
23	23	0	0	0

二十三、你家农业生产水源情况

1. 湖泊水库水 (2.) 降雨 3. 井水 4. 河流水 5. 泉水 6. 其他________

二十四、你家主要生产性固定资产数量情况 （单位：个）

汽车	拖拉机	打草机	收割机	机动三轮车	牛车	马驴车	水泵	其他
1	1	0	0	0	0	0		

二十五、你家农业生产耕、收手段情况　1. 人工 2. 机器 (3.) 人工机器混用

4. 不存在

二十六、~~2009~~ 2010 年你家支出情况（单位：元）

总支出	生产性	衣服	食品	看病	教育	娱乐	红白喜事	交通	通讯	住房
79000	0	3000	1万	2万	1万	2万	1万	3000	3000	0

二十七、~~2009~~ 2010 年你家耐用消费品情况（单位：个）

项目	个数	项目	个数
电视	2	农用车（拖拉机）	1
电冰箱	0	卡车	1

洗衣机	1	小轿车	0
照相机	0	电话	0
影碟机	1	组合音响	1
电动车	0	手机	3
摩托车	1	自行车	1

二十八、如果你们这里有新型合作医疗制度，你是否参加了

(1) 已参加 2. 没参加 3. 不存在

二十九、如果你们这里有社会养老保险，你是否参加了

(1) 已参加 2. 没参加 3. 不存在

三十、近三年你家接受政府、社会补贴救济金(包括低保金)______元.

三十一、　如果你家是贫困家庭，难以脱贫的主要原因（限选三项）　1. 疾病或工伤 2. 教育费用 3. 建房或结婚负债 (4) 劳动力少 (5) 自然灾害及自然条件差 6. 失去土地 (7) 文化水平低 8. 不存在

三十二、你闲暇时间主要做什么（限选 3 项）　1. 看电视 2. 聊天 3. 文体活动 4. 下棋 5. 看书 6. 打牌 7. 上网 8. 闲逛 9. 其他________

三十三、如果你家耕地被占用，得到了什么补偿（限选 3 项）

1. 金钱　2. 食物　3. 牲畜　4. 土地　5. 没补偿 6. 安排工作 (7) 不存在

三十四、你认为耕地被占用的补贴标准是否合理 1. 合理 2. 不合理 ③ 说不清

三十五、你家外出劳动力情况

姓名	性别 （男填 1，女填 2）	年龄	外出距离（公里）	如没有外出劳工力填零

三十六、你家距离最近的医疗点有多远 4-5 公里

三十七、你家距离最近的柏油马路有多远 3 公里

你家是否有电话，请留下电话号码:（　　　　　　　　　　　）

附录 2：建塘村调查问卷（2）

调查问卷统一编号：

中央民族大学国家“985 工程”
区域经济社会发展调查

农区家庭问卷

地区别		代码
云南　　自治区、省		□□
迪庆藏族　自治州、盟、市、地区		□□
香格里拉　　自治县、旗、市、区		□□
建塘　　乡、镇		□□□
建塘　　村委会		□□□
调查时间	开始时间	2011年7月25日10时45分
	结束时间	2011年7月25日11时30分

调查员 [illegible]

指导员________

一、姓名 [illegible]　　二、性别 ①男 2.女　　三、年龄 61

四、文化程度 1.大专及以上 2.高中（中专）③初中 4.小学 5.文盲半文盲

五、婚姻状况 1.未婚 ②初婚有配偶 3.再婚有配偶 4.离婚 5.丧偶

六、你是哪个民族 汉

七、你信仰什么宗教 ①佛教 2.伊斯兰教 3.基督 4.道教 5.天主教 6.撒满教 7.不存在

八、你家共有几口人（包括户籍人口和外来半年以上人口数）4 人

九、你家16岁及以上劳动人口数 1 人

十、去年以来，你和你家人是否患过大病（达到住院程度的疾病）1.是 ②否

十一、 你是否会讲普通话 1.能流利讲 ②讲不很好 3.不会讲

十二、 2010年你家的收入为 102000 元（包括政府补贴和社会救济）

十三、 2010年你全家收入来源情况

职业	收入（元）	职业	收入（元）
从事种植业	0	本乡镇就业工资	12000
从事渔业	0	外出打工	0
家庭手工业	0	从事运输业	0
从事畜牧业	30000	政府补贴和社会救济	0
从事养殖业	0	出租草场耕地房屋等	0
从事旅游业	0	其他经营收入	60000

十四、 制约你家农副业收入增长主要原因（限选三项）1.自然灾害 2.市场（销路、价格）3.政策 4.缺少劳动力 5.土地少 6.缺少资金技术信息等 7.缺少项目 ⑧不存在

十五、 2009年你家的农作物、牲畜、家禽情况

种类	亩数	折算价值（元）	种类	亩数	折算价值（元）	种类	个数	折算价值（元）
玉米	0		瓜果	0		羊	0	
麦类	0		花草	0		牛	0	
薯类	0		烟草	0		马	0	
棉花	0		油料	0		驴	0	

蔬菜	0		糖茶	0		猪	0	
水稻	0		桑麻	0		禽类	0	
大豆	0		药材	0				

十六、 你家住房主要建筑类型是什么

(1)砖瓦石房 2. 窑洞 3. 土坯房 4. 钢筋水泥房 5. 其他________

十七、 你家住房建筑面积是 200 平方米

十八、 你家住房取暖设施 (1) 炉子 2. 火炕 3. 土暖气 4. 其他____5. 不存在

十九、 你家饮用水主要类型是什么 (1) 自来水 2. 水窖水 3. 井水 4. 河湖水

二十、 你家院子里是否有厕所 1. 有 (2) 没有

二十一、你家做饭主要燃料是什么

(1) 煤气液化汽 2. 电 3. 煤炭 4. 木柴 5. 其他________

二十二、你家承包土地情况（单位：亩）

总面积	水浇地面积	旱地面积	良田面积	荒地面积
0	0	0	0	0

二十三、你家农业生产水源情况

1. 湖泊水库水 (2) 降雨 3. 井水 4. 河流水 5. 泉水 6. 其他________

二十四、你家主要生产性固定资产数量情况 （单位：个）

汽车	拖拉机	打草机	收割机	机动三轮车	牛车	马驴车	水泵	其他
0	0	0	0	0	0	0	0	0

二十五、你家农业生产耕、收手段情况 1. 人工 2. 机器 3. 人工机器混用 (4) 不存在

二十六、2010年你家支出情况（单位：元）

总支出	生产性	衣服	食品	看病	教育	娱乐	红白喜事	交通	通讯	住房
42700	40000	1000	1500	0	0	500	0	0	200	0

二十七、2008年你家耐用消费品情况（单位：个）

项目	个数	项目	个数
电视	3	农用车（拖拉机）	0
电冰箱	1	卡车	0

洗衣机	1	小轿车	0
照相机	0	电话	1
影碟机	0	组合音响	1
电动车	1	手机	4
摩托车	0	自行车	0

二十八、如果你们这里有新型合作医疗制度，你是否参加了

（1.）已参加 2. 没参加 3. 不存在

二十九、如果你们这里有社会养老保险，你是否参加了

（1.）已参加 2. 没参加 3. 不存在

三十、近三年你家接受政府、社会补贴救济金（包括低保金）0元.

三十一、如果你家是贫困家庭，难以脱贫的主要原因（限选三项） 1. 疾病或工伤 2. 教育费用 3. 建房或结婚负债 4. 劳动力少 5. 自然灾害及自然条件差 6. 失去土地 7. 文化水平低（8.）不存在

三十二、你闲暇时间主要做什么（限选3项） （1.）看电视 2. 聊天 3. 文体活动 4. 下棋 5. 看书（6.）打牌 7. 上网 8. 闲逛 9. 其他______

三十三、如果你家耕地被占用，得到了什么补偿（限选3项）

1. 金钱 2. 食物 3. 牲畜 4. 土地 5. 没补偿 6. 安排工作（7.）不存在

三十四、你认为耕地被占用的补贴标准是否合理 1. 合理 2. 不合理（3.）说不清

三十五、你家外出劳动力情况

姓名	性别（男填1，女填2）	年龄	外出距离（公里）	如没有外出劳工力填零

三十六、你家距离最近的医疗点有多远 1 公里

三十七、你家距离最近的柏油马路有多远 0 公里

你家是否有电话，请留下电话号码：（　　　　　　　　）

参考文献

[1] 建塘镇志编纂委员会. 香格里拉县建塘镇志 [Z]. 内部资料, 2009.

[2] 香格里拉情歌, 伊举明收集整理. [M]. 云南: 云南人民出版社. 2001 (9).

[3] 迪庆藏族自治州地方志编纂委员会. 迪庆藏族自治州志 (上) (下) [M]. 云南: 云南人民出版社. 2003.

[4] 香格里拉县民政局. 香格里拉县殡葬管理法规汇编 [Z]. 内部资料, 2006.

[5] 李璇嫣. 自由自在游香格里拉丽江 [M]. 北京: 人民交通出版社, 2003.

后　记

本课题由王丽平副教授担任负责人，详细制订调研和写作计划，参与成员主要包括中央民族大学行政管理专业的研究生唐智诚、农蕾嫘、闫正锐、杨芳芳，以及社会保障专业的研究生杨晓萌。本书的顺利完成，是课题组所有成员共同努力的结果。全书由王丽平统稿。

在我们调研之前拟定调研、访谈提纲，以及后期撰写的过程中，我们结合调研所得资料，参考了相关学者的研究成果，他们扎实的研究成果在我们提纲的拟定、调研开展以及调研资料的撰写过程中给予了很大的启发和帮助，在此我们由衷感谢。

此外，在调研的过程中，我们得到了香格里拉县政府接待办齐春陶、建塘镇政府工作人员、建塘村村委会等单位的大力支持。特别是我校校友郭海良、黄天琦等人在整个调研过程中给予了热情的接待和调研安排，建塘大学生村官德芳以及翻译人员迪几初姆、潘蓉蓉、卓玛取初等积极协助我们开展调研并提供了翔实的村庄资料，村民们更是积极的配合我们的调研工作。

在此，我们对所有的这些单位、个人给予的无私奉献和帮助由衷地表示谢意，并对大家的责任心和敬业精神致以崇高的敬意！

编　者

2012年4月18日